国家出版基金项目
NATIONAL PUBLICATION FOUNDATION

"十四五"时期国家重点出版物出版专项规划项目
突发公共卫生事件应急物流丛书

应急物流融合发展

王丰 肖骅 林勇 著

中国财富出版社有限公司

图书在版编目（CIP）数据

应急物流融合发展／王丰，肖骅，林勇著 . —北京：中国财富出版社
有限公司，2024.11

（突发公共卫生事件应急物流丛书）

"十四五"时期国家重点出版物出版专项规划项目

ISBN 978 - 7 - 5047 - 7536 - 8

Ⅰ. ①应… Ⅱ. ①王… ②肖… ③林… Ⅲ. ①突发事件—物流
管理—研究 Ⅳ. ①F252. 1

中国版本图书馆 CIP 数据核字（2021）第 194025 号

| 策划编辑 | 张红燕 | 责任编辑 | 郑欣怡 | 版权编辑 | 李　洋 |
| 责任印制 | 尚立业 | 责任校对 | 庞冰心 | 责任发行 | 敬　东 |

出版发行	中国财富出版社有限公司		
社　　址	北京市丰台区南四环西路 188 号 5 区 20 楼	邮政编码	100070
电　　话	010 - 52227588 转 2098（发行部）	010 - 52227588 转 321（总编室）
	010 - 52227566（24 小时读者服务）	010 - 52227588 转 305（质检部）
网　　址	http：//www. cfpress. com. cn	排　　版	宝蕾元
经　　销	新华书店	印　　刷	宝蕾元仁浩（天津）印刷有限公司
书　　号	ISBN 978 - 7 - 5047 - 7536 - 8/F · 3760		
开　　本	710mm×1000mm　1/16	版　　次	2024 年 11 月第 1 版
印　　张	23.25	印　　次	2024 年 11 月第 1 次印刷
字　　数	290 千字	定　　价	109.00 元

学术顾问委员会

编 委 会

前　言

近几十年来我国自然灾害、公共突发事件频发。如 1976 年唐山大地震，1998 年特大洪水灾害，2003 年暴发的非典疫情，2008 年南方低温雨雪冰冻灾害、"5·12" 汶川地震、西藏拉萨 "3·14" 打砸抢烧严重暴力犯罪事件，2009 年新疆乌鲁木齐 "7·5" 打砸抢烧严重暴力犯罪事件，2010 年 "4·14" 玉树地震、"8·7" 甘肃舟曲特大泥石流，2011 年 "7·23" 甬温线特别重大铁路交通事故，2012 年 "7·21" 北京特大暴雨，2014 年 "12·31" 上海外滩踩踏事件，2015 年 "6·1" 东方之星旅游客船倾覆事件、"8·12" 天津滨海新区爆炸事故，2019 年年底暴发的新冠疫情等。非常规突发事件的发生，给人类社会造成重大人员伤亡和财产损失，并常常引发诸多的次生危害，严重影响社会稳定、经济发展、生态安全等。

应急物流是指为应对自然灾害、事故灾难、公共卫生事件、社会安全事件等突发事件而对物资需求进行紧急保障的一种特殊物流活动。应急物流融合发展就是统筹军队、政府、企业物流资源，建立"军队、政府、企业"三位一体的融合型应急物流体系，以应对突发情况下的物流需求，提高应急物流保障效率和效益。融合型应急物流则是针对可能出现的重大突发事件，充分利用军队、政府、企业物流资源实施应急物资保障的特殊物流活动。构建"军队、政府、企业"

三位一体的融合型应急物流体系，客观反映了一体化国家战略体系和能力以及现代物流体系"整合优化"的核心理念，与普通应急物流相比，在保障的时效性上更强、保障能力上更加科学，是提升综合应急保障能力、促进应急物流发展的重要途径。融合型应急物流体系应用系统论的思想，从国家全局利益出发，对军队、政府、企业物流系统进行整体筹划、统一建设，使其高度融合、协调发展，最大限度地发挥军队、政府、企业物流资源的效益。

针对突发事件，要健全统一的应急物资保障体系，把应急物资保障作为国家应急管理体系建设的重要内容，按照集中管理、统一调拨、平时服务、灾时应急、采储结合、节约高效的原则，尽快健全相关工作机制和应急预案。要优化重要应急物资产能保障和区域布局，做到关键时刻调得出、用得上。对短期可能出现的物资供应短缺，建立集中生产调度机制，统一组织原材料供应、安排定点生产、规范质量标准，确保应急物资保障有序有力。要健全国家储备体系，科学调整储备的品类、规模、结构，提升储备效能。要建立国家统一的应急物资采购供应体系，对应急救援物资实行集中管理、统一调拨、统一配送，推动应急物资供应保障网更加高效、安全、可控。党中央十分重视军民融合建设，党的十九大报告中明确提出，要"形成军民融合深度发展格局，构建一体化的国家战略体系和能力"。中国军队一直是应对非常规突发事件的主力军。据不完全统计，截至 2007 年，中国军队参加抢险救灾达 41 万余次，累计动用兵力 1800 多万人次、飞机 10 多万架次，抢救和转移 1000 多万人，抢运各种物资 3500 多万吨。在应对新冠疫情中，军队除了派出医务人员外，军队物流系统在应急物资供应保障方面同样发挥了巨大的作用。站在国家安全和发展战略全局的高度，统筹经济建设和国防建设，是有效促进经济建设和国防建设协调发展的战略举措。开展融合型应急物流研究，统一规划和使用军地物流资源，创新中国特色应急物流发展模式，构建"急时应急、战时应战"的融合型应急物流体系，对于充分利用军地物流资源、统筹协调军地应急保障行动、快速应对各种突发事件、构筑现代化国防，都具有深远的历史与现实意义。

本书主要从三个方面进行了系统研究：一是融合型应急物流体系研究，主要构建了融合型应急物流体系结构，并对融合型应急物流体系的基础设施、物资筹措、物资储备、物资配送、信息平台和能力评估进行了系统研究，探讨应急物流体系的组织指挥机构和运行机制；二是突发公共卫生事件应急医疗物资生产能力储备激励机制研究，重点对应急医疗物资生产能力储备企业承储行为、"政—企"协同应急医疗物资生产能力储备激励、"军—企"协同应急医疗物资生产能力储备激励、"军—政—企"协同应急医疗物资生产能力储备激励四个问题进行了深入研究，提出了建设性政策建议；三是融合型应急物流运用实例研究。整理分析了唐山抗震救灾、大兴安岭扑火行动、汶川抗震救灾、新冠疫情防控等应对突发事件的应急物流案例。

参与本书撰写的主要人员有：陆军勤务学院王丰、肖骅、吴洁、王金梅、甘明、姜玉宏、林勇和王妙春，国防大学联合勤务学院蒋宁，重庆工商大学唐国锋，重庆人文科技学院双海军，重庆能源职业学院桑林，重庆城市管理职业学院钟小容。具体撰写分工如下：王丰、吴洁、林勇（第一、三、五、七章）；甘明、王金梅、双海军（第二章）；桑林、钟小容（第四章）；蒋宁、王妙春（第六章）；肖骅、唐国锋（第八、九、十、十一章）；王丰、林勇、姜玉宏（第十二章）。全书由王丰、肖骅负责修改审定。中国财富出版社有限公司编辑为本书的出版付出了大量心血，衷心感谢。本书撰写过程中参阅和研究了许多资料，在此一并对这些作者表示感谢。由于作者水平所限，书中难免存在不妥之处，敬请读者不吝赐教。

王　丰

2024 年 2 月

目　录

第一章　融合型应急物流体系结构与运行机制 ……………………… 001

第一节　突发事件现状分析 ……………………………… 003

第二节　应急物流体系构建 ……………………………… 012

第三节　应急物流组织指挥 ……………………………… 020

第四节　应急物流体系运行机制 ………………………… 026

第二章　融合型应急物流基础设施 ……………………………… 033

第一节　轴辐式网络基础理论 …………………………… 035

第二节　轴辐式应急物流基础设施网络枢纽节点的选址 ····· 046

第三节　轴辐式应急物流基础设施网络的构建 …………… 063

第四节　融合型应急物流基础设施网络建设与运行 ………… 080

第三章　融合型应急物资筹措 ……………………………… 87

第一节　应急物资种类与分级 …………………………… 89

第二节　应急物资筹措的特点和方式 …………………… 97

第三节　应急物资采购策略与能力建设 ………………… 99

第四章　融合型应急物资储备 ·· 105

第一节　融合型应急物资储备的特点 ···························· 107

第二节　融合型应急物资储备系统构建 ····················· 110

第三节　应急物资需求分析 ··· 114

第四节　应急物资储备方式 ··· 122

第五节　应急物资储备库选址模型 ····························· 124

第五章　融合型应急物资配送 ·· 149

第一节　融合型应急物流配送中心建设 ····················· 151

第二节　应急物资配送路径优化模型 ························· 160

第六章　融合型应急物流信息平台 ·································· 167

第一节　构建融合型应急物流信息平台的目标 ··········· 169

第二节　构建融合型应急物流信息平台的原则 ··········· 170

第三节　融合型应急物流信息平台的层次结构 ··········· 171

第四节　融合型应急物流信息平台架构的总体设计 ······ 172

第五节　融合型应急物流信息平台的功能 ·················· 174

第七章　融合型应急物流能力评估 ·································· 177

第一节　融合型应急物流能力影响因素分析 ··············· 179

第二节　融合型应急物流能力评估指标体系 ··············· 182

第三节　融合型应急物流能力评估方法 ····················· 187

第八章　应急医疗物资生产能力储备企业承储行为演化分析　…… 197

第一节　基本假设与模型建立　…………………………… 200

第二节　结果分析　…………………………………………… 218

第九章　"政一企"协同应急医疗物资生产能力储备激励

机制设计　………………………………………………… 223

第一节　问题描述与模型假设　…………………………… 226

第二节　"政一企"协同下应急医疗物资生产能力储备激励

模型构建　……………………………………………… 230

第三节　"政一企"协同下应急医疗物资生产能力储备激励

模型求解与分析　……………………………………… 233

第四节　结果分析　…………………………………………… 241

第十章　"军一企"协同应急医疗物资生产能力储备激励

机制设计　………………………………………………… 245

第一节　问题描述与模型假设　…………………………… 249

第二节　"军一企"协同下应急医疗物资生产能力储备激励

模型构建　……………………………………………… 253

第三节　"军一企"协同下应急医疗物资生产能力储备激励

模型分析　……………………………………………… 260

第四节　结果分析　…………………………………………… 272

第十一章 "军—政—企" 协同应急医疗物资生产能力储备激励机制设计 ………… 275

第一节 问题描述与模型假设 ………… 279

第二节 "军—政—企" 应急医疗物资生产能力储备激励模型构建 ………… 285

第三节 "军—政—企" 协同下应急医疗物资生产能力储备激励模型分析 ………… 296

第四节 "军—政—企" 协同下应急医疗物资生产能力储备激励模型算例分析 ………… 304

第五节 结果分析 ………… 311

第十二章 融合型应急物流运用实例 ………… 315

第一节 唐山抗震救灾应急物流案例分析 ………… 317

第二节 大兴安岭扑火行动应急物流案例分析 ………… 319

第三节 汶川抗震救灾应急物流案例分析 ………… 321

第四节 新冠疫情防控应急物流案例分析 ………… 324

参考文献 ………… 337

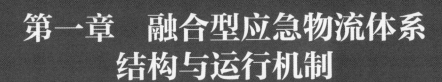

第一章　融合型应急物流体系结构与运行机制

第一节　突发事件现状分析

我国属于突发事件多发国家，根据《中华人民共和国突发事件应对法》，突发事件一般分为自然灾害、事故灾难、公共卫生事件和社会安全事件 4 大类，而按照对社会的影响程度以及范围等，又将各类突发事件分为四个级别：特别重大、重大、较大和一般。

根据我国民政部发布的各类突发事件应急预案文件可知，我国自然灾难类分为 11 个小类；事故灾难类分为 11 个小类；公共卫生事件类分为 5 个小类；社会安全事件类分为 4 个小类，详见表 1 - 1。

表 1 - 1　　　　　　　　各类突发事件分类情况

大类	小类
自然灾害	干旱灾害
	洪涝灾害（雨涝和洪水）
	台风灾害
	风雹（包括雷电和沙尘暴）灾害
	雪灾和低温冷冻灾害
	高温热浪灾害
	火山地震灾害
	滑坡和泥石流灾害（包括山体崩塌等次生灾害）
	病虫灾害
	森林草原火灾
	其他自然灾害

续　表

大类	小类
事故灾难	工矿企业、建筑工程安全事故
	危险品、特种设备安全事故
	道路交通安全事故
	铁路行车事故
	民用航空器飞行事故
	水路交通安全事故
	轨道交通事故
	核事故
	水电气通信等公共设施安全事故
	突发环境污染和生态破坏事件
	建筑物倒塌、火灾、踩踏等
公共卫生事件	重大传染病疫情
	群体性不明原因疾病
	各种中毒事件
	重大动物疫情
	重大食品安全事故
社会安全事件	重大刑事案件
	涉外突发公共事件
	恐怖袭击
	重大群体性事件

尽管当今世界科技发展日新月异，对各种灾害的预报已发展到相当水平，但局部的、区域性的、地区性的，甚至是国家或全球范围的自然灾害、事故灾难、公共卫生事件、社会安全事件时有发生，给人类造成重大甚至是毁灭性打击，对人类的生存和社会的发展构成了重大的威胁。

近几十年来我国自然灾害、公共突发事件频发。如 1976 年唐山大地震，1998 年特大洪水灾害，2003 年暴发的非典疫情，2008 年南方低温雨雪冰冻灾害、"5·12"汶川地震、西藏拉萨"3·14"打砸抢烧严重暴力犯罪事件，2009 年新疆乌鲁木齐"7·5"打砸抢烧严重暴力犯罪事件，2010 年"4·14"玉树地震、"8·7"甘肃舟曲特大泥石流，2011 年"7·23"甬温线特别重大铁路交通事故，2012 年"7·21"北京特大暴雨，2014 年"12·31"上海外滩踩踏事件，2015 年"6·1"东方之星旅游客舱倾覆事件、"8·12"天津滨海新区爆炸事故，2019 年年底暴发的新冠疫情等。

在突发事件应急救援中，中国军队一直承担着主力军的作用。据不完全统计，截至 2007 年，中国军队参加抢险救灾达 41 万余次，累计动用兵力 1800 多万人次、飞机 10 多万架次，抢救和转移 1000 多万人，抢运各种物资 3500 多万吨。在 2020 年年初应对新冠疫情中，武汉江汉区因开设"方舱医院"需要，紧急向联勤保障部队申请调拨了 1000 张行军床；联勤保障部队为驰援武汉的 3 支解放军医疗队提供后勤保障，调拨防护口罩 20 万个、防护眼镜 5000 副、男女医生工作服各 5000 套等。从以上数据可以看出，军队是这些行动的骨干力量，为挽救人民的生命财产安全，维护社会的稳定，发挥了不可磨灭的功绩。在完成处置应急突发事件的任务时，军队物流系统在应急物资供应保障方面同样发挥了巨大的作用。从对前线官兵的生活物资保障，到对地方受灾人员的物资支援，到战备物资的调动，军队物流系统一直积极与地方物流系统配合，力争做到适时、适地、适量的应急物流保障。

但是从应对非典疫情、禽流感疫情、汶川地震和玉树地震的应急救援行动，可以看出，在突发事件初期军队物流系统与地方物流系统独立运行，影响了应急物资保障的效果。因此，为了应对自然灾害、公共卫生事件、社会安全事件等突发性物流保障需求，我国需要理顺军队、政府和企业的关系，从组织指挥机构和应急物资筹措、运输、储备、配送以及信息保障等方面进行研究，进而建立起一套适合我国国情的常态化的军队、政府、企业融合型应急物流体系。

2008 年至今国内发生的典型突发事件如表 1-2 所示。

表 1-2　　　　　　　　　2008 年至今国内发生的典型突发事件

突发事件类型	典型突发事件	发生时间	事件概况	人员伤亡	经济损失	次生衍生灾害
自然灾害	2008 年南方低温雨雪冰冻灾害	2008 年 1 月	我国南方地区接连出现四次严重的低温雨雪天气过程，致使我国南方 20 个省（自治区、直辖市）遭受历史罕见的低温雨雪冰冻灾害	129 人死亡，4 人失踪	农作物受灾面积 1.78 亿亩，绝收 2536 万亩；森林受损面积近 2.79 亿亩；倒塌房屋 48.5 万间；因灾直接经济损失 1516.5 亿元	对农业、交通、电力系统均造成严重影响
	"5·12" 汶川地震	2008 年 5 月 12 日	地震的里氏震级达 8.0Ms，矩震级达 8.3Mw（根据美国地质调查局的数据，矩震级为 7.9Mw），地震烈度达到 9 度。地震波及大半个中国及亚洲多个国家和地区，中国北至内蒙古，东至上海，西至西藏，南至中国香港、中国台湾地区，越南、泰国、菲律宾和日本等国均有震感	69227 人死亡，374643 人受伤，17923 人失踪	8451.4 亿元	地震余震、交通堵塞、大堰塞湖

续　表

突发事件类型	典型突发事件	发生时间	事件概况	人员伤亡	经济损失	次生衍生灾害
自然灾害	"4·14"玉树地震	2010年4月14日	青海省玉树藏族自治州玉树县发生6次地震，最高震级7.1级，发生在7点49分，地震震中位于玉树市区附近	2698人遇难，270人失踪	具体经济损失不详	地震余震
	"8·7"甘肃舟曲特大泥石流	2010年8月7日	甘南藏族自治州舟曲县城东北部山区突降特大暴雨，降雨量达97毫米，持续40多分钟，引发三眼峪、罗家峪等四条沟系特大山洪泥石流灾害，泥石流长约5千米，平均宽度300米，平均厚度5米，总体积750万立方米，流经区域被夷为平地	1557人遇难，208人失踪	具体经济损失不详	电力系统受损、水土流失、交通受阻、事故发生率提高

续　表

突发事件类型	典型突发事件	发生时间	事件概况	人员伤亡	经济损失	次生衍生灾害
自然灾害	"7·21" 北京特别重京特大暴雨	2012 年 7 月 21 日至 2012 年 7 月 22 日	中国大部分地区遭遇暴雨，其中北京及其周边地区遭遇 61 年来最强暴雨及洪涝灾害	79 人遇难	116.4 亿元	交通瘫痪、道路中断、园林绿化产业受损严重、地铁工地路面坍塌
事故灾难	"7·23" 甬温线特别重大铁路交通事故	2011 年 7 月 23 日	甬温线浙江省温州市境内，由北京南站开往福州站的 D301 次列车与杭州站开往福州南站的 D3115 次列车发生动车组列车追尾事故	40 人死亡，172 人受伤	19371.65 万元	铁路中断
	"6·1" 东方之星旅游客船倾覆事件	2015 年 6 月 1 日	从南京驶往重庆的客船 "东方之星" 在长江中游湖北监利水域发生翻沉	442 人遇难	具体经济损失不详	对民众的心理造成一定程度的影响；对长江旅游业造成不良影响

续表

突发事件类型	典型突发事件	发生时间	事件概况	人员伤亡	经济损失	次生衍生灾害
事故灾难	"8·12"天津滨海新区天津港爆炸事故	2015年8月12日	位于天津滨海新区天津港的瑞海公司危险品仓库发生火灾爆炸事故	165人遇难，8人失踪，798人受伤	直接经济损失68.66亿元	对社会稳定和经济发展产生诸多影响；周围环境受到一定程度影响
公共卫生事件	非典疫情	2002年11月至2003年7月	2002年在中国广东发生，并扩散至东南亚乃至全球，直至2003年疫情才被逐渐消灭的一次全球性传染病疫潮	中国内地死亡349人，中国香港死亡300人，中国台湾死亡180人	中国国内生产总值（GDP）因非典降低了0.5%~1.0%	引起社会恐慌，包括医务人员在内的多名患者严重死亡；严重阻碍了旅游业的发展
	新冠疫情	2019年12月	2019年年底，武汉暴发新冠疫情并扩散	—	具体经济损失不详	对社会稳定和经济发展产生重大影响

续　表

突发事件类型	典型突发事件	发生时间	事件概况	人员伤亡	经济损失	次生衍生灾害
社会安全事件	西藏拉萨"3·14"打砸抢烧严重暴力犯罪事件	2008 年 3 月 14 日	一群不法分子在西藏自治区首府拉萨市区的主要路段实施打砸抢烧，焚烧过往车辆，追打过路群众、冲击商场、电信营业网点和政府机关	18 名无辜群众被残害致死，受伤群众达 382 人，其中重伤 58 人	拉萨市直接财产损失达 24468.789 万元	当地的社会秩序受到了严重破坏，引起社会恐慌，引发社会动荡
	新疆乌鲁木齐"7·5"打砸抢烧严重暴力犯罪事件	2009 年 7 月 5 日	新疆乌鲁木齐市发生打砸抢烧严重暴力犯罪事件，造成众多无辜群众和一名武警被杀害，大量群众和武警被烧伤，多部车辆被烧毁，多家商店被砸被烧	197 人死亡，1700 多人受伤	有 331 间店铺被烧，暴力恐怖分子砸烧公交车、小货车、越野车、货车、警车等共计 627 辆，其中 184 辆车被严重烧毁。直接财产损失达 6895 万元	引起社会恐慌，引发社会动荡
	"12·31"上海外滩踩踏事件	2014 年 12 月 31 日	上海市黄浦区外滩陈毅广场发生拥挤踩踏事件	36 人死亡，49 人受伤	具体经济损失不详	扰乱社会秩序的稳定性

注：1 亩 = 666.67 平方米；M_s：面波震级标度；M_w：矩震级标度。

011

第二节　应急物流体系构建

一、构建应急物流体系的思路

（1）整体规划。在国家物流规划中，在满足国家经济建设需要的前提下，应将军队应急和应战需求纳入规划。重点加强融合型应急物流组织指挥体系的规划，建立常态的军民一体的应急物流组织指挥机构；加强融合型应急物资筹措规划，制定融合型应急物资筹措预案，建立融合型应急物资采购供应商目录；加强军民联储规划，搞好军地物资储备协同，实现国家应急物资储备与军队战备物资储备的互相补充；加强融合型应急物资配送规划，建立融合型应急物流配送中心；加强融合型的物流标准体系规划，建立军民一体的物流标准体系；加强融合型的物流法律法规配套体系规划，推动融合型应急物流法规体系建设；加强融合型的物流基础设施建设规划，建立军—政—企一体化应急物流基础设施体系；加强融合型的应急物流信息平台规划，满足军队、政府、企业应急物流信息一体化处理的需要。

（2）整合资源。融合型应急物流体系涉及部门多，如军队的综合计划、运输投送、军需能源、医疗卫生等部门，地方的铁路、公路、水路和民航部门，以及工商、税务、土地、公安、海关等政府部门。因此，必须整合军地物流资源，明确应急状态下，军地物流系统的协同关系，真正建立起融合型的应急物流管理机制，发挥整体优势。

（3）分步实施。融合型应急物流体系建设是一个复杂的系统工程，应当循序渐进进行。国家应在充分了解军地应急物流建设的真实需求的基础上，从实际出发，制定科学的发展目标、发展战略和实施步骤。

（4）注重效益。以最小的代价获取最大的收益，是一切工作开展的基本准则。融合型应急物流体系在建设过程中，应充分考虑融合型应急物流的特点，既要注重时间效益——在应急行动时反应迅速，也要注重经济效益——力求体系建设费用及体系运行费用最小。融合型应急物流体系建设应坚持从实际需要和客观条件出发，牢固树立快速反应意识，充分考虑建设实效和应用前景，确定建设重点和资源投入，将有限的资源用于关键项目。

（5）突出应用。融合型应急物流体系建设的目的在于应用。因此，应以提高应急和应战情况下物流保障水平为着眼点，坚持军地优势互补，加强各种物流资源的开发利用，注重融合型成果的实际应用效果评估，切实提高融合型应急物流体系建设应用水平。

二、融合型应急物流体系结构

融合型应急物流体系是建立在军—政—企一体化物流基础上的应急物流体系，该体系客观反映了现代物流体系"整合优化"的核心理念，是提升综合应急能力，促进应急物流发展的重要途径。融合型应急物流体系并不是把军—政—企物流系统简单联合，而是应用系统论的思想，从国家全局利益出发，对军—政—企物流系统进行整体筹划、统一建设，将其高度融合、协调发展，最大程度地发挥物流资源的效益，达到总体功能大于各分系统功能之和的目的。融合型应急物流体系主要包括组织指挥、物资筹措、物资储备、物资配送、物流标准、法律法规、基础设施、物流信息和物流人才九大模块。如图1-1所示。

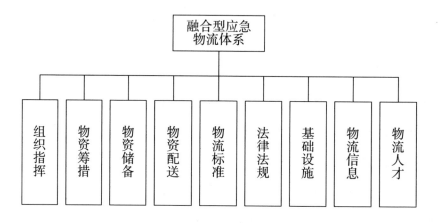

图1-1 融合型应急物流体系结构

（1）组织指挥。融合型应急物流体系的顺利实现是一个系统工程，涉及应急物流基础设施，应急物资筹措与采购、储备与调度、运输与配送等活动，而这些活动需要一个机构来组织协调才能顺利完成。以往这个协调机构是由政府根据应急方案从军地各单位紧急抽调人员临时组成的，虽然取得了不错的成绩，但也暴露出灾情信息滞后、救援工作效率不高以及严重影响其他工作正常开展等问题。因此，有必要根据现有的政府及军队的物流机构和应急物流的运作流程，建立一个常设的、专业的融合型应急物流指挥中心，专门用于救灾指挥工作，保障应急物流高效、顺利实施。所谓应急物流指挥中心是指国家或地区在应对各种重大突发事件时，为做好救援物资的筹集、运输、调度、配送等工作，抽调军地有关人员组建的物流指挥机构。应急组织指挥中心是进行应急物流保障工作的核心机构，应急物流的组织指挥工作很大程度取决于政府职能的发挥，务实、高效是应急物流组织指挥成功的关键。应急组织指挥机构的主要职能是：①根据灾害的预报预测，开展应急物资的需求预测和筹措；②应急物资的运输与配送；③应急物资需求的应对和处理；④应急救灾工作的总结和研究；⑤行使应急法律法规所赋予的其他权利和义务。

（2）物资筹措。由于应急物流特有的目的性和紧迫性，通常应急物资的筹措量相当大，且时间紧迫，因此要采取多种筹措方式。在动用储备、应急物资采购方面均需要军地双方协调配合。动用储备时，不仅要动用各级政府应急物资储备、国家应急物资储备，也会动用一定数量的军队战备储备物资。此时应在保障物资供应的情况下，尽量考虑军地任务不同，搞好协同，以减少物资动用储备对于军地储备任务的影响。在应急物资采购中，由于需求量较大，供应商往往不是单一的，绝大部分市场物资都会由多个供应商同时提供。应急物资的采购因应急行动的不同，物资需求也有所不同。此时单一的军队供应商或者地方供应商很可能不能满足应急物资采购的需求，而且由于采购时间短，程序紧凑简单，以及采购物资的重要性，对采购对象的质量等指标要求很高，因此要整体发挥军地采购部门的功能，做到优势互补，共享供应商目录，协调合作；平时民用较少、军用较多的由部队采购，通用物资尽量由地方采购，要制订严格的明细标准，开辟多种渠道，采取多种采购方式，保证物资的质量。

（3）物资储备。应急物资储备直接影响应急物流系统的反应速度和最终成效，因此需要科学地确定应急物资储备规模、储备方式、并且采用不同的采购和库存策略来降低成本，提高经济效益。目前我国应急物流布局尚不完善，为此，近年来加快了应急物资储备库建设，特别是加大了对西部地区应急物资储备库建设力度，已在北京、天津、沈阳、福州、长沙、武汉、郑州、合肥、南宁、西安、重庆、成都、昆明、拉萨、渭南、兰州、格尔木、哈尔滨、乌鲁木齐和喀什等20个城市或地区建立了中央级救灾物资储备库，各省（区、市）和多灾易灾的地市、县（区）设立了本级救灾物资储备库，应急物资储备网络基本形成。但是仍然存在以下一些问题，一是我国灾害主要发生在中西部地区，但西部地区生产能力弱，应对灾害的物资主要依靠储备和应急调拨，中东部地区储备库比较集中，但很难对西部重大灾害实施快速响应；二是储备物资的规模和品种需要调整优化；三是站在应急物流的角度，储备与运输是应急物流的两个重要环节，应急物资储备点规划应纳入国家物流枢纽网络体系规划，实现应急情况下的储运无缝衔接，避免重复的装卸搬运，快速实施保障；四是军队的战备物资储备布局主要考虑战时的要求，并没有纳入应急物流储备布局。

融合型应急物流储备体系必须构建四位一体的应急物资储备系统。在应急物资储备系统中，国家是主体，军队是骨干，地方是补充，市场是辅助。我国应立足恶劣复杂的环境条件，根据不同地区可能发生灾害的类型、烈度等实际情况，由国家主管部门统一部署，各级地方政府组织指导，企业参与，建立国家、军队、地方、企业"四位一体"的应急物资储备系统，有效保障应对突发公共事件的物资需求。同时要加强国家和军队物资储备的一体化建设。从国家发展战略安全全局出发，将国家和军队物资储备有机结合起来，优化配置、统筹规划、适当调整、综合布局，改造现有物资储备仓库，布设和增加新的储备库点，增加库容和储备量，充分发挥国家、军队物资储备在仓库布局方面的"网络优势"，弥补目前应急物资储备系统中，仓库资源少、仓库布局不合理的问题。综上所述，建立融合型的应急物资储备体系，就要合理利用国家、军队、地方、企业等设施和设备充实应急物资储备，形成"宜军则军、宜民则民，寓军于民、军民结合"的物资储备体系。

（4）物资配送。应急物流系统功能的最终实现，取决于应急物流配送系统能否及时、准确地将相应物资输送到目的地，故应急物流配送系统在整个应急物流系统中具有关键性的地位。由于各类突发性的自然灾害和事件一般扩展比较迅速，为了使各类应急物资能够在最短的时间内送达灾区和救灾机构，必须充分做好救灾物资的有效调配工作。纵观历年来我国应急物资的发放情况，都是通过政府工作人员、救灾部队分发给群众的，由于军地配送信息传递不通畅，条块分割管理，导致效率低，分发面窄，效果不尽如人意。应急情况下，应该建立融合型应急物流中心，中心可以将各类应急物资进行分拣、包装，甚至简单加工，并由统一的组织指挥机构协调指挥军地双方运力，以最合理的方式和最快的速度送达目的地。因此，应在科学论证、科学选址的基础上，在全国建立适当数量的应急物流中心，组成一个高效的应急物流配送系统；同时建立军民一体的组织指挥机构，组织协调应急物资的配送。经过多年的物流基础设施建设，我国已形成了比较完善的物流网络，应急物流配送系统的构建并不需要另起炉灶，除了部分地区根据需要建立一些专业应急物流中心外，大部分地区可以整合利用社会资源，利用地方和部队的现有条件，采取军民共建共用、军队建设军地共用、地方建设军地共用等多种方式，建立融合型的应急物流配送中心。此外，还可以采用市场化的手段，由政府或军队与国内网络覆盖面广、硬软件设施齐备、行业信誉度高的大型物流企业签订协议，一旦遇到紧急情况，就由签约企业实施应急物资配送。

（5）物流标准。军民物流技术标准一体化建设既是现代物流管理标准化趋势的客观要求，也是建立国家物流技术标准化体系的重要内容。军民联合、共同制定统一的军民物流技术标准，有利于在应急条件下，军民物流系统在统一标准下更好地进行协调配合。在国家物流标准制定中，应注重吸收军事物流部门专家参与标准制定和修订工作。

（6）法律法规。应急物流中的法律机制实际上是一种强制的动员机制和保障机制。健全完善的联合保障法律制度，是军队、政府、企业融合型应急物流保障逐步走向制度化、法制化的重要依据和根本保证，也是构建融合型应急物流体系的基础工程之一。融合型应急物流行动是一项十分复杂的系统工程，涉及军队、政府、企业的许多部门、单位和领域。只有以法律制度作为根本依据，才能使各部门、单位的各项保障工作顺利、有序、高效地进行。为此，应抓紧融合型应急物流法律制度的制定和颁发。许多国家都有自己的应急法律法规，比如美国的《国家紧急状态法》，我国也颁布了《中华人民共和国突发事件应对法》《国家突发公共事件总体应急预案》《突发公共卫生事件应急条例》等，但缺乏融合型应急物流的相关法规。因此，在国家尚未制定出台有关融合型应急物流行动法律法规的情况下，军地有关部门可根据融合型应急物流的需要，先制定一系列与融合型应急物流有关的法规，如颁发一些"暂行规定""暂行办法"，以便融合型应急物流工作有章可循。

（7）基础设施。物流基础设施的发展水平对于保障应急物流的顺利实施起着关键的作用。在规划和建设物流基础设施的过程中，要充分考虑应急的需要，平时服务于地方经济建设，应急情况下或者战时条件下则能迅速与军队融于一体，快速反应。在一些条件允许的地方可以将军地仓储设施规划建设在一个园区内，平时为各自系统服务，应急情况下则可迅速融为一体，甚至可以考虑军地共用仓储设施的建设，构建快速便捷的交通网络，在应急和应战情况下军地物资之间能快速流转，协调配合。

（8）物流信息。信息在融合型应急物流系统运行中起主导和"神经"系统的作用，没有准确可靠的信息，就不可能有高效运行的应急物流体系。因此，首先应建立融合型应急物流信息平台。这样才可能实现军地物流资源信息共享，以便在应急行动中准确掌握社会和军队各类物流资源，便于统一调用和指挥，达到提高物资保障能力的目的。其次要建立完善的信息网络系统。信息网络系统包括信息采集、分析、决策三级信息处理，信息网络系统通过联通各级物流机构和各类保障单位，能够准确搜集系统所需要的基础数据，并保持数据库不断得到补充和更新。在信息传输上，充分利用现代信息网络的优势，使其具有信息快速上报和下传双向反馈、预警分析、指挥控制和可视功能。准确、完备、快速的信息处理与信息传递是应急物流组织指挥部门进行科学决策的前提。只有这样，才能对突发事件提供及时救助，使事态得到有效控制。另外，要充分利用物联网、大数据、云计算、北斗导航、地理信息系统、区块链、人工智能等现代信息技术构建立体物流信息网络。在应急物流整个供应链上，利用 GPS、GIS、RFID 等技术搭建信息平台，结合计算机网络技术实时跟踪，实现缩短作业流程、增大配送中心的吞吐量、信息的传送更加可靠等目标，帮助应急物流在全球移动通信系统和互联网不可用的情况下快速筹措救灾物资、制定最佳路线和组织紧急援助。

（9）物流人才。人在应急物流行动中起着主观能动作用，融合型应急物流人才体系是融合型应急物流体系的重要组成部分。应急物流人才融合就是要实现军事物流人才能为地方应急物流保障服务，民用物流人才也可在军事物流建设中发挥作用。人才对于军队建设和地方建设都是根本。因此，加强军地物流人才的融合，其作用和意义是不言而喻的。实现物流人才融合的根本途径是加强军地物流人才培养的沟通交流，在军地院校均应开设应急物流课程和开展应急物流实践，定期组织应急物流学术活动，尤其应重视地方物流教育中的国防意识教育。

第三节　应急物流组织指挥

一、应急物流组织指挥现状分析

自 2003 年非典疫情后，应急物流研究受到了重视，建立应急保障机构、加强应对突发事件的应急组织指挥，已成为各国政府、军队和社会关注的热点。我国相继颁布了一批法律、法规和制度，建立了一批应急保障组织机构，在各类突发事件中得到了检验，为减少灾害带来的负面影响和损害起到了较大的作用。从近年来应对突发事件应急物流的实践来看，仍存在以下许多问题。

（一）缺乏顺畅高效的联合指挥机制

国务院、中央军委相继颁布了《军队参加抢险救灾条例》《军队处置突发事件总体应急预案》，这些法规的出台，对军队参与处置应急行动进行了规范。但在实施过程中，军地双方指挥协调脱节，联合效益不高的问题还客观存在。目前，军地双方在应急救援中，都依托各自的指挥体系开展工作，虽然在力量上形成了合力，但没有实现军队指挥体制和地方政府应急管理体制的有机衔接，长期形成的自我建设、独立保障、互不关联的状况还没有大的改变。由于军队指挥体制与地方应急管理体制相对分离，国防动员体系的桥梁和纽带作用发挥不明显，军民一体行动缺乏平战结合、常态化机制，造成了各要素之间联系不紧、运行不畅，达不到"1＋1＞2"的效果。

（二）缺乏统一规范的信息共享平台

军地之间、地方部门之间信息系统彼此兼容、互联互通问题没有得到有效解决，部队有哪些军事需求、地方有哪些可用资源等信息没有实现共享，造成地方不了解需求、军队不了解潜力的局面。近年来，各级国民经济、交通战备动员部门已经建立了包括人、财、物等各种经济社会资源在内的庞大数据库，积累了巨大的潜力资源信息，但由于信息更新不及时，往往导致信息资源的可信度差，不能有效支持应急保障决策。

（三）处置应急突发事件物流成本过高

我国现行的应急物流保障机制主要以行政命令为手段，很少顾及物流成本，灾难或危机一旦发生，便以行政强制力推动应急物流保障。一方面，军事化色彩浓厚，所需应急物资可确保及时到位；另一方面，由于缺乏正规化、法制化的保障机制，全民上阵，各自筹措物资，易造成整体秩序混乱，应急物流社会成本过高。从经济学角度考虑，这样的应急物流属于"帕累托无效率"状态，应向实现"帕累托最优"方向努力。

二、应急物流组织指挥机构

（一）机构设置

应建立以国家应对突发事件需求为牵引，以国家的各种物流资源为基础，以地方政府物流资源为依托、以军队和企业物流资源为补充的国家级、区域级、基地级、企业级四级融合型应急物流组织指挥体系。

国家级应急物流组织指挥机构是融合型应急物流的最高组织指挥机构，负责整个融合型应急物流的组织与管理，主要由国家国务院有关部委、军委后勤保障部等有关单位和人员组成，对整个应急物流进行总体规划和宏观指导，对应急物流体系结构进行设计和规划，并指导各物流活动的实施。

区域级应急物流组织指挥机构是在国家级应急物流组织指挥机构的基础上，按国家的总体规划将国家级应急物流划分为几个区域成立相应的组织指挥机构，一般由省市级地方政府、战区、军种和联勤保障中心等有关的单位和人员组成，主要负责对本区域内应急物流进行规划与管理，指导区域内各物流活动的组织与实施。

基地级应急物流组织指挥机构是在区域级应急物流组织机构的

基础上，将大区域划分为若干小的区域或方向成立相应的基地级组织指挥机构，一般由市县级地方政府、物流园区、物流中心、军队仓库、军事运输投送等相关单位和人员组成，主要负责对本范围内应急物流进行规划与管理，指导本范围内各物流活动的组织与实施。

企业级应急物流组织指挥机构是应急物流组织指挥机构的最底层，是基本的执行者，一般由地方物流企业、生产企业以及军队储供基地、战役仓库和运输部队等有关人员组成的组织指挥机构，主要是落实应急物流规划，具体执行应急物流活动。

（二）职责分工

国家级应急物流组织指挥机构的主要职责是：根据国家可能发生的各种突发事件的总体需求，对应急物流体系进行总体规划和设计，同时协调和指导各区域级组织指挥机构。当国家发生突发事件时，负责统筹全国所有应急物流资源应对突发事件，力争将突发事件的损害降到最低。

区域级应急物流组织指挥机构的主要职责是：根据国家级应急物流组织指挥机构的总体规划，统筹区域内各种物流资源，应对区域内各种突发事件，并执行国家级应急物流组织指挥机构的指示，同时对基地级和企业级应急物流组织指挥机构进行指导。

基地级应急物流组织指挥机构的主要职责是：贯彻执行上级应急物流政策、决定、指示，制定本级应急物流保障规定，领导本范围内应急物流工作，协调解决有关重要问题。

企业级应急物流组织指挥机构的主要职责是：根据国家级、区域级、基地级应急物流组织指挥机构的总体规划，具体贯彻执行上级应急物流政策、决定、指示，制定具体的应急物流保障活动预案，并根据未来可能发生的突发事件，组织应急物流保障演练。

（三）信息平台

以实现军队、政府、企业应急物流各成员之间信息共享为目标，建立网络联通的信息平台。在确保安全保密的前提下，以国家、地方互联网与物流信息网络为依托，建立集需求管理、资源管理、业务管理、辅助决策等功能于一体的军地联通的融合型应急物流信息平台。通过网络体系的建设，形成功能完备的融合型应急物流信息网络体系；开发应急物流基础数据系统、应急物流采购系统、应急物流运输系统、应急物资储备系统、应急物流配送系统、应急物流资源动员系统和应急物流保障决策系统等，形成先进实用的应急物流保障软件应用体系；建设安全防护系统和安全认证系统和灾难恢复系统，形成安全可靠的应急物流信息网络防护体系；开发网络资源调度、网络运行监控、用户注册管理等系统，并建立网络管理制度，形成运行通畅的应急物流信息管理机制。最终建立起互联、互通、互控、互操作、安全可靠的应急物流信息网络系统，实现应急物流保障组织指挥、资源配置、物流设施设备的调配和业务建设与管理的可视化、电子化、精确化。

（四）运作方式

为保证融合型应急物流保障工作顺畅有序运转，应当按照应急物流保障任务分工、应急物流保障关系、应急物流保障渠道和应急物流保障接口，建立机制联动的运作方式。具体就是要建立各级成员联席会议制度和情况通报制度。

（1）联席会议制度。建立军地应急物流领导小组会议、专项会议、办公室会议制度。

①领导小组会议。由组长主持召开，会议一般每年召开一次，也可根据需要临时召开，主要研究部署军地应急物流重大工作及事项。

②专项工作会议。经领导小组批准后，一般由副组长主持召开，参加人员根据会议内容确定，主要研究部署军地应急物流专项工作。

③办公室会议。由办公室主任主持召开，有关成员参加，主要研究协商、通报交流军地应急物流工作有关情况，提出解决工作中遇到问题的意见建议，研究、部署和处理办公室工作中的有关问题。

（2）情况通报制度。建立军地应急物流保障情况通报制度，及时通报相关单位编制体制调整、隶属关系变化、领导成员变动，以及重大保障活动进展等重要事项。

（五）工作流程

融合型应急物流工作流程如图1-2所示。

图1-2 融合型应急物流工作流程

（1）启动预案。各级领导小组、办公室、供应商、物流企业、后勤保障部（分）队等应根据应急物流保障的任务性质、规模范围、环境条件等，按照国家和军队有关规定和应急物流要求，各自启动相应等级的应急保障机制，迅速转入紧急状态；进行全员发动，明确职责分工，加强协调沟通，实行昼夜值班，及时请示报告，随时准备受领任务，做好组织计划、物资筹措、配送保障和后续服务准备。

（2）受领任务。应急物流办公室受领应急保障任务。在接到上级命令（指示）后，迅速统计汇总，分析需求构成，制订总体计划；按照职责分工，了解查询供应商、物资储备和社会物流资源等信息，提出以应急物流保障任务、资源状况、力量运用、关系协调、运力需求等为主要内容的应急物流保障建议。

（3）定下决心。应急物流领导小组召开专门会议，听取应急物流保障建议，研究分析问题，明确保障行动协同等组织实施中的有关事项，定下应急物流保障决心。

（4）组织实施。承担应急物流保障任务的区域级、基地级、企业级融合型应急物流保障办公室要通过多种渠道做好资源调查和分析，按照计划组织实施应急物流保障服务。

（5）总结上报。任务完成后，融合型应急物流办公室以书面形式总结并向领导小组报告任务完成情况，并抄送各相关部门。

第四节 应急物流体系运行机制

在应急情况下，必须重视发挥军队、政府、企业物流系统的优势，建立以下应急物流体系运行机制。

一、法律法规约束机制

自 2003 年以来，国家相继颁布了《突发公共卫生事件应急条例》《国家突发公共事件总体应急预案》《国务院关于全面加强应急管理工作的意见》《国家自然灾害救助应急预案》等一系列应急管理法律法规和预案。同时针对国家灾害频发而地方专业救援力量不足的现实，军队在加强作战能力建设的同时，开始有组织、有计划、有重点地增强自身的抢险救灾能力。

2005 年 6 月 7 日中华人民共和国国务院、中华人民共和国中央军事委员会令第 436 号公布了《军队参加抢险救灾条例》。该条例为国家军事行政法规，具体明确规定了军队参加抢险救灾的任务、原则、组织指挥、兵力装备使用、平时准备与行动保障等。同时对人民政府及其部门在组织和保障军队抢险救灾时的责任与义务作了明确规定，并规定了人民政府申请使用部队的权限、办理程序、指挥机构以及部队遂行任务所需经费、物资、装备、器材的储备与保障办法等，为确保军队更好地履行抢险救灾的职能，加强军地双方合力救灾，保证抢险救灾工作的顺利开展，夺取抢险救灾的胜利，提供了坚强有力的法律保障。2022 年 6 月 15 日施行的《军队非战争军事行动纲要（试行）》认真总结以往遂行任务实践经验，广泛汲取军地相关理论成果，主要对基本原则、组织指挥、行动类型、行动保障、政治工作等进行了系统规范，为部队遂行非战争军事行动提供法规依据。

但是从最近几次大的救灾行动来看，也暴露出一些问题，如全民齐上阵，物流组织混乱，应急物流成本过高、效率低，尤其是缺乏融合型的应急物流机制，军地物流系统协调少，难以发挥整体作用。因此，需要制定相应的促进军地物流融合的法律法规。为此，必须加强以下几个方面的工作。一是完善应急物流相关规章制度、规则条例和标准规范，明确军地物流资源配置要求，规范应急情况下的保障行为，充分发挥综合保障效能；二是增强法规制度的可操作性，平时明确军地物流融合建设、资源共享的要求，明确应急情况下军地物流各部门所应承担的责任，拥有的权利，以及工作程序和内容，以便于执行；三是完善目前已经制定的不同法规制度之间衔接，减少存在的冲突，使法规制度适用范围一致，进一步理顺军地关系，各尽其长；四是建立健全执法监督机构，加大执法检查力度，督促有关单位落实法规和制度。

二、联合指挥保障机制

根据我国政府机构设置和物流的运作流程，整合国家、军队、地方的相关部门，建立专业应急物流指挥系统，完善应急物流保障机制，平时负责协调物流基础设施建设、资源共享等工作，应急情况下负责应急物资的供应保障工作，协调应急物流的运行和实施。应急物流指挥系统的设立和运作，必须由强有力的公共权力部门主导，即由政府、军队共同来领导和组织实施，明确应急情况下军队与地方政府的指挥协同关系，分清职责；灵活采取政府主导、军队支援或军队主导、地方配合的多种指挥协同方式，确保应急物流指挥系统高效运转；确立大物流观念，充分发挥交通运输、民政等各部门的作用，做到内外密切配合，形成军地物流统一指挥的体制，做到铁、公、水、空四种运输方式得以综合运用，筹、储、装、运、卸、转紧密衔接，形成多种运输方式优势互补的应急物流保障网络。

三、联合监测预警机制

监测与预警是一切应急事件救援、处置、处理的基础。突发事件经常发生，而且情况各异。应急物流的最根本的目标就是实现对突发事件的应急保障，军地除了要制定各自的应急物流预案外，尤其应加强军地物流应急预案的沟通和协调，加强平时应急物流保障人员的训练，密切军地物流共同准备与演练，提高对应急事件的预警情况处置的快速反应能力，做到"有备无患，有患不乱"。

四、经济激励机制

我国应急物流体系主要由军地两大物流系统组成，应急保障效率既受两者各自的工作能力影响，还受两者在应急情况下融合程度高低的影响，尤其是后者。如何将两者为共同的目标融合一起，还需要建立有效的经济激励机制。为此，一是要加快制定相应的经济法规，依据法规对军地应急物流加以规范，做到有法可依，有章可循。注意使用经济激励手段，如价格、税收和财政政策，鼓励军队、地方物流企业和相关物资生产企业积极加入应急物流体系中来；二是对各方在应急物流体系中的贡献进行效益评估，给予相应的经济奖励与处罚，达到激励应急物流参与主体的目的。

五、市场作用机制

应急物流的市场作用机制本质上是市场运行规律的体现，是现代市场经济体制下市场中各种力量对应急物流发展影响的作用机制。鉴于应急物流的特殊性，国家可以利用社会资源，以市场化方式对具备条件的国内大型专业物流企业进行招标，签订协议，明确其在遇到紧急情况时承担的应急物流保障任务。这样既能提高地方物流企业的应急物流水平，也能给物流企业带来了相应的经济效益。

六、信息共享机制

由于受体制的束缚，军地物流长期处于相互分割、各自为战的状态，物流信息网络建设自成一体，无法实现信息共享。因此，在满足各自需求和安全要求的前提下，加强应急物流信息网建设，建设融合型应急物流信息平台，实现军地物流信息标准一体化、网络建设一体化、物流保障一体化，为有效控制信息流、物资流与资金流创造条件；进一步完善应急报告和信息公布机制，利用现代化的通信手段加强信息收集处理能力；强化突发事件应急物流报告制度，使军地及时了解救灾物资的需求与供给状况，调动各方力量筹集应急物资，保障运输。

应急物流信息的共享与应急事件信息的公布是政府对社会、公众负责任的体现，这样做既缓解了社会的紧张氛围，又增加了救灾工作的透明度，同时民众和军队人员能够更加详细地了解应急救灾工作，于是他们能够有的放矢地提供帮助，这样可以减少许多中间环节，精简操作程序，提高了运行效率。

七、定期协商机制

我国政府协调机制可通过"突发性事件协调处理机构"来实施，国家可以通过法律、法规形式给这些机构特定的权利和资源，并建立从中央政府到地方政府、军队相应的专门机构、人员和运作系统。

处理突发性事件的关键在于该系统职能的有效发挥，其主要职能包括：①对各种国内外资源的有效协调、组织和调用；②定期与参与应急物流的军队、政府相关机构、企业进行协商，根据各自的特点，合理分配应急物流资源的准备工作；③根据在应急事件处理中发现的问题，及时提出解决应急物流保障的处理意见、措施或预案；④采取一切措施和办法协调、疏导或消除不利于应急物流保障的人为因素和非人为障碍。

第二章　融合型应急物流基础设施

为了更好地适应应急物流需求，应科学规划应急物流基础设施网络，实现对应急物流的有效管控，提高整体保障能力。轴辐式应急物流基础设施网络凭借其网络结构特性表现出异于普通物流网络的抗毁性和良好的经济性，该网络强调立足全局，整合军队和地方物流基础设施，进行科学的布局规划与合理的资源配置，实现应急物流保障的区域联动，为国家应急物流体系建设提供了新的思路。

第一节　轴辐式网络基础理论

轴辐式物流网络是一种基于大型物流枢纽中心站的集中运输系统。与传统的物流网络空间布局相比，轴辐式物流网络将物流中的一个或多个节点设立成为枢纽中心站，非中心站的节点都由中心站彼此相连。

一、轴辐式网络结构相关理论

（一）网络的基本形态

网络由节点和连线组成，在图论中称之为顶点和边，由节点及其连接路径构成网络的拓扑结构，其拓扑性质不随顶点的具体位置和边的具体形态改变而改变。其基本结构如图 2 - 1 所示。

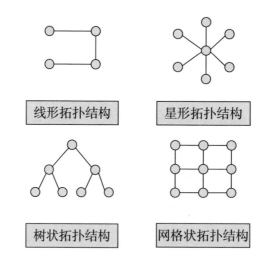

图2-1 基本网络拓扑结构

根据网络中节点连接的集中度，网络还可分为集中式、分散式和分布式三种网络形式，如图2-2所示。

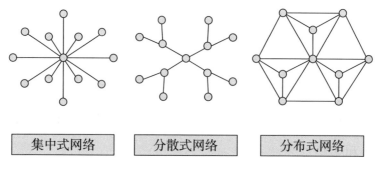

图2-2 网络结构分类

（二）轴辐式网络的类别

轴辐式网络是以星形拓扑结构为基础，由网络中不同层级的节点和不同连接方式的边共同组成。其中节点分为枢纽节点（Hub）和普通节点（Spoke），连线分为干线和支线。枢纽节点是网络中具有周转、集散功能的节点，普通节点是网络中的辐射节点；干线是枢纽节点间的连线路径，支线是枢纽节点与普通节点间的连线路径。

根据普通节点连接的枢纽节点数量，轴辐式网络可分为单分配网络和多分配网络。单分配网络中，任意普通节点相连的枢纽节点数量是唯一的，而枢纽节点之间是全连接关系。典型的单分配网络有快递公司的配送网络、银行的 ATM 网络等。多分配网络中，任意普通节点均可和一个以上的枢纽节点进行连接，普通节点不再是某一枢纽节点独有。相较于单分配网络，多分配网络组织形式上更为复杂，连接方式更加灵活。目前各航空公司的服务网络以及远洋运输的班轮航线网络多是多分配网络。

根据普通节点之间是否存在直接相连的线路，轴辐式网络可以分为纯轴辐式网络和混合轴辐式网络。在纯轴辐式网络中，与任意普通节点相连的另一端必定是枢纽节点，普通节点之间的物资传递、服务沟通等都需要通过枢纽节点的中转才能实现。在混合轴辐式网络中，普通节点之间是可以有直接连接线路的，但从整体上看这种连接方式所占比例较小，网络中的大部分连接路径仍由支线和干线组成，轴辐式网络的拓扑性质并未改变。

此外，从网络中枢纽节点是否唯一的角度，又可以将其区分成单枢纽网络和多枢纽网络两种类型。单枢纽网络中枢纽节点的数量唯一，枢纽节点是任意节点之间沟通的桥梁，一般用于规模较小、服务能力偏弱的网络中，如社区医疗服务网络。多枢纽网络中拥有多个枢纽节点，一般用于节点规模较大的服务网络，既能做到服务集中又能化解枢纽拥挤，目前大部分服务网络都采用此种模式。

二、轴辐式应急物流基础设施网络的内涵分析

明确轴辐式网络的概念是开展后续研究工作的逻辑起点。轴辐式

网络自从在航空领域诞生之后，现已由运输行业拓展至计算机、金融等其他领域。在不同的领域中其定义不尽相同，目前学术界还没有统一的标准。

如在航空客流网络中，金凤君将其定义为以最主要的航空港为轴心，其他航空机场为附属，形成具有密切联系的类似"自行车轮子"的空间网络联系交流体系。李阳将其定义为网络中的大部分节点通过和网络中的一个或少量几个枢纽节点相互作用，实现货物、人员及服务传递的一种网络结构。胡安康将轴辐式网络定义为网络中不同的网络节点通过和网络中指定的一个或几个枢纽节点相连接，实现货物运输或服务传递的一种具有整体性的网络结构。此外，在军事领域，美国国防部将轴辐式配送定义为一种建立在工业标准基础上，为战场提供物资管理的配送系统，该系统依靠枢纽节点和普通节点实现物资的运输，可提高系统的运输效率、增强物资在运可视化，并能缩短订单提前期。在计算机领域，其被定义为任何使用中央连接点的网络结构，等同于网络中的星形拓扑结构。

融合型应急物流是为满足应急需要而建立的物流网络。网络这一概念的发展源于图论，借鉴图论中图的定义及相关理论，可以将应急物流系统中的各类国家物流枢纽、物流园区、配送中心、货场、仓库以及军队仓库、机场、港口等抽象为节点，将各物流节点之间的二元关系抽象为边，如此一来，便形成了应急物流基础设施网络。而所谓的"轴辐式"网络，是指网络中的大部分节点通过和网络中的一个或少量几个枢纽节点相互作用，实现货物、人员及服务传递的一种网络结构。其最典型的应用是轴辐式航空网络，即航空公司为了最大程度的提高飞机利用率，采取以某些城市为枢纽并安排大量航班，而在枢纽城市与小城市之间则仅通过小飞机提供连接航班的一种航空网络。

因此，可以认为，轴辐式应急物流基础设施网络就是在进行区域应急物流规划布局时，从区域物流节点中选取一个或多个作为枢纽节点进行重点建设，形成以枢纽节点为中心，覆盖全域、相互补充、整体联动、高效管控、保障快速的应急物流网络结构。打通应急物流保障中"储"与"运"之间的绝对界线，将仓储看作是配送的静态前伸，将配送看作是仓储的动态延续，进而以一个系统的、辩证的角度来看待应急物流问题。

轴辐式应急物流基础设施网络的核心思想是利用科学的网络结构与布局，尽力避免"撒胡椒面"式建设和使用，有重点地建设储存设施、技术力量、保障力量等，真正形成区域内的物流保障中心。保障中心具备应急储备、维护保养、组套包装、运输配送、信息处理等功能，能够实现对应急物资的集中管控和重点保障，形成保障拳头。

三、轴辐式应急物流基础设施网络模型

（一）轴辐式应急物流基础设施网络结构模型

辐轴式应急物流基础设施网络通常将国家物流枢纽等具有集货、分拣、转运和配送功能的网络节点视为枢物流纽节点，而将部分功能单一、保障能力弱的物流园区、运输中心、配送中心、仓库等视为普通节点。

在轴辐式应急物流基础设施网络中，由枢纽节点之间链路构成的"轴"网络，即主干链路网络；而由枢纽节点与普通节点、普通节点

与普通节点之间链路所构成的"辐"网络，即分支链路网络（以下简称"分支网络"）。这样就构成了以枢纽节点为"轴"，以普通节点为"辐"的应急物流基础设施网络，如图2-3所示。

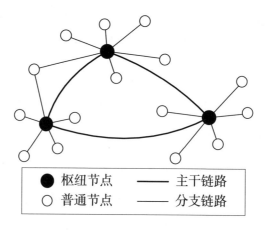

图2-3　轴辐式应急物流基础设施网络结构模型

（二）分支网络

分支网络的配置必须结合区域应急物流节点布局，围绕先前选定的枢纽节点进行。根据"辐"的接连方式不同，可将分支网络分为单一配置和多重配置。在采用单一配置的分支网络中，每个普通节点有且仅有一个枢纽节点和其相连接，即每个普通节点的全部要素必须配置到一个枢纽节点上，尔后通过枢纽节点将物资转运至各目的节点。而在采用多重配置的分支网络里，每个普通节点则可能连接多个枢纽节点，因而对于连接了多个枢纽节点的普通节点而言，须对其所含要素进行必要的筛选和分拣。

在轴辐式应急物流基础设施网络的分支网络中，其内部链路空间结构呈星状网络、树状网络、环状网络、路径网络以及由它们组合而成的混合网络等，如图 2-4 所示。在星状网络中，各普通节点的分布通常相对独立和分散，物流活动不受彼此影响，因此这种链路结构具有物资集散快的特点，这也对枢纽节点的物流能力提出较高的要求；树状网络的特点是节点层次分明、物资集散有序，枢纽节点既能够实现物资的快速集散，又不必承担过大的流量压力；在环状网络中，节点之间连接相对紧密，普通节点与枢纽节点之间的链路选择较多，因此这种网络链路结构具有较好的抗破坏性；而路径网络，则通常适用于在单一路线上沿途若干偏远节点的连接。

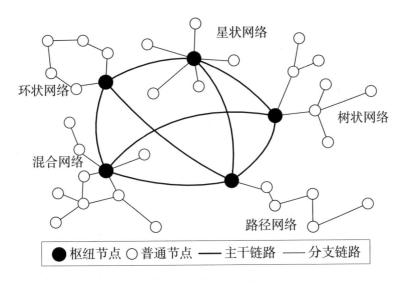

图 2-4 分支网络内部链路空间结构

通常分支网络的链路空间结构要受所在区域地理、交通等客观因素的影响与制约。因此，必须因地制宜，根据应急物流基础设施网络构建的需求，结合地理条件、道路交通等实际情况，采取适合的链路结构。

四、轴辐式应急物流基础设施网络的特点

轴辐式应急物流基础设施网络重点突出，节点之间的联系科学而紧密，网络节点簇群中心化特征明显，网络资源配置均衡合理。归纳起来，主要具有以下三个显著特点。

（一）保障辐射能力强

目前，国家应急物资储备仓库分布零散且相对独立，各仓库之间难以实现协同配合。一旦爆发突发事件，需要在短时间内调拨大批量物资时，一方面由于缺乏统筹指挥调度，各仓库在执行保障任务时各自为战，将可能形成众多小批量、多批次的保障单元，进而造成运输力量的分散和保障秩序的混乱；另一方面，由于应急物流网络内部各区域间缺乏有效协同，很可能导致储备网络受力失衡，部分仓库保障任务重、强度大、难度高，而另一部分仓库又很难参与其中贡献力量，最终造成保障不力。

轴辐式应急物流基础设施网络则是在布局规划之初，就着眼于建立面向全局、需求牵引、储运一体、整体协同的应急物流保障网络。在轴辐式应急物流基础设施网络中，枢纽节点之间通过主干链路连接，枢纽节点与普通节点之间则通过分支链路连接，并且网络中相连的节点之间都可以实现双向运输。其中，每个枢纽节点既是保障物资的收集点，又是物资的中转与配送点。轴辐式应急物流基础设施网络依靠枢纽节点快速收集物资，利用节点间的连续接力转运，使各个区域储存的保障物资联动起来，进而扩大了应急物资保障辐射范围，提高了应急物流基础设施网络的保障辐射能力，在短时间之内即可完成

大批量、多种类、高强度的应急物资投送任务，并依托和调度全网资源为应急提供持续有力的物资保障。

（二）规模效应显著

轴辐式应急物流基础设施网络在枢纽节点完成区域物资的收集与分拣后，利用主干链路上相对集中的运输力量进行投送或配送。相对于仓库之间传统的"点对点"网络结构，轴辐式应急物流基础设施网络"集中—转运—分散"的保障模式具有两个明显的成本优势：

一是利用枢纽节点的集散功能，将网络流量集中在主干链路上。尽管轴辐式应急物流基础设施网络没有改变网络中节点的数量，也没有改变网络内部的整体流量，但是却有效地减少了网络中链路的数量，提高了每条链路的流量密度，尤其是主干链路上的流量密度。

二是轴辐式应急物流基础设施网络中链路数量的减少，会增加其链路上服务需求与响应频度，这有利于增加网络中链路流量密度，同时提高各条链路上运力的装载率。在此基础上，集中配置人力、物力、运力以及相关服务设施即可利用轴辐式网络的规模效应，降低应急物资的单位运输成本，提高保障效率。

（三）抗毁能力良好

在现实中，往往存在着很多源自网络自身或者外界环境的，可能导致物流网络中断、瘫痪甚至被摧毁的干扰因素。从本质属性角度上看，这些干扰因素大致可被分为两类，即随机性干扰与选择性干扰。随机性干扰，通常是由网络内部差错、故障，或者不可控的外界因素（如地质、气象灾害等）导致的。选择性干扰是指来自网络外部，针对特定的某些或某类节点，进行具有破坏性的攻击。

一般来讲，轴辐网络通常都具有无标度特性，这使得轴辐网络对随机性干扰具有良好的鲁棒性。因此，轴辐式应急物流基础设施网络具有较高的抗毁能力。然而，面对选择性的干扰破坏，无标度网络则显得十分脆弱。轴辐式网络中，具有较大连接度的枢纽节点，往往对整个网络的连通性起着关键作用。这类节点一旦受到攻击，则很容易造成网络被分割成许多孤立的节点，进而导致整个储备网络的瘫痪。因此，在构建轴辐式应急物流基础设施网络时，利用无标度网络特性抵御随机性干扰的同时，还必须要考虑对重要枢纽节点的保护，提高枢纽节点的风险防御能力，尽可能地避免物流网络瘫痪等情况的发生。

五、轴辐式应急物流基础设施网络的不足

由于轴辐式网络拓扑结构自身的原因，该网络在进行服务保障时具有一定的局限性，导致以此为基础构建的应急物流基础设施网络也存在一些缺陷。

（一）产生了绕道成本

在运用轴辐式网络拓扑结构构建的应急物流基础设施网络中，任意节点储存的应急物资都需经过一个或两个枢纽节点才能送达最终的需求点，这就使得供应点与需求点两点之间的行程大于供应点直接向需求保障的"点点直达"的行程，并产生了绕道时间，增加了整个物流系统的保障成本。

（二）产生了中转成本

轴辐式应急物流基础设施网络中普通节点储存的物资需要通过枢纽节点进行中转，才能送到需求者手中，枢纽节点担负着应急物资的集散、中转等功能。因此，枢纽节点就需要对运抵的应急物资进行装卸、搬运、分拣、组套包装等作业，以确保应急物资能够按照需求进行运输。在此过程中，每道物流工序都需耗费一定的时间和资源，相应产生了在"点点直达"运输方式中并不存在的中转时间和中转成本。

（三）易发生拥堵和延误

轴辐式应急物流基础设施网络的本质，要求定期将零散的应急物资送至枢纽节点集中后输送，把分散的需求整数化，通过增加枢纽节点物资的周转频率，提高应急物资保障的时效性。因此大量分散储存的物资就可能在同一时间从不同的储存节点汇聚到枢纽节点，短时间内大量到达或出发的物资容易引起枢纽节点服务能力的饱和，可能导致枢纽节点尤其是大型枢纽节点发生严重的拥堵和延误，整个网络的服务能力就可能大幅下降。

在构建轴辐式应急物流基础设施网络的过程中，应充分发挥轴辐式网络的长处，实现规模经济效益，提升服务保障效率，优化配置有限的保障资源，把分散的节点进行有机整合，使整个区域内甚至全国范围内的各类物流节点构建成一个高效运转的保障网络。同时也要避免轴辐式网络的不足，严格控制网络的绕道距离，降低中转时间和中转成本，考虑枢纽节点的拥堵问题，减少和避免延误。

第二节 轴辐式应急物流基础设施网络枢纽节点的选址

轴辐式应急物流基础设施网络中的枢纽节点是整个网络的核心，是应急物流网络高效运转的关键。建设枢纽节点是加快应急物资供应频率、提升应急物资保障时效性的必然结果。枢纽节点的建立使整个应急物流基础设施网络得以高效运转，提高了应急物资的保障水平、缩短了应急响应时间，同时还在一定程度上降低了应急物流成本，提高了经济效益。而要实现这些目标，必须对枢纽节点所处的地理位置、规模、交通条件、作业能力等进行调查、分析，选出满足应急物资保障要求的枢纽节点，这样选择的枢纽节点才具有重要的战略意义。

一、枢纽节点选址问题分析

（一）枢纽节点的选址原则

轴辐式应急物流基础设施网络的枢纽节点选址要立足其应急用途，结合应急物流的保障特点，枢纽节点在选址中必须遵循以下原则。

（1）应急性原则。枢纽节点不同于一般民用物流设施，其服务对象是应急物资需求对象，运转的是各类物资，时效性、安全性要求高，应防止自然灾害、人为破坏等原因，造成应急物流基础设施网络因枢纽节点受损而发生瘫痪，提高应急物流网络的韧性，一旦受损应能快速恢复到保障状态。

（2）快速响应原则。应急物资是履行应急行动的物质基础，在战时和重大灾害中，枢纽节点必须要能对前方需求做出快速响应，防止物资短缺给应急行动造成不利后果。这就要求枢纽节点能覆盖一定的区域，储存的物资数量多、种类全、规格齐，仓储设施的机械化自动化程度高，能够对其他节点运来的物资快速分拆、合并，按照应急保障需求分拣后发送至最终用户。

（3）交通便利原则。枢纽节点的选址应靠近国家主要交通干线，临近重要交通枢纽，并有便捷高效的多种运输方式可供选择，让枢纽节点和辐射节点之间实现无缝连接，应急物资能在各个节点之间顺畅流通，这样才能确保整个应急物流基础设施网络的高效运转。

（4）经济性原则。在满足社会效益的前提下，也应重视提高应急物流的经济效益。在枢纽节点选址过程中，同样要考虑经费的支出，把有限的经费用在刀刃上，发挥最大经济效益。通常一个物流设施的费用支出包括建设费用和运营费用两部分，枢纽节点也不例外。其中，建设费用包括"硬件"支出和"软件"支出，如建设仓储设施的费用、采购机械设备的费用以及研发配套信息系统的费用等；运营费用包括人员开支、物资储存费、装备设施维修费等。基础设施建设投资所占比例最重，必须着眼于长期性的远景规划。相比于在其他地方新建枢纽节点，利用既有的物流设施进行改建、扩建是一种理想的方案，这样既可节约经费开支也能实现现有资源利用的最大化。

（5）全局性原则。枢纽节点选址的过程中，要立足全局，兼顾平时、急时和战时，注重远期规划，综合考虑枢纽节点的位置，巩固提高一体化国家物流体系和能力，形成前后兼顾、区分重点、层次分明、结构合理的网络化布局。要把枢纽节点的选址放在国家应急战略环境中去，选址者不仅要考虑枢纽节点本身的保障能力，还要考虑对整个系统的支撑作用，确保整个应急物流基础设施网络高效、稳定运转。

（二）枢纽节点的核心功能

应急物流网络中，枢纽节点作为网络的核心节点，其功能全面，作用更加突出，支撑着整个系统的正常运转。网络中储存的大部分物资都需经过此类节点集散、分发和中转，因此枢纽节点起着功能衔接、组织指挥、物资流动、信息处理等重要作用。

（1）储存保管。枢纽节点作为应急物流基础设施网络中的关键节点，是应急物资储存的重要场所，在应急物资保障中发挥着蓄水池的作用。在枢纽节点储备一定种类和规模的应急物资，就可在接到应急保障需求后做出快速反应，缩短响应时间，及时地向用户配送所需物资。

（2）运输配送。精确、主动保障是未来的应急保障的鲜明特征，是对传统被动式物流保障方式的变革，而实现精确、主动保障的关键在于应急物资的运输。在应急物资的保障过程中，由于应急物资的种类各异、需求紧迫性不同，从其他节点运送至枢纽节点转运的应急物资，必须根据用户需求选择合适的运输方式，将应急物资安全、及时地送达指定地点，因而枢纽节点还应具备多种运输方式之间无缝衔接的能力。

（3）装卸搬运。在应急物资保障中，枢纽节点既要负责自身储备的应急物资的运送，也要对其他节点储存的应急物资进行中转，因此它关系着整个储备网络的运转效率。为了加快应急物资的流通速度，减少物流环节造成的时间耽搁和物资损坏，在枢纽节点配备必要的机械设备，提升作业效率，加强装卸载能力建设十分必要。

（4）分拣加工。在从生产企业流向保障对象的过程中，由于各环节的需求不一样，应急物资的集合状态和数量总是在不断的变化之中。为了更好地满足需求，有必要对集装化的应急物资进行拆分、拣选、识别、组配、贴标打码等作业活动，而枢纽节点就是这些作业流程的最好实施地。

（5）组套包装。为避免自然环境和人为因素对应急物资技术性能的影响，方便应急物流作业，部分按普通要求包装的应急物资需要重新包装，以满足应急特殊环境的需要。与此同时，按照不同的保障对象、不同的保障需求，对种类繁多、数量巨大的应急物资进行模块化的组合包装作业，就可避免在战时和急时再按需求进行集配，节约宝贵的保障时间，提高应急物资的保障效率。

（6）质量检验。在储存、运输、装卸搬运、分拣加工等物流作业过程中，由于自身的原因或外在因素的影响，应急物资极有可能发生质量失效，影响应急物资战技术性能的发挥。因此，要对应急物资进行质量检验，挑选出质量不合格的应急物资，确保送达保障对象的应急物资质量良好。

（7）维护保养。应急物资经过长期的储存或运输，其技术性能在悄然发生改变，若不及时恢复其技术性能，就无法满足用户使用需要。维护、修理等工序可以及时恢复和维持应急物资的技术性能，使其保持良好的技术状态，防止质量失效。

（8）信息处理。枢纽节点作为应急物流基础设施网络的运转核心，其实现应急物资流动的前提是信息的传递。枢纽节点在作业过程中，会产生大量的物流信息，对这些信息进行采集、汇总、储存、传递、分析和处理等作业，可为应急指挥提供决策参考，这些作业是实现应急物资可视化管理中的基础。

（9）其他功能。枢纽节点在实际运行中根据任务的需要，还可能涉及物资采购、资金结算、人员培训、需求预测等活动，相应功能也应该进一步完善。例如，在战时和应急情况下，当储存的应急物资无法满足需要，就需要枢纽节点进行应急采购。在此过程中，枢纽节点就必须具备采购、资金结算等功能。随着应急物资保障体制机制的进一步完善，枢纽节点的功能也应相应地拓展和完善。

二、枢纽节点的选址指标与评估方法

（一）枢纽节点的选址指标

根据应急物资的保障特点，结合枢纽节点的选址原则，轴辐式应急物流基础设施网络枢纽节点在选址决策过程中主要考虑地理位置、仓储设施、仓储容量、交通条件、作业能力、功能配套和安全环境七个因素。

（1）地理位置。应急物流枢纽节点选址时，应详细分析区域内主要突发事件类型及应急物资需求特点，充分考虑备选点的响应时间、辐射范围等限制条件，备选点应尽量靠近需求点，越靠近需求点所需的保障时间就越短，应急反应越快。

（2）仓储设施。应急物流枢纽节点往往需要长期储备大量的应急物资，需要具备较强的应急物资储备能力、完善的仓储设施设备、高效的物流作业能力、完备的网络信息体系。

（3）仓储容量。在应急物流网络中应急物资的储备总量确定的情况下，当枢纽节点的仓储容量较大、储存的应急物资种类较为丰富时，其他节点的储备量就会相应变少，随之减少了应急物资在支线上的运输量，于是在降低运输成本的同时也节约了支线运输时间，提高了应急物资的保障效率。

（4）交通条件。交通条件主要包括备选点的基础设施情况、进出路线数量、干线数量等内容。在突发事件发生时，应急物资能否及时送抵需求地点，与应急物资仓储场所周边的运输条件密不可分。道路基础设施越完善、等级越高，车辆行驶的速度就越快，应急物资的在途时间就越短；进出仓储场所的路线数量越多，节点就不容易发生拥堵，运转就越顺畅；节点附近的干线道路数量多，就可向不同需求地点提供支援。

（5）作业能力。应急物流网络中的应急物资需要通过枢纽节点的集散、中转，才能送达最终的用户。当用户发出需求后，各节点储备的应急物资就会在短时间内送达枢纽节点进行汇总，若枢纽节点的装卸载作业能力不强，就极易发生拥堵和延误，甚至导致整个网络的瘫痪，严重影响应急物资保障工作的顺畅实施。

（6）功能配套。它主要包括集装中转、配套包装、技术保障、分拣配送和信息处理等方面的功能配套。当备选点具有完善的配套设施，就可根据应急物资需求进行集装、中转、拣选、配送等物流作业活动，实施精确、快速的物资供应。

（7）安全环境。枢纽节点储备有大量的应急物资，是区域实施应急物资供应的基地，枢纽节点选址时应充分考虑可能的自然灾害、环境因素等造成的破坏，避开地震烈度为 9 度及以上的地震区，有可能遭受洪水淹没的地带，有可能发生滑坡、泥石流等地质灾害的地区，防止因枢纽节点受损节点而发生瘫痪，使受损节点应能快速恢复到保障状态。

此外，自然条件、社会环境、经济效益等因素也在一定程度上影响着枢纽节点的选址，这些因素都是相对次要的，可以随着科学技术的进步或管理体制机制的完善得以解决，因此这些次要因素暂不作为轴辐式枢纽节点的选址评价指标。

（二）选址指标的量化标准

为统一评分标准减少人为差异，参考相关标准，我们制定了相应评分规则。为使评分规则更具普适性，指标分类阈值可随实际发展情况进行调整。以下给出选址指标及其评分标准。

（1）地理位置。是指备选点实际地理位置的战略价值，体现了备选点在支援应急行动时的敏捷性，分为 5 个档次。其中备选点靠近国家中心城市的得 5 分；备选点靠近其他中心城市的得 4 分；备选点靠近二线城市的得 3 分；备选点靠近三线城市的得 2 分；备选点位于其他城市的得 1 分。

（2）仓储设施。是指备选点的仓储设施设备完善程度，分为 3 个档次。其中备选点仓储设施设备非常完善得 3 分；备选点仓储设施设备比较完善得 2 分；备选点仓储设施设备不完善得 1 分。

（3）仓储容量。是指备选点所具备的最大储存能力，用备选点的建筑规模来体现，分为 3 个档次。其中储存面积 ≥30 万平方米（立方米、吨）的得 3 分；储存面积在 20 万 ~ 30 万平方米（立方米、吨）的得 2 分；储存面积小于 20 万平方米（立方米、吨）的得 1 分。

（4）交通条件。是备选点的应急物资快速集散的重要保证，主要参考备选点可利用的运输方式，包括公路运输、铁路运输、水路运输及航空运输四种运输方式，分为三个档次。其中靠近主要交通枢纽地区，拥有三种以上运输方式的备选点得 3 分；具备两种运输方式的备选点得 2 分；只有一种运输方式的备选点得 1 分。

（5）作业能力。是指备选点能实现的最大日收发作业量，分为 3 个档次。日收发作业能力 ≥160 车皮/日（或 5000 吨/日）的得 3 分；日收发作业能力在 100 ~ 160 车皮/日（或 3000 ~ 5000 吨/日）的得 2 分；日收发小于 100 车皮/日（或 3000 吨/日）的得 1 分。

（6）功能配套。是指备选点除储存与收发作业外的其他功能，包括物资储存、集装中转、配套包装、技术保障、分拣配送和信息处理等能力，分 3 个档次。其中设施设备配套齐全、技术保障力量雄厚，能对应急物资按要求进行拆捡、配套包装及配送的备选点得 3 分；配备了部分流通加工设备，拥有一定的技术保障力量，能够对应急物资进行简单维护保养、配送的备选点得 2 分；其他的得 1 分。

（7）安全环境。是指备选点防御自然灾害、地质灾害等破坏的能力，分为 5 个档次。其中防御自然灾害、地质灾害等破坏能力强的备选点得 5 分；防御自然灾害、地质灾害等破坏能力较强的备选点得 4

分；防御自然灾害、地质灾害等破坏能力一般的备选点得 3 分；防御自然灾害、地质灾害等破坏能力较差的备选点得 2 分；防御自然灾害、地质灾害等破坏能力很差的备选点得 1 分。

（三）评估方法

为能更客观、真实地分析指标数据的内部结构关系，减少权重中的人为主观因素，我们选取主成分分析法和聚类分析法对各节点的指标数据进行研究。

1. 主成分分析法

主成分分析法主要用于统计分析多个变量间的相关性问题，首先将相互关联的多个指标合并转化，实现对原指标变量的降维，但最终得到的少数几个互无关联的综合性指标仍含有原指标中的绝大部分信息。其分析步骤如下。

（1）标准化参数矩阵。

设含 n 个样本、m 个指标变量的参数矩阵 A：

$$A = \begin{bmatrix} x_{11} & x_{12} & \cdots & x_{1m} \\ x_{21} & x_{22} & \cdots & x_{2m} \\ \cdots & \cdots & \cdots & \cdots \\ x_{n1} & x_{n2} & \cdots & x_{nm} \end{bmatrix} \qquad (2-1)$$

用式（2-1）对参数矩阵 A 中的变量 x_{ij} 进行标准化，得到标准化矩阵：

$$A_1 = (x_{ij}^*)_{nm}, \; x_{ij}^* = \frac{x_{ij} - \overline{x}_j}{s_j}, \; (i=1, \, 2, \, \cdots, \, n; \, j=1, \, 2, \, \cdots, \, m)$$

$$(2-2)$$

其中，$\bar{x}_j$ 和 s_j 表示第 j 个指标变量的平均值和标准差，x_{ij}^* 为标准化指标矩阵的列向量。

（2）建立相关系数矩阵。

在标准化矩阵 A_1 的基础上，计算两两指标变量间的相关系数，从而得到相关系数矩阵 $R = (r_{ij})_{mm}$，其中 $r_{ij}(i, j = 1, 2, \cdots, m)$ 表示指标变量 x_i 和 x_j 之间的相关系数，且 $r_{ij} = r_{ji}$。

（3）计算特征值与特征向量。

计算相关系数矩阵 R 的特征值 λ_i 和对应的特征向量 e_i（$i = 1$, $2, \cdots, m$），并对特征向量进行标准化，即满足 $\sum\limits_{j=1}^{n} e_{ij}^2 = 1$。

（4）计算特征值的贡献率和累计贡献率

$$\text{贡献率}: b_j = \lambda_j / \sum_{k=1}^{m} \lambda_k \qquad (2-3)$$

$$\text{累计贡献率}: T_p = \sum_{j=1}^{p} b_j = \sum_{j=1}^{p} \lambda_j / \sum_{k=1}^{m} \lambda_k \qquad (2-4)$$

其中，选取的 p 个主成分（$p \leqslant m$）一般有 $\lambda_1 \geqslant \lambda_2 \geqslant \cdots \geqslant \lambda_p \geqslant 1$ 或 $85\% \leqslant T_p \leqslant 95\%$。

（5）计算主成分载荷矩阵 $L = (l_{ij})_{mm}$ 及主成分表达式。

$$\text{主成分载荷}: l_{ij} = \sqrt{\lambda_j} e_{ij}, \ (i, j = 1, 2, \cdots, m) \qquad (2-5)$$

$$\text{主成分表达式}: f_j = A_1 e_j, (j = 1, 2, \cdots, p) \qquad (2-6)$$

（6）计算各样本的综合评价得分。

$$\text{综合评价得分}: F_i = \sum_{j=1}^{p} b_j f_{ij} \qquad (2-7)$$

2. 聚类分析法

聚类分析法是根据从样本中采集的数据特征，将研究对象按照一定的类定义准则在没有先验知识的情况下进行自动分类。其中不同类别个体间的特征差异性较大，而同类别的个体间具有相似性。

系统聚类法是使用最多的一种聚类方法。根据聚类对象不同，系统聚类分为对样本进行聚类的 Q 型聚类和对变量进行聚类的 R 型聚类。本书的分类对象是应急物流节点，研究对象属于样本，选用 Q 型聚类较为合适。在 SPSS22 软件中运用凝聚方式实现聚类过程，其基本原理是将初始的 n 个样本看成 n 类，计算两两样本间的距离，合并性质最相近（距离最小）的两样本，原样本就变为 n.1 类，接着再将距离最小的两样本进行合并，并不断重复这一过程，直至所有的样本归为一类为止。

三、算例分析

（一）问题描述

某区域中有 20 个应急物资储备仓库，根据枢纽节点的选址指标收集的基本信息如表 2 - 1 所示。拟对这些仓库划分层级，区分出枢纽节点和普通储备点，选择综合实力较强的仓库作为枢纽节点。将表 2 - 1 中的仓库基本信息按选址指标的评分标准量化处理后得到表 2 - 2。

（二）结果分析

1. 主成分分析

借助 SPSS22 软件对表 2 - 1 中的指标信息进行主成分分析，为保证主要信息不丢失，取累计贡献率大于 85% 的主成分因子，提取了三个主成分。运行结果如表 2 - 3 和表 2 - 4 所示。

表 2-1

基本信息表

备选点	地理位置	仓储设施	仓储容量 （万 m²）	交通条件	作业能力 （t）	功能配套	安全环境
A	靠近国家中心城市	非常完善	22	公路、铁路	2800	维护、配套包装	灾害防御能力强
B	靠近二线级城市	完善	14	公路	2400	维护	灾害防御能力较强
C	靠近三线城市	完善	8	公路	1600	维护	灾害防御能力弱
D	靠近一线中心城市	非常完善	34	公路、铁路、航空	6000	维护、修理、包装、配送	灾害防御能力强
E	靠近二线城市	完善	24	公路、铁路	4000	维护	灾害防御能力强
F	靠近三线城市	完善	18	公路、铁路	1800	维护	灾害防御能力弱
G	靠近三线城市	完善	16	公路	1600	维护	灾害防御能力弱
H	靠近二线城市	完善	15	公路、铁路、航空	2400	维护	灾害防御能力较强
I	靠近二线城市	比较完善	23	公路、铁路	2000	维护	灾害防御能力较强
J	靠近二线城市	比较完善	26	公路、铁路、航空	5000	维护、配套包装	灾害防御能力较强

续　表

备选点	地理位置	仓储设施	仓储容量（万 m²）	交通条件	作业能力（t）	功能配套	安全环境
K	靠近二线城市	完善	18	公路、铁路	2400	维护	灾害防御能力较弱
L	靠近三线城市	完善	18	公路、铁路	2000	维护	灾害防御能力弱
M	靠近一线中心城市	非常完善	33	公路、铁路、航空	7000	维护、修理、配送、包装、配套	灾害防御能力强
N	靠近二线城市	完善	18	公路、铁路	4000	维护、包装	灾害防御能力较强
O	靠近三线城市	完善	16	公路、铁路	2400	维护	灾害防御能力较强
P	靠近一线中心城市	比较完善	24	公路、铁路、航空	5000	维护、修理、配送、包装、配套	灾害防御能力强
Q	靠近二线城市	完善	12	公路、铁路、航空	2000	维护	灾害防御能力强
R	靠近一线中心城市	比较完善	22	公路、铁路、航空	5000	维护、修理、配送、包装、配套	灾害防御能力强
S	靠近二线城市	完善	16	公路、铁路	4000	维护、修理	灾害防御能力较强
T	靠近三线城市	完善	13	公路、铁路	2000	维护	灾害防御能力较强

表2-2　　　　　　　　　　指标打分表

备选点	地理位置	仓储设施	仓储容量	交通条件	作业能力	功能配套	安全环境
A	5	2	2	2	1	2	3
B	3	1	1	1	1	1	2
C	1	1	1	1	1	1	1
D	5	3	3	3	3	3	3
E	3	1	2	2	2	1	2
F	1	1	1	2	1	1	1
G	1	1	1	1	1	1	1
H	3	1	1	3	1	1	1
I	3	2	2	2	1	1	2
J	3	2	2	3	3	2	2
K	3	1	1	2	1	1	1
L	1	1	1	2	1	1	1
M	4	3	3	3	3	3	5
N	2	1	1	2	2	1	4
O	1	1	1	2	1	1	4
P	4	2	2	3	3	3	5
Q	2	1	1	3	1	1	4
R	4	2	2	3	3	3	5
S	2	1	1	2	2	2	4
T	1	1	1	2	1	1	4

表2-3 特征值和方差贡献率

成分	初始特征值			提取平方和载入		
	特征值	方差%	累积%	特征值	方差%	累积%
1	4.9250	70.3580	70.3580	4.9250	70.3580	70.3580
2	0.8700	12.4250	82.7830	0.8700	12.4250	82.7830
3	0.4770	6.8150	89.5980	0.4770	6.8150	89.5980
4	0.3480	4.9690	94.5670	—	—	—
5	0.2320	3.3080	97.8750	—	—	—
6	0.1220	1.7370	99.6120	—	—	—
7	0.0270	0.3880	100.0000	—	—	—

表2-4 特征向量

分类指标	e_1	e_2	e_3
地理位置 x_1	0.3699	-0.3688	0.0796
仓储设施 x_2	0.4123	-0.2938	-0.1274
仓储容量 x_3	0.4078	-0.3452	-0.1187
交通条件 x_4	0.3353	0.2830	0.8818
作业能力 x_5	0.3956	0.1651	-0.0796
功能配套 x_6	0.4231	0.0729	-0.2128
安全环境 x_7	0.2807	0.7387	-0.3663

从表2-4可以看出地理位置、仓储设施、仓储容量、作业能力与功能配套在第一主成分上载荷较大，可归类为备选点的基础能力主成分；安全环境在第二主成分上载荷较大；交通条件在第三主成分上载荷较大。

由式（2-6）和表2-4可得主成分的表达式为：

$$f_1 = 0.3699 \times x_1^* + 0.4123 \times x_2^* + \cdots + 0.2807 \times x_7^* \quad (2-8)$$

$$f_2 = -0.3688 \times x_1^* - 0.2938 \times x_2^* + \cdots + 0.7387 \times x_7^* \quad (2-9)$$

$$f_3 = 0.0796 \times x_1^* - 0.1274 \times x_2^* + \cdots - 0.3663 \times x_7^* \quad (2-10)$$

由式（2-7）可计算出各备选点的综合得分情况。计算结果如表 2-5 所示。

表 2-5　　　　　　　　　　备选点得分表

备选点	f_1	f_2	f_3	F
A	1.1693	-1.1828	-0.4178	0.7223
B	-1.7499	-0.6899	-0.9454	-1.5417
C	-2.4816	-0.6317	-0.8217	-2.0987
D	4.2610	-1.2401	0.0516	3.1777
E	-0.2235	-0.5961	0.0584	-0.2537
F	-1.9997	-0.2250	0.4455	-1.5675
G	-2.4816	-0.6317	-0.8217	-2.0987
H	-0.9712	-0.3633	1.8304	-0.6737
I	-0.0748	-1.2129	-0.0363	-0.2297
J	1.8236	-0.3405	0.7912	1.4449
K	-1.4531	-0.7700	0.5632	-1.2049
L	-1.9997	-0.2250	0.4455	-1.5675
M	4.3577	0.0060	-0.4900	3.3852
N	-0.7194	1.1516	-0.3108	-0.4288
O	-1.4448	1.2354	-0.2786	-0.9843
P	3.1644	0.9357	-0.1319	2.6044
Q	-0.6896	1.3696	1.0474	-0.2718
R	3.1644	0.9357	-0.1319	2.6044
S	-0.2069	1.2399	-0.5685	-0.0337
T	-1.4448	1.2354	-0.2786	-0.9843

2. 聚类分析

运用 SPSS22 软件，对表 2 - 5 中备选点的综合得分情况选用 Q 型聚类方法进行系统聚类分析，运行结果如图 2 - 5 所示。

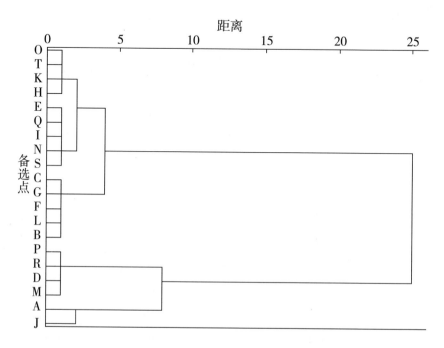

图 2 - 5　备选点聚类图

根据聚类分析结果，在选取枢纽节点时将备选点分为三级，如表 2 - 6 所示。

表 2 - 6　　　　　　　　　备选点等级表

备选点	类别
D、M、P、R	Ⅰ级
A、J	Ⅱ级
B、C、E、F、G、H、I、K、L、N、O、Q、S、T	Ⅲ级

其中等级为Ⅰ级的备选点是选取枢纽节点时的重点考虑对象，并

且要优先选择靠近中心城市的Ⅰ级备选点。等级为Ⅱ级的备选点也在枢纽节点选取的考虑范围之内，尤其是当某区域不存在Ⅰ级备选点时，就可将Ⅱ级备选点选为枢纽节点。等级为Ⅲ级的备选点因综合实力值较低，暂不作为枢纽节点的备选对象。

第三节　轴辐式应急物流基础设施网络的构建

上节对轴辐式应急物流基础设施网络中的关键节点——枢纽节点的选址问题进行了研究，提出了枢纽节点选址评价方法，但并未明确枢纽节点的数量及具体位置，且网络的拓扑结构也未确定。因此，需在前面研究基础上选定枢纽节点并明确各枢纽节点的辐射节点。本节在研究轴辐式应急物流基础设施网络的构建问题时，考虑到应急物资的需求地点和需求量均具有不确定性，为使构建的应急物流网络能够更好地满足不同场景下的物资保障要求，以应急物流基础设施网络中连接路径的加权距离之和最小作为轴辐式网络模型优化的目标，构建一个适合多种场景，具备一定鲁棒性的网络拓扑结构，从而使分散的节点连接成一个完备的网络。

一、轴辐式网络模型

运用轴辐式网络模型构建网络的主要目的是通过整体性网络优化方法，实现网络中资源的优化配置，其基本模型是由 O′Kelly（奥凯莱）提出的线性模型。

模型基本假设：

（1）网络中节点数量为 n；

（2）网络中枢纽节点数量为 p；

（3）枢纽节点之间完全连接；

（4）网络中每对节点之间的流量已知；

（5）节点之间的连接路径没有容量限制。

基本模型：

$$Z = \min \sum_{i=1}^{n} \sum_{j=1}^{n} \sum_{k=1}^{n} \sum_{m=1}^{n} W_{ij} C_{ijkm} X_{ijkm} \qquad (2-11)$$

$$\text{s. t.} \quad \sum_{k=1}^{n} Y_k = p \qquad (2-12)$$

$$\sum_{k=1}^{n} \sum_{m=1}^{n} X_{ijkm} = 1, \ (i = 1,2,\cdots,n; j = 1,2,\cdots,n) \qquad (2-13)$$

$$\sum_{k=1}^{n} X_{ijkm} \leqslant Y_m, \ (i = 1,2,\cdots,n; j = 1,2,\cdots,n; m = 1,2,\cdots,n)$$

$$(2-14)$$

$$\sum_{k=1}^{n} X_{ijkm} \leqslant Y_k, \ (i = 1,2,\cdots,n; j = 1,2,\cdots,n; k = 1,2,\cdots,n)$$

$$(2-15)$$

$$Y_k \in \{0,1\}, (k = 1,2,\cdots,n) \qquad (2-16)$$

$$X_{ijkm} \geqslant 0, (i = 1,2,\cdots,n; j = 1,2,\cdots,n; k = 1,2,\cdots,n; m = 1,2,\cdots,n)$$

$$(2-17)$$

参数说明：

i, j——网络中的节点，$i, j \in \{1, 2, \cdots, n\}$；

W_{ij}——节点 i 至节点 j 的流量；

Y_k——决策变量，当 $Y_k = 1$ 时表示 k 枢纽节点；

C_{ijkm}——节点 i 经过枢纽节点 k、m 再到节点 j 的距离（或单位运输成本）；

X_{ijkm}——决策变量，$X_{ijkm} = 1$ 时表示节点 i 和 j 分别被指派给枢纽节点 k 和 m，否则 $X_{ijkm} = 0$。

基于轴辐式网络基本模型，根据普通节点所能连接的枢纽节点的数量限制，可分别得到单分配网络模型和多分配网络模型。

（一）单分配网络模型

单分配网络模型是轴辐式网络设计中经常使用的一种模型，该模型中非枢纽节点只能与网络中某一确定的枢纽节点连接，枢纽节点之间可以互相连接。其基本模型如下所示。

$$Z = \min \sum_{i=1}^{n} \sum_{j=1}^{n} W_{ij} \left(\sum_{k=1}^{n} Z_{ik} C_{ik} + \sum_{m=1}^{n} Z_{jm} C_{jm} + \alpha \sum_{k=1}^{n} \sum_{m=1}^{n} Z_{ik} Z_{jm} C_{km} \right)$$

$$(2-18)$$

$$\text{s. t. } Z_{kk} \geqslant Z_{ik} \qquad (2-19)$$

$$\sum_{i=1}^{n} Z_{ik} = 1 \qquad (2-20)$$

$$\sum_{k=1}^{n} Z_{kk} = p \qquad (2-21)$$

$$Z_{ik} \in \{0,1\} \qquad (2-22)$$

参数说明：

α——运费折扣系数，表示网络中枢纽节点之间的物流成本折扣，$0 \leqslant \alpha \leqslant 1$；

Z_{ik}——分配变量，当 $Z_{ik} = 1$ 时，表示节点 i 被指派给枢纽节点 k；否则 $Z_{ik} = 0$。

目标函数式（2-18）表示最小化网络总成本；约束条件（2-19）表示非枢纽节点只能和枢纽节点连接，式（2-20）表示任何节点只能和一个枢纽节点连接，式（2-21）表示枢纽节点数量的限制。

在单分配模型的基础上引入决策变量 $X_{ijkm} \in \{0,1\}$ ，其中 $X_{ijkm} = Z_{ik} \times Z_{jm}$ ，则式（2-18）可改写为式（2-23）。

$$Z = \min \sum_{i=1}^{n} \sum_{j=1}^{n} \sum_{k=1}^{n} \sum_{m=1}^{n} W_{ij}(C_{ik} + C_{jm} + \alpha C_{km}) X_{ijkm} \quad (2-23)$$

且满足约束条件式（2-20）、式（2-21）和式（2-22），以及

$$\sum_{k=1}^{n} X_{ijkm} - Z_{ik} = 0 \quad (2-24)$$

$$\sum_{m=1}^{n} X_{ijkm} - Z_{jm} = 0 \quad (2-25)$$

式（2-24）和式（2-25）表示普通节点 i 与 j 之间必须经过枢纽节点 k 和 m 的中转才能实现沟通。

（二）多分配网络模型

多分配网络模型是单分配网络模型的拓展，该模型允许普通节点可与网络中的多个枢纽节点连接，在连接方式的选择上更为灵活，网络路径更多。其基本模型如下：

$$Z = \min \sum_{i=1}^{n} \sum_{j=1}^{n} \sum_{k=1}^{n} \sum_{m=1}^{n} W_{ij}(\sum_{k=1}^{n} C_{ik} + C_{jm} + \alpha C_{km}) X_{ijkm} \quad (2-26)$$

$$\text{s. t.} \sum_{k=1}^{n} Z_{kk} = p \quad (2-27)$$

$$\sum_{m=1}^{n} X_{ijkm} - Z_k \leqslant 0 \quad (2-28)$$

$$\sum_{m=1}^{n} X_{ijkm} - Z_m \leqslant 0 \quad (2-29)$$

$$\sum_{k=1}^{n} \sum_{m=1}^{n} X_{ijkm} = 1 \quad (2-30)$$

约束条件式（2-28）和式（2-29）表示节点 i 与节点 j 之间必须通过枢纽节点中转，而不能通过非枢纽节点中转，式（2-30）表示网络中的非枢纽节点之间不能直接连接。

二、鲁棒优化模型

鲁棒性作为复杂系统的一个基本属性，是稳定性的进一步发展，反映了系统的持久性能力，可以用来描述系统对参数变化的不敏感性，体现了系统的抗扰动能力。鲁棒性的概念最早出现在控制领域，广泛运用于生物复杂性、遗传网络、工程技术、社会学、自然界等领域，研究对象不同，鲁棒性的定义略有出入。其中使用较为广泛的鲁棒性定义是指当一个系统内部结构和外部环境发生变化时，仍能保持其系统功能的能力。

我们从性能鲁棒性的角度给出轴辐式应急物流基础设施网络的鲁棒性定义如下：在不同的情景下，轴辐式应急物流网络通过改变运输方式，而非改变网络拓扑结构，仍能获得较短总路径或等效路径的性质。该性质能够抵抗各种风险及需求的变化，实现整个网络系统自身基本结构的稳定和持续的运转。

目前主要有遗憾模型、差异模型和偏好模型三种基本鲁棒优化类型。

（一）遗憾模型

在遗憾模型中，情景的"遗憾值"使用在该情景下可行解的目标函数值与情景最优解的目标函数值的绝对差值或差值的相对百分比来度量。

令常数 $p \geqslant 0$ ，S 为所有情景集合，X 为所有情景 S 下的可行解。令 Z_s^* 为情景 s 下的最优目标函数值，$Z_s(x)$ 为情景 s 下可行解 X 的目标函数值。若对于所有情景 $s \in S$ 均满足下列条件：

$$\frac{Z_s(x) - Z_s^*}{Z_s^*} \leqslant p \text{ 或 } Z_s(x) \leqslant (1 + p)Z_s^* \qquad (2-31)$$

则称 X 是原问题的鲁棒解。根据上述定义，可得出如下鲁棒优化模型：

$$\min \sum q_s Z_s(x) \qquad (2-32)$$

$$\text{s.t. } Z_s(x) \leqslant (1 + p)Z_s^* \qquad (2-33)$$

$$x \in X \qquad (2-34)$$

其中，q_s 是情景 s 的发生概率，本书在研究中就借鉴此模型。

（二）差异模型

在差异模型中，使用标准差、方差等度量方法来控制可行解目标函数值的分布范围，其目的是最小化平均成本（或最大化平均收益），减少不同情景下目标函数值之间的差异。该模型属于非线性规划模型，通常用于风险对称分布的问题决策中，求解较为困难。常用表达式如下：

$$\min \sum q_s Z_s(x) + \sum q_s \left[Z_s(x) - \sum q_s Z_s^* \right]^2 \qquad (2-35)$$

$$\text{s.t. } x \in X \qquad (2-36)$$

该模型中目标函数的第一项为期望函数值，第二项为方差值，反映了问题存在的风险。

（三）偏好模型

偏好模型是指决策者在无法获取风险分布状态的情况下，根据对未来的预期以及对风险的承担能力，结合决策目标，所采用的决策方法。如经常使用的最坏情况分析法就包括小中取大和大中取小两个基本原则，使目标函数在最坏的情景中的取值最大（最小）化。此外在实际决策中还可采用等可能性准则、最小机会损失准则等决策准则。

三、轴辐式应急物流基础设施网络模型

应急物流基础设施网络是由应急物资储存节点以及它们之间的连接线路组成，将储存应急物资的节点按枢纽节点和非枢纽节点划分为两个等级。其中枢纽节点是整个网络运转的关键，网络中储存的物资需要通过枢纽节点进行集散、中转。在实际运用中，由于物资的需求不确定性，即需求地点与需求量均不确定，各储备点之间均存在互相支援的可能，因此在构建轴辐式应急物流基础设施网络时应重点考虑物流网络快捷的反应速度，即所构建的网络的总路径较短或者网络的等效路径（距离）较短。在计算网络总路径时，应充分考虑在不同运输方式下，相同时间内所运输的距离不同，在此提出等效距离（路径）的概念。等效距离是指耗费相同运输时间，不同运输方式所达到的不同运输距离称为等效路径。例如 A 点与 B 点的距离为 d_1，采用公路运输，运输速度是 v_1；C 点到 D 点的距离为 d_2，采用铁路运输，运输速度是 v_2；若 $d_1/v_1 = d_2/v_2$，则称 d_1 与 d_2 是等效距离，可用距离折扣系数 γ 表示，$\gamma \in [0,1]$，则 $d_1 = \gamma d_2$。即若 $\gamma = 0.7$ 表示铁路运输距离与公路运输距离间的距离折扣系数为 0.7，则当铁路运输距离为 1000 千米时等效的公路运输距离是 700 千米。在计算等效路径时暂不考虑交通拥堵、气候、车况因素等对运输速度造成的影响。

（一）问题描述

给定的应急物流网络 $G(N, E)$ 由边集合 E 和节点集合 N 两部分组成。边集合 E 包含干线和支线两种连接方式，枢纽节点之间的连接线路称为干线，枢纽节点和普通节点之间的连接线路称为支线。节点集合 $N = \{1, 2, \cdots, n\}$ 包括枢纽节点和普通节点两类节点，其中枢纽节点集合为 $H = \{h_1, h_2, \cdots, h_p\}$，$p$ 为枢纽节点的个数。枢纽节点应从第 2 节中的 I 级和 II 级节点中产生，且未被选中的 I 级和 II 级节点在网络中充当普通节点，并将所有的普通节点分配给某一确定枢纽节点。若 I 级和 II 级的节点集合为 V，则有 $H \subseteq V \subset N$。使得构建的网络结构在不同情景需求下，均能获得较短的网络总路径或等效路径，具有鲁棒性的网络拓扑结构。

（二）模型建立

设所有情景集合为 S，且情景 s 的发生概率已知（$s \in S$），则 $\sum_{s \in S} q_s = 1$。d_{ik}^s 为情景 s 下节点 i 与枢纽节点 k 之间的距离或等效距离。$Z_s(x)$ 为情景 s 下可行解 X 的目标函数值，即 $Z_s(x) = \sum_{i \in N} \sum_{k \in H} d_{ik}^s X_{ik}$，$Z_s^*$ 为情景 s 下的最优目标函数值，即 $Z_s^* = \min Z_s(x) = \min \sum_{i \in N} \sum_{k \in H} d_{ik}^s X_{ik}$。不考虑交通拥堵、气候及自然环境对等效路径带来的影响，由于构建的轴辐式网络模型要求网络总路径最短，显然单分配网络模型获得的网络路径总是优于多分配网络模型的网络总路径，因此选用单分配网络模型。此外，在网络鲁棒性方面，为便于计算，选用遗憾模型，则可建立以下轴辐式应急物流基础设施网络模型：

$$\min Z = \sum_{i \in N} \sum_{k \in H} \sum_{s \in S} q_s d_{ik}^s X_{ik} \qquad (2-37)$$

$$\text{s. t.} \sum_{k \in H} X_{ik} = 1, \forall i \in N \qquad (2-38)$$

$$X_{ik} \leqslant X_{kk} = 1, \forall i \in N, k \in H \qquad (2-39)$$

$$X_{ik} \in \{0,1\}, \forall i \in N, k \in H \qquad (2-40)$$

$$X_{ik} d_{ik}^s \leqslant \theta, \forall i \in N, k \in H, s \in S \qquad (2-41)$$

$$Z_s(x) \leqslant (1+P) Z_s^*, \forall s \in S \qquad (2-42)$$

式（2-37）为目标函数值，表示在所有情景下建立的网络具有最小化的网络总路径；式（2-38）表示普通节点只能被单个枢纽节点服务，即网络为单分配方式；式（2-39）表示当节点 k 为枢纽节点时，节点 i 才会被分配给节点 k；式（2-40）表示节点变量取值约束，当 $X_{ik}=1$ 时，表示节点 i 被指派给枢纽节点 k，否则 $X_{ik}=0$；式（2-41）表示枢纽节点的最大覆盖范围；式（2-42）表示鲁棒优化应满足的条件。

（三）模型求解

最小生成树（或称最小代价生成树）是用于解决网络总路径最短问题的主要方法，其基本思想是在生成树的基础上，计算各生成树的总边权值，所得结果最小的生成树称为最小生成树。其中生成树是指在一个无向的连通图中，包含图中所有顶点的极小连通子图，即生成树所拥有的边的数量极小。常见的最小生成树的算法有 Kruskal 算法、Boruvka 算法和 Prim 算法。本节借用经典的 Prim 算法，设集合 T 和 T' 分别是网络 $G(N, E)$ 中顶点集合 N 的两个子集合，T 是当前生成树的顶点集合，T' 是不属于当前生成树的集合，显然 $T \cup T' = N$。下面对其基本思想进行说明。

（1）在 G（N，E）中选择一个起始顶点 n_0，将其加入集合 T 中，找到与之相关联且具有最小权值的边 e（n_0，n_1），将顶点 n_1 加入顶点集合 T 中；

（2）以后每一步从一个顶点（设为 n'_0）在集合 T 中，而另一个顶点（设为 n'_1）在集合 T' 中的所有边中找出权值最小的边 e'（n'_0，n'_1），把顶点 n'_1 加入集合 T 中。迭代上述计算过程，直至生成树的顶点集合 T 包含所有网络节点为止。

显然，在构建最小生成树时要遵循以下三条准则。

（1）最小生成树的边只能是该网络中已有的边；

（2）包含 n 个顶点的最小生成树有且仅有 $n-1$ 条边来连接；

（3）生成树中不能产生回路边。

而在轴辐式网络中，枢纽节点之间是全连接的关系，导致边的总数量大于 $n-1$，且产生了回路边，因此必须对最小生成树算法进行改进，才能适用于式（2-37）。我们将经典的 Prim 算法进行改进，使之适用于轴辐式网络模型。任一情景下网络总路径的计算流程如下。

（1）在备选节点中选定枢纽节点，对距离表进行变换，将普通节点之间的连接路径设为 10000（或任意一个大于实际网络中任意两点间距离的较大数值）。

（2）以其中任何一个枢纽节点为起点，将枢纽节点生成一颗最小生成树，其顶点集合记为 T。

（3）以集合 T 中的一个枢纽节点为起点，依次将集合 T' 中的节点加入其中，直至集合 T 中包含所有顶点为止。若集合 T 中和集合 T' 中任意两个顶点间的最小边权值 $e' > \theta$，则返回步骤 1。

（4）对枢纽节点进行全连接，得到轴辐网络 $G_{S'}$（N，$E_{S'}$），并计算该网络的总边权值，记为 $E_{Sn'}$，即该网络的最小总路径。

因此，在计算出每一种情景下的网络可行解后，可在这些可行解的基础上进一步求出网络的鲁棒可行解，直至得到最优鲁棒可行解，其基本流程如图 2－6 所示。

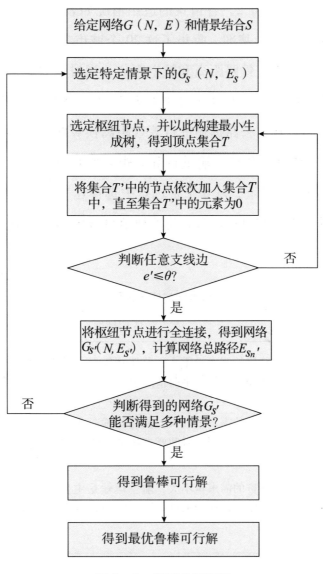

图 2－6　模型求解流程

（四）算例分析

在某区域范围内有20个节点（仓库），其中适合建设枢纽设施的I级节点和II级节点共6个，有3个情景，各情景的发生概率已知，分别为0.2、0.6和0.2，各情景的适用情况如表2-7所示。我们以仓库所在城市节点为基准，收集了这20个城市节点间的交通运输距离，包括公路距离、铁路距离和航空距离，通过等效换算，3种情景下各节点之间的（等效）距离分别如表2-8、表2-9和表2-10所示。其中铁路运输与公路运输进行等效距离换算时，距离折扣系数γ取0.7；航空运输与公路运输进行等效距离换算时，距离折扣系数γ取0.3。在所有情景下，从6个备选点中选择建立若干枢纽节点，根据约束条件的限制和目标函数，将普通节点分配给枢纽节点，明确网络结构。

表2-7　　　　　　　　　　情景适用情况说明

情景	适用情况
s_1	应急物资的需求量不大，公路运输是主要的运输方式，用于时间要求相对宽松的平时情况中
s_2	应急物资的需求量较大，铁路运输是主要的运输方式，公路运输作为辅助，用于时间要求相对严格的战时或应急情况中
s_3	应急物资的需求量不大，航空运输是主要的运输方式，铁路运输和公路运输作为辅助，用于时间要求十分严苛的战时或应急情况中

表 2-8　情景 1 下各节点之间的距离

	A	B	C	D	E	F	G	H	I	J	K	L	M	N	O	P	Q	R	S	T
A	0	271	400	2677	2982	3414	2882	2446	1162	2145	2684	2279	2107	2468	1907	1926	2060	2785	160	2126
B	271	0	669	2832	3137	2760	3037	2706	1318	2300	2839	2434	2357	2623	1217	2081	2216	2941	328	2378
C	400	669	0	3074	3380	3812	3280	2053	1560	2542	3080	2676	1660	2865	1525	2323	2458	3182	457	1699
D	2677	2832	3074	0	315	960	472	2979	1518	1872	2428	1403	2854	2206	2988	1850	1185	2538	2818	3005
E	2982	3137	3380	315	0	1322	789	3285	1823	2211	2731	1780	3159	2510	3294	2045	1488	2843	3123	3308
F	3414	2760	3812	960	1322	0	547	3728	2267	2643	3177	2152	3603	2943	3737	2478	1933	3287	3555	3754
G	2882	3037	3280	472	789	547	0	3195	1734	2111	2644	1620	3071	2412	3204	1946	1401	2755	3024	3221
H	2446	2706	2053	2979	3285	3728	3195	0	2081	1080	560	1577	314	786	422	1318	1799	686	2436	310
I	1162	1318	1560	1518	1823	2267	1734	2081	0	985	1530	1120	1956	1308	2089	766	901	1631	1303	2107
J	2145	2300	2542	1872	2211	2643	2111	1080	985	0	530	485	916	302	1089	222	706	631	2285	1106
K	2684	2839	3080	2428	2731	3177	2644	560	1530	530	0	1026	435	235	568	767	1248	546	2825	586
L	2279	2434	2676	1403	1780	2152	1620	1577	1120	485	1026	0	1453	805	1586	385	223	1136	2420	1603
M	2107	2357	1660	2854	3159	3603	3071	314	1956	916	435	1453	0	662	141	1284	1674	713	2154	142
N	2468	2623	2865	2206	2510	2943	3204	786	1308	302	235	805	662	0	795	592	1026	351	2608	812
O	1907	1217	1525	2988	3294	3737	3204	422	2089	1089	568	1586	141	795	0	1327	1807	846	2016	113
P	1926	2081	2323	1850	2045	2478	1946	1318	766	222	767	385	1284	592	1327	0	630	868	2066	1344

续 表

	A	B	C	D	E	F	G	H	I	J	K	L	M	N	O	P	Q	R	S	T
Q	2060	2216	2458	1185	1488	1933	1401	1799	901	706	1248	223	1674	1026	1807	630	0	1358	2201	1825
R	2785	2941	3182	2538	2843	3287	2755	686	1631	631	546	1136	713	351	846	868	1358	0	2926	863
S	160	328	457	2818	3123	3555	3024	2436	1303	2285	2825	2420	2154	2608	2016	2066	2201	2926	0	2203
T	2126	2378	1699	3005	3308	3754	3221	310	2107	1106	586	1603	142	812	113	1344	1825	863	2203	0

表 2-9　情景 2 下各点节点之间的距离

	A	B	C	D	E	F	G	H	I	J	K	L	M	N	O	P	Q	R	S	T
A	0	138	400	2304	2982	3392	2882	2146	799	1532	2226	1051	2107	1775	1907	1380	1501	2005	160	2448
B	138	0	669	2832	3137	2760	3037	2706	1318	2300	2839	1551	2357	1911	1217	2081	2216	2941	328	2378
C	400	669	0	3074	3380	3812	3280	2053	1560	2542	3080	2676	1660	2865	1525	2323	2458	3182	457	1699
D	2304	2832	3074	0	219	788	420	2546	1602	1228	1919	578	2046	1542	2988	1025	825	1701	2818	2115
E	2982	3137	3380	219	0	964	597	2503	1823	1355	2731	703	2304	1501	3294	1283	1004	1880	3123	3308
F	3392	2760	3812	788	964	0	176	2148	2198	1670	3177	791	2260	2038	3737	1348	1131	2006	3555	3754
G	2882	3037	3280	420	597	176	0	1971	2022	1357	2161	668	2285	1506	3204	1172	954	1830	3024	3221
H	2146	2706	2053	2546	2503	2148	1971	0	1347	615	165	1077	163	371	322	739	1539	553	2436	310
I	799	1318	1560	1602	1823	2198	2022	1347	0	665	1427	491	1553	909	2089	581	701	1205	1303	1649
J	1532	2300	2542	1228	1355	1670	1357	615	665	0	694	282	818	244	1089	151	403	473	2285	890

续　表

	A	B	C	D	E	F	G	H	I	J	K	L	M	N	O	P	Q	R	S	T
K	2226	2839	3080	1919	2731	3177	2161	165	1427	694	0	768	321	451	568	846	1097	370	2825	391
L	1497	1551	2676	981	1160	1287	1110	1583	698	246	941	156	1065	627	1586	178	223	720	2420	905
M	2107	2357	1660	2046	2304	2260	2285	163	1553	818	321	855	0	575	141	970	1221	587	2154	142
N	1775	1911	2865	1542	1501	2038	1506	371	909	244	451	627	575	0	795	395	783	230	2608	647
O	1907	1217	1525	2988	3294	3737	3204	322	2089	1089	568	1586	141	795	0	1327	1807	600	2016	133
P	1380	2081	2323	1025	1283	1348	1172	739	581	151	846	178	970	395	1327	0	254	624	2066	1042
Q	1501	2216	2458	825	1004	1131	954	1539	701	403	1097	223	1221	783	1807	254	0	876	2201	1293
R	2005	2941	3182	1701	1880	2006	1830	553	1205	473	370	613	587	230	600	624	876	0	2926	636
S	160	328	457	2818	3123	3555	3024	2436	1303	2285	2825	2420	2154	2608	2016	2066	2201	2926	0	2203
T	2448	2378	1699	2115	3308	3754	3221	310	1649	890	391	905	142	647	133	1042	1293	636	2203	0

情景 3 下各节点之间的距离

表 2 - 10

	A	B	C	D	E	F	G	H	I	J	K	L	M	N	O	P	Q	R	S	T
A	0	138	400	1030	2982	3392	2882	476	799	417	2226	1051	400	1775	1907	483	1501	390	160	2448
B	138	0	669	2832	3137	2760	3037	2706	1318	2300	2839	1551	2357	1911	1217	2081	2216	2941	328	2378
C	400	669	0	3074	3137	3812	3280	2053	1560	2542	3080	2676	1660	2865	1525	2323	2458	3182	457	1699
D	1030	2832	3074	0	219	788	420	706	1602	503	1919	578	630	1542	2988	450	825	692	2818	2115

077

续表

	A	B	C	D	E	F	G	H	I	J	K	L	M	N	O	P	Q	R	S	T
E	2982	3137	3380	219	0	964	597	2503	1823	1355	2731	703	2304	1501	3294	1283	1004	1880	3123	3308
F	3392	2760	3812	788	964	0	176	2148	2198	1670	3177	791	2260	2038	3737	1348	1131	2006	3555	3754
G	2882	3037	3280	420	597	176	0	1971	2022	1357	2161	668	2285	1506	3204	1172	954	1830	3024	3221
H	476	2706	2053	706	2503	2148	1971	0	1347	335	165	1583	163	371	322	269	1539	174	2436	310
I	799	1318	1560	1602	1823	2198	2022	1347	0	665	1427	491	1553	909	2089	581	701	1205	1303	1649
J	417	2300	2542	503	1355	1670	1357	335	665	0	694	282	282	244	1089	222	403	147	2285	890
K	2226	2839	3080	1919	2731	3177	2161	165	1427	694	0	768	321	451	568	846	1097	370	2825	391
L	1051	1551	2676	578	1160	1287	1110	1583	698	282	941	156	855	627	1586	178	223	720	2420	905
M	400	2357	1660	630	2304	2260	2285	163	1553	282	321	855	0	575	99	205	1221	181	2154	142
N	1775	1911	2865	1542	1501	2038	1506	371	909	244	451	627	575	0	795	395	783	230	2608	647
O	1907	1217	1525	2988	3294	3737	3204	322	2089	1089	568	1586	99	795	0	1327	1807	600	2016	133
P	483	2081	2323	450	1283	1348	1172	269	581	222	846	178	205	395	1327	0	254	203	2066	1042
Q	1501	2216	2458	825	1004	1131	954	1539	701	403	1097	223	1221	783	1807	254	0	876	2201	1293
R	390	2941	3182	692	1880	2006	1830	174	1205	147	370	613	181	230	600	203	876	0	2926	636
S	160	328	457	2818	3123	3555	3024	2436	1303	2285	2825	2420	2154	2608	2016	2066	2201	2926	0	2203
T	2448	2378	1699	2115	3308	3754	3221	310	1649	890	391	905	142	647	133	1042	1293	636	2203	0

根据鲁棒优化模型，其中给定最大覆盖范围 $\theta = 1000$（千米）、相对遗憾值 $P = 0.05$，令 $\delta_s = \dfrac{Z_s(x) - Z_s^*}{Z_s^*} \times 100\%$。

通过对上述各情景下的节点间距离表进行计算分析，计算结果如表 2 – 11 所示。该算例的鲁棒解为 A（BCS），D（EFG），M（RHKOT），P（JILNQ），鲁棒优化模型的最优值为 14473.4 千米。情景 s_1 下模型的最优解为 19512，鲁棒解为 19616，绝对误差 $\delta s_1 = 0.5\%$；情景 s_2 下模型的最优解为 14411，鲁棒解为 14950，绝对误差 $\delta s_2 = 3.7\%$；情景 s_3 下的最优解为 7901，鲁棒解为 7901，绝对误差 $\delta s_3 = 0\%$。该结果表明，鲁棒优化结果虽不能在所有情景中都取得最优解，但可以满足所有情景，且得到的解波动性较小，与各情景下的最优解相差不大，能够解决应急物流基础设施网络中节点距离不确定造成网络总路径变化的问题。

表 2 – 11　　　　　　　　　　算例计算结果

情景 S	Z_s	Z_s^*	δ_s（%）	各情景下的最优解：枢纽节点（分配的普通节点）	鲁棒解（最优值：14473.4 千米）
s_1	19512	19616	0.5	A（BCS），D（EFG），J（RPILNQ），M（HKOT）	A（BCS），D（EFG）M（RHKOT），P（JILNQ）
s_2	14411	14950	3.7	A（BCIS），D（EFGQL），R（HJKMNOPT）	
s_3	7901	7901	0	A（BCS），D（EFG），M（RHKOT），P（JILNQ）	

根据表 2 – 11 的计算结果，结合 20 个节点实际相对位置，可得到由这 20 个节点组成的轴辐或应急物流网络，如图 2 – 7 所示。

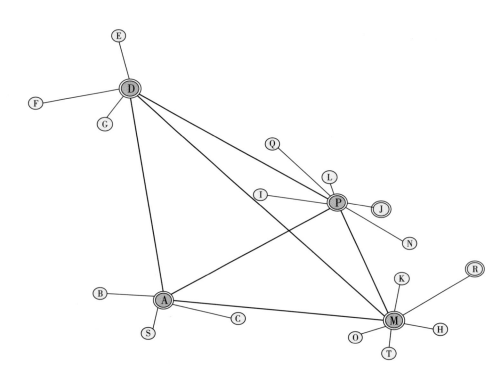

图 2-7 20 个节点组成的轴辐式应急物流网络

第四节 融合型应急物流基础设施 网络建设与运行

一、融合型应急物流基础设施网络建设

融合型应急物流基础设施网络摒弃了应急物流"储"与"运"界限分明的传统做法，将应急物资静态储备与动态保障有机地结合在一起。对一定区域范围内应急物流节点进行整体规划布局，能够在区域范围内形成主次分明、互为补充、整体联动、精确管控、高效保障的保障格局。为推进轴辐式应急物流基础设施网络建设，应做好以下

几方面的工作。

（一）建立高效运转的军地物流保障机制

随着应急物流理论研究的不断深入，应急物资储备方式的选择更趋多元，应急物资的储备地点也由政府储备仓库、军队仓库延伸至应急物资生产企业，有越来越多的物流企业参与到应急物资的运输保障中来。目前，我国军队物流体系和地方物流体系在行政管理、运行机制、法规制度等方面仍相对独立，权责不清，不利于应急物资保障活动的顺利开展。在应急物资的保障活动中，除军队力量参与外，还涉及国家、地方等有关部门，参与主体多，协调难度大。因此，建立高效运转的军地物流运行管理机制是完成应急物资保障活动的重要保证。这就需要军队、政府相关职能机构，共同努力将军地物流资源有机融合，进行统筹管理，并发挥轴辐式网络在应急物资保障中的优势，实现应急物资、物流设施、运输车辆、保障经费、保障人员、保障信息等资源的有效配置和管理。

（二）建设配套完善的应急物流设备设施

与传统的保障方式相比，轴辐式应急物流基础设施网络的鲜明特点就是突出了应急物资集散环节的重要性，并以轴辐式网络结构规划应急物流布局，让各节点根据自身担负任务，有的放矢进行建设，摒弃均摊思想。具体来讲，就是要重点抓枢纽节点建设，做好仓储设施升级改造、扩大暂存区域、引进机械化设备、接入铁路专用线、新建集装箱作业场、修建直升机坪等具体工作，全面提升应急物资的集散作业能力和流通加工能力；其他普通节点，要重点改善仓储条件，提升机械化建设水平，用现代物流流程规划作业区域，确保应急物资能够快速发运出去。与此同时，还应对存储有应急物资或拟纳入应急物流基础设施网络的物流企业、物流园区等的设施设备进行升级改造，贯彻落实应急和应战物流保障要求，确保这些节点能快速接入应急物资保障网络。

（三）建立顺畅衔接的应急物流保障链条

在应急情况下，应急物资的消耗数量、需求种类急剧增加，应急物资供应面临巨大挑战，因此加快推进应急物流标准化工作极其重要。首先，要以应急物资编目技术为基础，及时更新完善应急物资种类，淘汰过时、报废、多余的应急物资，提高应急物资管理数字化水平；其次，以应急物资需求为牵引，开发配套包装内容，把配套物资进行组合包装，减轻紧急情况下枢纽节点的工作量，节约保障时间；最后，应积极推进应急物资集装单元化，利用集装箱、托盘等标准化载体，将一定数量的应急物资集中存储。如某应急物资储备点依托驻地的网络化多式联运枢纽，可在几小时之内将预储的应急物资及时送达全国主要枢纽城市，其基础就是预先对应急物资进行集装化、标准化储备。在标准化的储备平台下，轴辐式应急物流基础设施网络就能实现储存、运输、装卸搬运等作业活动一体化，促使应急物资在各节点之间高效运转，提升轴辐式应急物流基础设施网络的保障能力。

（四）建立持续推进的信息技术应用生态

应急物流信息化是应急物流发展的必然趋势，提升应急物流信息化水平，有利于轴辐式应急物流基础设施网络保障能力的高效发挥。

为此，首先要建立军地融合的应急物资调度中心，依托军—政—企物流信息平台，精确管控应急物流资源，统筹管理应急物资储备资源，做到动态管控；其次要利用现代信息技术，提升应急物资在进出库作业、日常管理、流通加工、配套包装、运输配送过程中的智能化水平，实现应急物流作业的数字化、智能化。例如，借助物联网、RFID标签、电子托盘、条码等技术手段，改造仓储设施设备、运输工具和作业环境，建设自动化立体库，这样就既能大幅降低作业强度，实现应急物资的可视化管理，又能提升应急物流作业效率。

二、融合型应急物流基础设施网络运行

融合型应急物流基础设施网络整合了军地物流资源，为应急物资保障提供了多种选择方式。融合型应急物流基础设施网络运行主要有以下三种模式。

（一）军队主导运行模式

该模式是指利用军队自身的储供基地、战役仓库、运输力量等提供应急物流服务。在此模式下军队既是应急物资保障任务的制定者，也是保障活动的实施者。轮式车辆作为军队的主要运载工具，比较适宜短距离、小批量的运输任务，其特点是运输路径多，保障方式较为灵活，适用于需求点分散、环境复杂的情况；但是运量小、速度慢、耗时长、保障成本较高也是其显著缺点。我军现有的运输力量主要包括独立的运输部队、作战部队下辖的运输分队以及仓库的运输力量构成，运输力量分散且数量相对较少。尤其在应急行动中，短时间内应急物资需求爆发性增长，此时军队自身运力不足与保障需求之间的矛

盾就会凸显出来。因此,军队主导模式应主要运用在支线运输当中,发挥轮式车辆在短程运输中的优势,减少返程空载运行距离。

(二)地方主导运行模式

此模式是指利用国家物流枢纽、地方物流园区或企业物流中心等物流基础设施提供应急物流服务时,可以由具备相关资质的国内大型运输企业提供应急物资的运输服务,这是提高应急物资的配送效率、节约应急物资运输成本的重要举措。目前,以中远、中铁、中邮等为代表的大型国有物流企业和以京东物流、顺风、阿里等为代表的大型私营物流企业在国内的服务网络已基本布局完毕,这些物流企业具有丰富的物流管理经验,拥有大量的物流资源,具备提供应急物资保障能力的基础。在该模式下,物流企业主要职能是按照要求及时准确地完成应急物资的运输任务。由于物流企业与军队存在体制差异,应急物资的各仓储节点尤其是枢纽节点要充分发挥居中调度作用,并做好在途物资的实时管控,确保应急物资不发生丢失、损坏、掉包等现象。因此,该保障方式主要用于干线运输,可重点用于运输保密性要求不高、运输量较大的通用物资,也可用于需求量不大、运输距离较远,且返程无物资运回的直达配送保障中。

(三)军地协作运行模式

该模式是在有关部门统一指挥下,由军队、政府和企业共同组建物流力量,完成应急物资保障任务。军地协作完成应急物资保障任务,是推动一体化国家物流体系发展的重要举措,组织方式灵活、运输可靠高效是该模式的主要特点。近年来,军地协同开展公路铁路集装箱多式联运、公路直达配送等试点，为军地协作保障提供了借鉴依据。军地协作保障模式可以根据军方运输力量和地方物流企业的长处，整合军地物流资源，发挥各自优势。在该模式下军方运输力量重点用于应急物资的收发、集散，即应急物流网络中的支线运输，同时也是完成"最后一公里"配送保障的重要力量；物流企业主要参与应急物资的干线运输，对应急物资网络的枢纽节点进行串联，同时也可完成应急物资由工厂到仓库的运输环节。

第三章　融合型应急物资筹措

第一节　应急物资种类与分级

一、应急物资种类

应急物资是指应对突发事件的过程中所必需的各类保障性物品。应急物资在突发事件响应和处置中具有无法替代的作用，它直接关系到突发事件处置工作的成败。应急物资种类繁多，在《应急物资分类及产品目录》中，应急物资被分为 13 类：动力燃料、工程材料、工程设备、防护用品、救援运载、交通运输、临时食宿、器材工具、生命救助、生命支持、通讯广播、污染清理、照明设备。

二、应急物资分级

综合考虑应急物资的重要性、稀缺性和时效性等因素，可以对不同种类的应急物资采取不同的筹措策略和储备策略，提高应急物资管理的科学性。

（一）应急物资分级指标体系构建

国内外一些专家学者对应急物资分级进行了研究。如郭瑞鹏提出了时效性、缺口性和重要性三个方面评价指标；乔洪波则将缺口性改为稀缺性，并将这三个指标细化出二级指标，利用模糊综合评价法来计算各种因素的权重，从而构建分级模型。后者的二级指标体系对构造应急物资分级评价指标体系具有重要参考价值。在征求相关专家意见基础上，本节设计了应急物资分级评价指标体系，如图3-1所示。

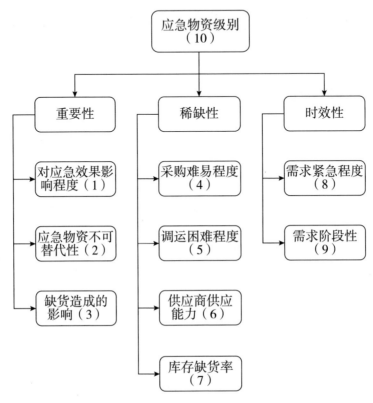

图3-1 应急物资分级评价指标体系

（1）重要性。重要性体现在应急物资在应对突发事件过程中及事件后所起作用的重要程度。如救生器材、药品、食品等与维持生命和救援生命息息相关的物资重要程度较高，政府要保持一定量的实物储备，维持较强的储备能力。重要性指标包括三个二级指标，细分如下：①对应急效果影响程度。表示应急物资对开展应急救援工作的影响程度。应急物资与救援效果呈正相关性，应急物资充足有利于开展应急救援，否则会对应急救援产生不利影响。②应急物资不可替代性。它表示应急物资功能的独特性。可替代性越强意味着应急时可以用其他种类物资代替此类物资完成供应保障任务，而可替代性越小，则意味着此类物资应急时不可替代性越明显；③缺货造成的影响。表示应急物资发生短缺给救援工作的开展带来的影响大小。

（2）稀缺性。该指标表示应急物资的可得性问题。如果某种物资在社会上比较容易筹集，其稀缺性小；不易筹集，则稀缺性较高。应急物资的稀缺性除了与物资本身有关外，还与灾害区域直接相关，如有些在内地易于筹集的物资，在新疆、西藏等偏远地区就不易筹集。稀缺性高的物资通常应由政府进行实物储备。稀缺性指标可以具体细化为四个二级指标进行描述：①采购难易程度。表示在市场上能够购买到的难易程度。直接体现了该种物资的市场稀缺性，是市场供给能力的有力表现，采购越困难稀缺性越高，反之，稀缺性越低；②调运困难程度。这一指标涉及与周边区域应急物资储备中心进行物资调配的情况，如果相对容易，则表示获取相对容易，稀缺性就低，反之则高；③供应商供应能力。表示供应商在突发事件发生时供应事发点的能力。如果供应商能够在关键时刻最大满足应急物资需求，那么该种物资的稀缺性就相对较低；④库存缺货率：该指标直接反映了某一种物资的储备状态，缺货率低标志储备相对充盈，其稀缺性就表现得不明显。

（3）时效性。表示应急物资在需求时间方面的紧急状况。正常情况下，随着时间的推移，救援物资的效用会相对变低，换句话讲就是错过救援物资到达的最佳时机，其将发挥的效用就变小了。总之，时效性要求愈高，紧迫性表现愈突出，这种应急物资通常应该由政府进行实物储备。时效性指标包括需求紧急程度和需求阶段性两个指标。

①需求紧急程度。离突发事件发生地越近，该类应急物资的需求紧急程度愈高，越能尽快满足事发点的需求，效用越大；②需求阶段性。该指标是将救援过程分成几个阶段，离突发事件发生的时间原点愈近，需求的紧迫性愈明显，时效性愈强。

（二）基于 DEMATEL 方法的应急物资分级模型

应急物资分级的指标相对较多，而且指标之间有一定的内在关联性，靠主观认知难以对应急物资分级进行综合评价。因此，引入 DE-MATEL 方法，通过对应急物资指标之间的关系相互影响情况的分析，我们可得到一个 10×10 的表格，假定，应急物资分级评价指标 i 对另外一个指标 j 有影响，则第 i 行和第 j 列交集点的位置为 1，如果没有影响则赋值为 0，如表 3－1 所示。

表 3－1　　　　　　　评价指标间相互关系

序号	1	2	3	4	5	6	7	8	9	10
1	0	0	1	0	0	0	0	0	0	1
2	1	0	1	0	0	0	0	0	0	1
3	1	0	0	0	0	0	0	0	0	1
4	0	0	0	0	0	0	0	0	0	1
5	0	0	0	0	0	1	1	0	0	1
6	0	0	0	1	0	0	0	0	0	1
7	0	0	0	1	0	1	0	0	0	1
8	1	0	1	0	1	0	0	0	1	1
9	1	0	1	0	1	0	0	1	0	1
10	0	0	0	0	0	0	0	0	0	0

表 3 - 1 清晰展示了这些指标相互之间存在的内在关联情况，这对分级必然产生或大或小的影响，这也就需要在进行分级的时候，能够准确计算出这些指标的影响度情况。影响度愈大，则应该重点考虑；影响度小，则从轻考虑。下面利用 DEMATEL 方法来对相关数据进行量化分析，具体操作如（1）至（6）。

（1）将应急物资分级的总目标和具体分级指标的所有因素，设为 F_1、F_2，$\cdots$，F_n。

（2）在科学客观的分析判断基础上，分析应急物资指标体系中各指标相互之间的关联情况，构造出有向图：如 F_i 对 F_j 有影响，则画一个有向箭头从 F_i 指向 F_j。

（3）构造直接影响矩阵：设定因素 F_i 对 F_j 有直接影响，则定义 $f_{ij} = 1$，如果无影响，则定义 $f_{ij} = 0$，那么两两因素之间的直接影响情况可以构造矩阵 $\boldsymbol{X} = (f_{ij})_{n \times n}$。

（4）归一化处理直接影响矩阵：将矩阵的各行求和，设各行之和的最大值为 M，令 $x = \boldsymbol{X}/M$。

（5）计算综合影响矩阵：除了直接影响，各指标间还存在间接影响关系，故而还需要求解综合影响矩阵 $\boldsymbol{T} = X + X^2 + \cdots + X^n = X(I - X)^{-1} = (t_{ij})_{n \times n}$。

（6）影响指标分析：计算矩阵 $\boldsymbol{T}$ 中各个元素 (t_{ij}) 的中心度、影响度、原因度和被影响度值。t_{ij} 表示指标 j 受到指标 i 的综合影响情况，即 i 对 j 带来的直接影响和间接影响的情况表示。矩阵 $\boldsymbol{T}$ 的每行元素之和 $T_r = [T_r(1), T_r(2), \cdots, T_r(n)]^T$，$1 \leqslant i \leqslant n \cap i$ 为整数，该值表示影响度（该行某一指标对其他指标元素的综合影响情况）；矩阵 $\boldsymbol{T}$ 的每列之和 $T_c = [T_c(1), T_c(2), \cdots, T_c(n)]$，$1 \leqslant i \leqslant n \cap i$ 为整数，该值表示被

影响度（该列某一指标受到其他指标元素的综合影响情况）。指标 F_i 的中心度为 $M_i = T_r(i) + T_c(i)$，表示指标 F_i 在整个指标体系中起到的作用程度大小；指标 F_i 的原因度 $R_i = T_r(i) - T_c(i)$，当 R_i 大于零时，表明指标 F_i 对其他指标元素影响大，称为原因指标；当 R_i 小于零时，表明指标 F_i 受到其他指标元素影响大，称为结果指标。

通过这样一系列计算处理，我们可以根据影响度和被影响度两个值来判断各单个指标对应急物资分级的影响程度大小；根据中心度值判断各单个指标在体系中的重要程度大小；根据原因度可以分析指标间的相互关系。根据表 3 - 1 的直接关系表，可以计算得到各个指标的影响度大小、中心度大小和原因度大小，详见表 3 - 2。

表 3 - 2 　　　　各应急指标的影响度和原因度以及中心度计算结果表

序号	1	2	3	4	5	6	7	8	9	10	行和	原因度	中心度
1	4.2	0	20.8	0	0	0	0	0	0	25	50	-62.5	162.5
2	25	0	25	0	0	0	0	0	0	30	80	80	80
3	20.8	0	4.2	0	0	0	0	0	0	25	50	-62.5	162.5
4	0	0	0	0	0	0	0	0	0	20	20	-45	85
5	0	0	0	10	0	25	25	0	0	32	92	42	142
6	0	0	0	25	0	4.2	20.8	0	0	30	80	17.5	142.5
7	0	0	0	25	0	20.8	4.2	0	0	30	80	17.5	142.5
8	31.3	0	31.3	2.5	25	6.3	6.3	4.2	20.8	45.5	173	148	198
9	31.3	0	31.3	2.5	25	6.3	6.3	20.8	4.2	45.5	173	148	198
10	0	0	0	0	0	0	0	0	0	0	0	-283	283
列和	112.6	0	112.6	65	50	62.6	62.6	25	25	283			

分析计算结果可以判断：

（1）根据原因度可以将应急物资分级为原因指标和结果指标类。原因指标，按照大小依次顺序如表 3 - 3 所示。结果指标，因为其值为负值，故而按照绝对值大小排序结果如表 3 – 4 所示。这些指标会受到其他指标的影响，因而分级情况也会受到影响。

表 3 – 3　　　　　　　　　　原因指标值排序

序号	指标	原因度值
8	需求紧急程度	148
9	需求阶段性	148
2	物资不可替代性	80
5	调运困难程度	42
6	供应商供应能力	17.5
7	库存缺货率	17.5

表 3 – 4　　　　　　　　　　结果指标值排序

序号	指标	原因度值
1	对应急效果影响程度	– 62.5
3	缺货造成的影响	– 62.5
4	采购难易程度	– 45

（2）根据中心度计算值，从大到小的排序情况如表 3 – 5 所示，结果表明在进行物资分级和储备模式对照选择时，首先应该考虑的是需求紧急程度情况，其次考虑需求阶段性，依次类推。因此，应将需求紧急程度和需求阶段性等靠前的指标作为关键指标进行考察。

表 3 – 5　　　　　　　　　　各指标中心度值排序

序号	指标	中心度
8	需求紧急程度	198
9	需求阶段性	198
1	对应急效果影响程度	162.5
3	缺货造成的影响	162.5

序号	指标	中心度
7	库存缺货率	142.5
6	供应商供应能力	142.4
5	调运困难程度	142
4	采购难易程度	85
2	物资不可替代性	80

根据 DEMATEL 方法计算结果可知，影响应急物资储备的首要指标是时效性因素，接着是重要性，最后才是稀缺性，所以本节以时效性为先决条件，并以此为基础构建应急物资分级模型。在评价程度上，如图 3 - 2 所示，将时效性分为非常紧急（oa）、紧急（ac）和一般紧急（cd）三个等级；重要性分为非常重要（oe）、重要（ef）和一般（fg）三个等级；稀缺性分为专用（oh）和通用（hi）两类，图 3 - 2 中各种等级的交叉部分就形成了应急物资分级的模型。

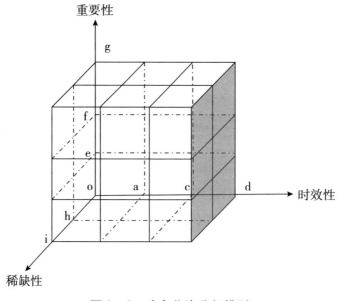

图 3 - 2　应急物资分级模型

第二节　应急物资筹措的特点和方式

一、应急物资筹措特点

1. 物资筹措时间急促

突发事件对物资的需求十分迫切，物资保障任务繁重，物资准备时间短促，"时间就是生命""机不可失、时不再来"。同时，应急环境随时可能发生变化，物资需求品类也随时发生变化。因此，应急物资筹措要做到及时反应、简化程序、快速灵敏、提高效率。

2. 物资筹措手段多样

应急物资筹措要运用法律、行政、经济等多种手段，做到"四个结合"，即法律与行政相结合，"条条"和"块块"相结合，无偿和有偿相结合，及时支付和后续补偿相结合。

3. 物资质量要求更高

在处理应急情况时，往往面临许多特殊任务，因为责任重大，关系国计民生，对物资质量要求更高，甚至需要一些特种物资，不容许有半点质量问题。

4. 物资筹措情况复杂

应急情况下，筹措环境变得复杂，筹措渠道发生变化，同时涉及的环节、部门也多，需要组织协调内外、上下、军地等各方面关系，筹措方案和管理处于动态之中，要及时根据情况进行调整。

二、应急物资筹措方式

为了确保紧急状态下筹措到所需物资，就必须建立高效、规范、安全的应急物资筹措渠道。一般来说，应急物资筹措有以下几种方式。

1. 动用储备

数量适当、品种配套、结构合理、重点突出、质量完好的应急物资战略储备是应急物资筹措的首选方式。也就是说，物资的生产和采购需要一定的时间和过程，为了应急需要，缩短物资供应时间，首先应使用储备物资。同时在完成应急物资保障任务，动用军地储备的过程中，要充分考虑军队任务的特殊性，统筹安排好动用军地储备物资的种类、数量，在确保战备的情况下，尽可能好地完成应急物资供应。在动用储备后，军地双方要积极协调，尽可能迅速地完成储备物资的补充。

2. 直接征用

根据动员法规，在事先不履行物资筹措程序的情况下，对一些物资生产流通企业所生产和经销的物资进行征用，以满足应急需要。事后，根据所征用物资的品种、规格、数量和市场平价与供应商进行结算和补偿。

3. 市场紧急采购

根据筹措计划，对储备、征用不足的物资实行政府集中采购。要坚持质优价廉原则，引入市场竞争机制，实行竞争性采购，市场采购可采取招标采购、谈判采购、合同管理等多种形式。另外，要选择好制造商和分销商，应尽可能直接向制造商进行采购，减少流通环节，降低采购流通成本，加快筹措速度。在组织市场应急采购的过程中，军地双方要在发挥整体优势的基础上，突出各自采购对象的特点，协调分工、合理运作，避免重复采购。迅速完成紧急采购任务。

4. 组织突击研制和生产

由于一些突发事件远远超过了已有的认知，在这种情况下，对一些急需物资进行突击研制和生产就显得尤为重要。当然，应急物资筹措体系中有必要建立一些应急科研与生产的相关机制，确保在紧急状态下发挥军地双方科研的整体能力，能够尽快转化为实际保障与支援能力。

5. 社会募捐及国际援助

在突发情况下，动员社会各界积极开展捐赠，是挖掘社会潜在资源的一种重要手段。"一方有难，八方支援"，捐赠和支援物资也是应急物资的重要来源之一。在抗击非典疫情和新冠疫情的战斗中，许多外国政府都给予了应急物资支援，许多企业和个人都无偿捐赠了应急物资，这对于保证战"疫"的胜利起到了十分重要的作用。

第三节 应急物资采购策略与能力建设

一、应急物资采购策略分析

重大自然灾害发生时，常常会伴随人员伤亡、建筑物倒塌、供水供电中断等情况，此阶段的救灾重点是及时为灾民提供医疗救助以及衣、食、住等生活必需品。此时应急物资需求量大、种类多，应急物资储备往往难以完全满足需求，需要采取应急采购以补充物资需求。应急物资采购时，应根据应急物资优先级别确定不同的采购策略，通常考虑应急物资年度支出费用和采购物资的影响、机会和风险2个因素建立应急采购物资定位模型，将应急采购物资分为4类：日常类物资、杠杆类物资、关键类物资和瓶颈类物资，如图3-3所示。

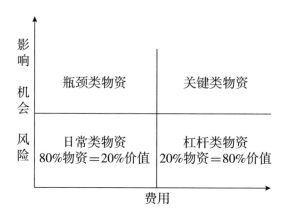

图 3 - 3　应急采购物资定位模型

　　根据应急物资在采购物资定位模型上的定位，制定应急物资的采购策略。对于生命救助类和工程保障类物资，由于风险程度大，虽然采购成本相对较低，在采购物品定位模型中处于瓶颈类物资的位置，因此采购中的总策略是保持库存，对于应急物资的采购策略来说，为了保持库存，必须采取预防性采购或者事先采购，即在危机或灾害发生前进行采购。由于是事先采购或预防性采购，所以策略物资的生产可以列入采购计划。这种储备采购和一般的储备采购也不尽相同，它不仅储备物资，也储备生产能力。对于工程建设类物资和灾后重建类物资，由于风险程度相对较低，但是采购金额较高，因此这部分物资在采购类物资定位模型中处于杠杆类物资的位置，可以用政府采购方式，这一方面可保证物资的可获得性，另一方面可降低采购成本。

二、应急物资采购中供应商的选择

　　在应急物资采购供应商的选择上，应充分考虑以下三个因素。

　　一是交货准时性因素。应急物流本身追求时间效益最大化，所以交货准时性是非常重要的影响因素。它指供应商按照订货方所要求的时间和地点，将指定产品准时送到指定地点，其准时性可以用按时交货率来判断。如果供应商的交货准时性较低，必然会影响应急物流系统的物资筹措计划和物资调度计划，当自然灾害或突发公共卫生事件发生后，应急物资供应方面往往会出现非常被动的局面。而这样造成的后果是极其严重的，因此交货准时性是影响供应商选择的非常重要的因素。

二是质量因素。质量因素主要是供应商所供给的产品符合应急物流系统要求的质量规范和标准的程度，可以用合格品占总供货的百分比来表示。应急物资的质量是开展应急救援工作的基本保障，供应质量合格的应急物资是应急救援工作成功的重要基础。如果应急物资质量低劣，会使应急救援工作陷入困境，造成一些消极的影响。因此，质量是选择供应商的一个重要因素，应建立一套较为完善的质量考核制度和标准，不仅对供应商提供的产品本身进行严格的检测，而且平时还要对其质量管理体系进行全面考核，以确信其具备良好的质量保证能力。

三是采购成本因素。采购成本主要是指供应商所供给的产品以及运输过程产生的采购成本。对于应急物流来说，因为应急物资的采购数量比较大，所以采购成本因素也需要重点加以考虑。除了上述三个主要影响因素外，还有其他一些因素，包括供应商的技术能力、供应能力、服务水平、信誉以及供应商的地理位置因素等，在不同的情况下也会影响应急物资供应商的选择。

三、应急物资采购能力建设

（一）采购机制联动

建立应急物资采购军地联动的采购机制，针对应急物资采购的特点，充分发挥军地采购系统的整体优势，整体联动，实现优势互补。军地联动采购机制的构建应该包括以下内容：一是完善法规。军地采购在具体操作实施过程中所遵循的原则、要求等各方面均有所不同，应根据应急任务的特点及国家的法规政策，在现行法规基础上，完善军地一体的应急物资采购保障相关的制度和实施办法，以保证在应急情况下军地双方能高效协同。二是明确要求，规范协作流程。应急采购时间、采购品种、采购数量等往往具有不确定性，因此应当明确应急采购任务中军地双方的任务要求，一旦接到应急采购任务，军地采购系统能迅速根据预案的要求完成各自采购任务，做到分工合作，优势互补。三是健全物资动员监管机制。建立融合型应急物资采购动员中心，加强对企业供应商在物资生产、装备制造、产品加工等关键环节与实施过程的实时监控和效能评估，选优取强，形成应急动员和应急采购的监管机制。

（二）采购资源共享

军地采购资源的共享，是实现融合型应急物资采购保障的重要物质基础，体现了资源优化配置和集约高效的现代物流保障理念。融合型应急采购资源共享是将军地采购资源融为一体，形成采购资源的统一规划和共享共用。融合型应急物资采购资源包括物资产品资源、生产能力资源以及供应商资源。应针对不同类别资源的特点和存在形态、资源分布状况与潜力在军地采购系统间进行科学统筹、合理配置。物资产品资源主要是指军地兼容性和通用性都比较强的军地通用物资，包括战储物资、市场成熟产品、应急储备物资等。生产能力资源共享主要是指军地生产企业在应急状况下，根据各自特点，迅速转化为应急物资生产供应商，在生产过程中，统筹安排、相互协调，完成应急物资保障。供应商资源共享是指在应急情况下双方共享供应商资源，以便更好地选择应急采购供应商。

（三）采购力量互补

采购力量的融合是实现融合型应急物资采购的力量保障。在应急状况下，科学调控和调用军地采购力量，充分发挥军地采购力量的保障作用，对于完成应急采购任务具有重大的意义。采购力量包括机构设施和采购人才两个方面。机构设施是采购力量中最基础的硬件要素，应按照模块化建设、一体化使用的原则，根据不同的应急物资采购需求、市场资源状况和军地采购机构设施情况，一方面积极探索构建融合型应急物资采购系统，大力推进联合采购，发挥军地优势，提高应急物资采购能力；另一方面统一调度军地用于应急物资采购保障的设施设备，合理编配，互为补充，提高设施设备的整体使用效率和保证效能。应急采购人才是应急采购力量中最核心的能动要素，应加强军地应急采购人才的联合培养、交流学习，定期组织演练，建立完备的融合型的应急物资采购人才体系。

（四）采购信息互通

采购信息互通是应急物资采购融合型的关键。依托融合型应急物流信息平台，立足应急采购保障融合型发展的整体要求，按军民兼容、综合集成、共享共用的原则，开发融合型应急物资采购信息平台，形成集军地物资资源、采购需求、供应商、产品、评审专家等信息于一体的信息系统，完成军地应急采购信息的无缝对接。

第四章　融合型应急物资储备

突发事件时有发生，且难以预测。一旦突发事件发生，其破坏程度往往跟应急救援工作的顺利开展有直接关系。应急物资储备系统是实施紧急救助、灾后重建等工作的基础和有力保障，直接影响救灾速度和救灾效果。应急物资储备是应急物流体系的一个重要组成部分，《中华人民共和国突发事件应对法》中明确规定，"国家按照集中管理、统一调拨、平时服务、灾时应急、采储结合、节约高效的原则，建立健全应急物资储备保障制度"，强调要把健全应急物资储备系统的建设作为一项重要的基础性工作来抓好抓实，以推动应急物资体系的全面建设，切实增强我国应急管理能力。国家非常重视应急物资储备体系建设。《国家综合防灾减灾规划2016—2020》明确提出"通过协议储备、依托企业代储、生产能力储备和家庭储备等多种方式，构建多元救灾物资储备体系"。我国应急物资储备系统的研究已取得较大进展，但在储备物资种类、储备规模、储备方式和储备库选址等方面还存在一些问题，需要结合灾情、环境和当地经济社会条件进行科学研究论证，以提高应急物资储备效益。

第一节　融合型应急物资储备的特点

融合型应急物资储备是在国家的主导下，以满足应急条件下物资需求为目标，整合军队和地方的各种储备资源并进行优化的应急物资储备，以提高国家应对突发事件的能力。融合型应急物资储备有以下特点。

1. 物资储备目的性强

不同的储备需求决定了不同的储备内容、储备方式以及储备的目的。国家物资储备体系和军队物资储备体系的主要目的是维护国家社会稳定以及为了应对未来可能发生的战争等。而融合型应急物资储备主要是为了应对可能发生的严重自然灾害、突发公共卫生、社会公共安全等突发事件而进行物资进行储备，储备物资种类主要是防护用品、生命救助、生命支持、救援运载、临时食宿、污染清理、动力燃料、工程设备、器材工具、照明设备、通讯广播、交通运输、工程材料等，储备规模相对较小。同时，储备物资的动用首先是满足应对国家应急情况的需要。可以说融合型应急物资储备为满足可能发生的突发事件的需要，从开始实施到日常管理一直到最终物资的使用都具有明确的目的性。

2. 地区储备结构差异大

我国幅员辽阔，各种突发事件发生频率高，但由于不同地区的地理环境、社会经济特点不同，各类突发事件发生的概率不同，且具有一定的规律性。例如，西南地区易发生地震、泥石流等自然灾害；长江、黄河、淮河流域易发生洪涝灾害；西藏、新疆等地区易发生社会公共安全事件；沿海地区易遭受台风等自然灾害的影响；东北地区易发生森林火灾等。因此，为了更好地应对可能发生的突发事件，实现应急情况下物资能在最短的时间内送达事发地区，在进行融合型应急物资储备的过程中，可以根据不同地区最可能发生的突发事件类型，主动调整物资储备结构。例如，沿海地区应重点围绕抵御台风和应急救援需要，适当储备食品、急救药材、发电机等物资器材；地震多发地区应重点储备救援工程机械和帐篷等物资器材；洪涝灾害高发区多储备食品、救生艇、棉被；东北地区应重点储备灭火器材、救援工具等。

3. 物资储备主体多元

应对突发事件是涉及整个社会的全局性问题，上至国家一级，下至每一个家庭和个人都应提高处理可能发生的突发事件的能力，共同应对突发事件，力求将突发事件带来的损失降到最低。融合型应急物资储备体系是以国家为主体、军队为骨干、地方为补充、市场为辅助的一个庞大系统，物资储备的主体包括国家、军队、政府、企业，各个主体根据不同要求和不同的物资需求共同进行物资储备，共同应对突发事件。这就决定了融合型应急物资储备主体多元的特性。

4. 物资储备布局分散

应急物资的储备种类、数量和物资的存放地点直接关系到应急救援的供应水平和供应效率，关系到应急救援目标能否实现。在"以人为本"的应急救援指导方针下，应急物资的储备无论从时间还是地域上，都需要最大限度地满足灾区的需求。但如果物资储备地点太多，或者应急物资的储备量太大，会带来各种不必要的成本支出和管理费用，增加国家应急救助体系的运营成本，而这实际上也是增加总的社会运营成本。另外，如果物资存储的地点过于分散，可能会降低救援物资供应的时效性。对于各类突发事件发生的时间、地域具有不确定性，应急情况下物资运输的条件和环境复杂，且对应急处理的时效性要求高，因此为了更好地应对可能的突发事件，应急物资储备必须分散布局、多点储备，以形成一个应急物资储备网络，应对区域内随时可能发生的突发需求。

5. 物资储备方式多样

由于各类物资在应急过程中的需求量不同，其作用和地位也存在较大的差异，因此对于不同种类的物资应该采取不同的储备方式。根据储备的主体、所有权等的不同，可采取不同的物资储备方式。一些物资其所有权可能属于国家或者地方政府（企业），但由军队进行代管、代储；而有些物资属于军队，但由地方企业进行代管、代储。因此，融合型应急物资储备应根据不同物资的储备要求，选择合适的储备方式，以提高物资储备的效益，从而提高应急能力。

第二节　融合型应急物资储备系统构建

从应急物资储备系统构建目标与原则、组织架构设计、储备管理机制等方面为切入点，构建融合型应急物资储备系统，为社会提供安全保障。

一、构建目标与原则

应急物资储备系统设计的目标是一旦区域范围内发生各种突发事件，能够快速有效提供救援活动所需的各种物资，保证救援行动顺利展开。应急物资储备系统构建应遵循以下原则。

（1）以人为本。应急物资储备系统最为重要的任务就是当突发事件发生后，应尽可能保障人民生命安全，降低财产损失。建立健全融合型应急物资储备系统，可以确保救援时能够快速、充足供给物资，保障人民生命财产安全，维护社会稳定。

（2）责任明确。为了高效处理突发事件，应急物资储备系统必须要有明确的责任主体，依法依规明确各个层级的职责，规范各层级在应急物资筹措、管理和动用中的权限、程序和方法。

（3）资源整合。针对各类突发事件，分别建立满足灾情需要的应急物资储备。在应对突发事件时，应急物资需求有时会存在重叠，为提高资源的利用效率，必须整合资源、统一调配，实现资源共享，尽快形成规模适度、布局合理、结构完整、运行高效的应急物资储备系统。

（4）保证重点。结合区域突发事件分类、经济条件、地理环境、交通运输等情况，按区域配套建设应急物资储备系统，同时要事先对突发事件进行科学评估，针对可能发生的且影响巨大的事件预置储备应急物资。储备种类和数量需要结合历史事件消耗数据，以及当前的人口密度、经济规模等因素综合考虑。

二、组织架构设计

按照应急物资储备系统构建原则，运用系统组织学原理，根据区域内突发事件的特点，按照轴辐式网络化应急物资储备布局，构建应急物资储备中心架构，形成国家、省、市、县纵向衔接，应急管理部门统一领导，政府各职能部门横向联动的体系结构，如图4-1所示。

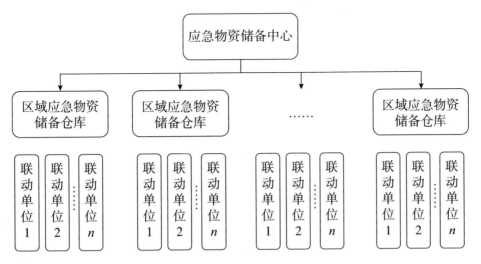

图4-1　应急物资储备中心组织架构

应急物资储备中心隶属于省市应急管理局，是应急物资专业管理机构。该中心承担以下职责：协助制定区域应急物资储备方案，指导各区域应急物资储备仓库工作；平时负责应急物资的筹措、管理和供应工作，应急情况下负责应急物资的接收、分拣、中转、配送等任务；负责统一协调各区域应急物资储备仓库保障行动，调动区域内所有应急物资储备资源以应对突发事件。

在应急物资储备中心领导下，各区域应急物资储备仓库具体负责应急物资管理、供应等工作，加强与气象、卫生、公安、消防等联动单位信息交流，及时了解各类突发事件信息，应急情况下按上级要求做好应急物资供应任务，保障应急救援需求。

各联动单位，要充分发挥专业领域的智慧，加强各领域可能的突发事件的监测和预防，及时通报突发事件信息，加强与应急物资储备中心沟通，提前做好相关准备工作。

三、储备管理机制

（一）日常管理

（1）科学预警，常备不懈。建立完善的信息收集制度和收集标准，利用模糊证据理论方法，对区域内突发事件进行分析预测，以提高防范意识。应急物资储备中心及时掌握各个应急物资储备仓库中储备物资的品种、数量、质量等情况，时刻做好应对各种突发事件的准备工作，确保一旦发生突发事件能够保质保量完成救援物资供给任务。

（2）集中管理，分级负责。应急物资储备中心负责对整个区域的整体把控，积极落实分级责任制，将责任和权限落实到各具体单位和部门，以提高日常管理水平。对于特殊应急物资，由各个专业职能部门制定专门的管控规章进行管控，同时把应急物资的种类和数量报备应急物资储备中心；对于基本生活类物资，需要集中统一到各区域应急物资储备仓库进行管理，以减少重复存储，提高资金利用率。此外，各区域应急物资储备仓库必须采取培训、演练等多种方式，加强人员应急保障技能训练，提高应急情况下保障能力，建立一支在突发事件发生时能够调得动、供得上的高素质救援队伍。

日常管理工作还包括对应急物资的在库管理，科学分区分类、合理堆码，保证合适的储存环境；随着时间的推移，对物资要不断更新；根据预警和突发事件发展的情况，要不断补充新的物资；应急物资在被使用消耗后，必须按照相关程序及相关要求尽快进行补充，以确保各项储备充足。

（二）应急响应管理

发生突发事件后，应急物资储备中心应立即启动应急预案，了解突发事件相关信息，预先做好应急物资供应保障准备，协助政府开展应急救援工作。各区域应急物资储备仓库应根据应急物资储备中心的指令，做好应急物资供应准备，按照先急后缓、先近后远、先主后次的原则，调拨供应各类应急物资，保证应急救援需求。

各区域应急物资储备仓库在突发事件发生后，必须实行全天候值班制度，掌握物资的动态状况，做好登记并实时上报应急物资储备资源信息，随时掌握应急物资储备资源状况。在救援过程中，当某一地区应急物资储备中心的物资不能满足需求时，应立即向应急物资储备中心申请，从其他应急物资储备仓库调配资源进行支援。

（三）事后管理

突发事件结束后，应急物资储备中心应组织由相关领域专家组成的突发事件事后评估委员会，对应急物资储备供应保障效果进行客观、科学的评估，总结经验，找出存在的优缺点，对不足之处提出相应改进办法；对应急物资消耗情况进行核算，对于征用的物资，要及时办理补偿手续，对于协议代储的情况要尽快完成资金的补偿；及时调整应急物资储备计划，尽快完成各种应急物资的补充和更新，恢复保障水平。

为加强应急物资储备系统案例库建设和突发事件模糊证据评估的需求，应将突发事件整个救援过程中涉及突发事件的种类、等级等特征因素以及消耗救援物资的情况按照案例库的要求做有效统计、分析和整理，形成新的案例，充实案例库资源。

第三节　应急物资需求分析

一、应急物资需求特点和内容

应急物资是指为预防突发事件发生，以及用于突发事件发生后进行抢救、抢险以及疏散等工作所需的各种救援物资，包括食品类、药品类、工具类、器材类等。广义的应急物资还包括突发事件发生后恢复阶段的各类保障物资。应急物资需求分析是进行应急物资储备的前期重要工作，为了使应急物资储备合理高效，就需要对应急物资的需求特点、需求内容等进行研究。

（一）应急物资需求特点

（1）突发性。突发事件，特别是重大的自然灾害、公共卫生等重特大突发事件的突出特点就是其发生的突然性，在极短的时间内对各种基础设施、经济社会和人民生命财产造成破坏或者不利影响，而为了应对这种突发事件急需大量的应急物资，且时间紧迫。但是，事先不可能储备所有需要的物资，所以一旦发生突发事件，应急物资会因需求增加而出现短缺的情况，为此需要建立合理的政府储备与社会储备相结合的机制，才能够应对爆发式增长的应急物资需求。

（2）不确定性。应急物资需求的不确定性体现在两个方面：一个是没有机构或者个人能够在突发事件发生之前准确预估全部可能需要的各类物资；另一个是满足各种突发事件需要的各类物资需求数量无法进行准确估算。应急物资需求不能确定的根本原因就是突发事件本身发生的概率性特点。突发事件的发生可能会导致各种基础设施的破坏，造成交通、电力、通信等中断，一定区域的社会不能正常运转，于是就会产生一定的信息缺失，造成信息不充分、不准确和不及时，因而无法在突发事件发生后准确预估所需应急物资的种类和数量。

（3）时效性。应急物资能否及时满足灾区需求与突发事件造成的损失情况存在一定的关联性，即错过最佳的需求时机将会给救灾工作带来更大的麻烦。在突发事件发生后，需要第一时间将应急物资运达目的地，也就是在尽可能短的时间内满足受灾地区对各类物资的需求，这样才能够有效减少突发事件带来的危害，降低人员伤亡情况。

（4）阶段性。突发事件的发生具有明显的阶段性，一般分为初期、中期、后期和恢复重建期，不同阶段所需应急物资的种类和数量有所不同。因此，针对不同阶段应急物资需求的特殊要求，采取不同的储备和保障措施，对于提高应急物资保障效率十分重要。

（5）强制性。应急管理属于公共管理范畴，具有以政府为主导、全民动员的特点。应急物资的储备和供给应该突出对生命的最大关怀，尽可能地降低对生命财产的损失。我国民政部明确要求突发事件发生后 24 小时内必须得到有效的救助，确保应急物资能够第一时间送达有需要的地方。因此，满足应急物资的需求、保障有效救援是第一急迫的事；其次才会考虑其经济性问题，故而在突发事件发生的紧急状态下，为应对此类情况，政府有权限征用应急物资，这就体现了需求的强制性。

此外，应急物资的需求还有弱经济性的特点，亦即为了救援，成本问题是次要考虑的问题。

（二）应急物资需求内容

本节所涉及的应急物资主要是为应对诸如自然灾害、事故灾难、公共卫生事件和社会安全事件所需要的各类救援物资。应急物资的需求内容包含以下几方面。

1. 应急物资种类

不同种类的突发事件，其性质、发生的过程和内在机理都各有不同，因此为应对不同类型突发事件而储备的物资种类也有较大差别。突发事件的复杂性给应急物资储备和管理工作带来了较大困难，这也是应急储备管理效益低下的原因之一。

2. 应急物资需求量

需求量的预测是需求分析的重要内容之一。需求量一般用具体的数量表示，如某个自然灾害发生，需要 5000 顶帐篷、2000 箱方便面、30000 瓶矿泉水等。突发事件的等级跟应急物资的需求量呈正相关关系，危险级别越高，破坏程度就越大，影响范围就越广，需求量就越大。目前有诸如经验公式、模糊评价、模糊案例、模型构造等方法来对具体的需求量进行预测，这些方法各有优缺点。

3. 应急物资质量要求

应急物资必须在发生突发事件后第一时间送达事发地，这就必然要求应急物资供给要做到准确、及时、安全等。比如 2008 年的汶川地震，造成大量人员伤亡，为了降低生命财产损失，救援的药品和设备必须尽快送达，因此，国家立即调动军队展开救援行动，并动用了大量的军队战备储备物资（如油料、给养、被装、药材、医疗器械、卫生装备、野营装备、供水供电装备等）用于救灾，以最大可能提高救援成效。

4. 应急物资结构需求

应急物资结构需求就是合理搭配组合各种物资，以实现救援目标，而这个搭配组合的过程就是各种物资比例形成的过程，也就是应急物资结构形成的过程。搭配指标一般用相对数量或者配套数量来表示，比如，每台救援设备需要配备的医护人员数量。需要注意的是，不同突发事件的类型对应急物资的需求结构不同，某一突发事件在发展的不同阶段也存在结构性需求的差异。

二、基于案例模糊推理的应急物资需求预测

(一) 应急物资需求分析推理过程

应急物资的需求预测分析难度极大，例如，同样级别的事件发生在不同的时间或地点造成的后果不同，甚至严重程度差别很大，但是对于相似环境、相似事件等重要因素相近的条件，可假设其需求相似。基于这个假定，可以将同种类型突发事件发生时产生的应急物资需求作为参考，然后基于假定，利用相似原理，推断出相似需求，具体操作流程如图4-2所示。

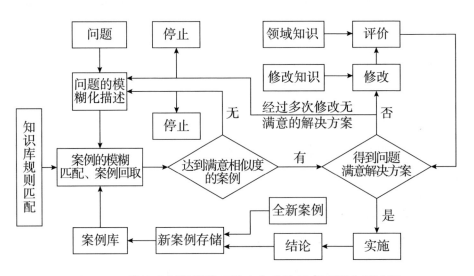

图4-2 基于案例模糊推理的应急物资需求预测分析过程

如图4-2所示，可将操作流程总结为以下几个步骤：①问题的模糊化描述；②案例的模糊匹配；③案例回取；④案例的修改与评价；⑤新案例存储。

（二）应急物资需求的案例表示

对应急物资的需求案例描述，通常包含突发事件的等级和类型、应急物资数量和种类、应急救援效果三个方面的内容。首先，对问题模糊化描述，确定各个特征因素与问题之间的隶属度，构建出问题描述的模糊集，具体描述如下：

假定对应急管理案例库中的历史资料进行整理，收集到资料较为全面系统的 n 个案例，用 $\tilde{C}_i(i = 1,2,\cdots,n)$ 表示，其特征因素有 m 个，用 $f = \{f_1,f_2,\cdots,f_m\}$ 表示。案例 $\tilde{c}_i$ 的特征因素 $f_j = \{f_1,f_2,\cdots,f_m\}$ 对应的隶属度用 $\mu_{c_i}(f_j)$ 表示，那么其特征向量可表示为：

$$\boldsymbol{V}_{\tilde{c}_i} = \{\mu_{\tilde{c}_i}(f_1),\mu_{\tilde{c}_i}(f_2),\mu_{\tilde{c}_i}(f_3),\cdots\mu_{\tilde{c}_i}(f_m)\} = \{\mu_{\tilde{c}_i}(f_j),\mid j = 1,2,\cdots,m\} \tag{4-1}$$

那么问题 $\tilde{T}$ 的特征向量可表示为：

$$\boldsymbol{V}_T = \{\mu_{\tilde{T}}(f_1),\mu_{\tilde{T}}(f_2),\mu_{\tilde{T}}(f_3),\cdots,\mu_{\tilde{T}}(f_m)\} = \{\mu_{\tilde{T}}(f_j),\mid j = 1,2,\cdots,m\} \tag{4-2}$$

特征因素的确定要以需解决的问题为前提，以重庆市突发事件及对应物资需求的特征因素为例，进行说明，如表 4-1 所示。

（三）案例模糊匹配

在建立与各案例的特征因素的隶属度的基础上，计算需要解决问题与案例的贴近度，以判断相似度情况，从而实现两者之间的模糊匹配。对达到满意级别的相似度的案例进行收集归纳。

表4－1　　　重庆市应急物资需求案例特征因素举例

序号	突发事件特征因素				应急物资消耗情况				
	类型	等级	时间	地点	帐篷（顶）	衣被（套）	药品（箱）	瓶装水（瓶）	方便面（包）
1	伏旱	中度	2016年8月	渝东北（万州、开州、巫山巫溪）	0	0	22000	160000	150000
2	地震	3级	2016年7月	城口	1500	3400	4500	28000	70000
3	洪水灾害	重大（Ⅱ级）	2016年5月	开州、秀山等16个区县	4500	16800	36000	190000	230000

设 $\tilde{A}$、$\tilde{B}$、$\tilde{C} \in \tilde{\psi}(U)$，定义模糊集 $\tilde{A}$、$\tilde{B}$ 的贴近度为 $N(\tilde{A},\tilde{B})$，且满足条件：映射 $N{:}\tilde{\psi}(U) \times \tilde{\psi}(U) \to [0,1]$，$N(\tilde{A},\tilde{A}) = 1$，$N(U,\varnothing) = 0$，$N(\tilde{A},\tilde{B}) = N(\tilde{B},\tilde{A})$

如果 $\tilde{A} \subseteq \tilde{B} \subseteq \tilde{C}$，那么 $N(\tilde{A},\tilde{C}) \le N(\tilde{A},\tilde{B}) \le N(\tilde{B},\tilde{C})$，贴近度计算为：

$$N(\tilde{A},\tilde{B}) = \frac{\int_U (\tilde{A} \wedge \tilde{B})(u)d_u}{\int_U (\tilde{A} \vee \tilde{B})(u)d_u} = \frac{\int_U (\tilde{A}(u) \wedge \tilde{B}(u))d_u}{\int_U (\tilde{A}(u) \vee \tilde{B}(u))d_u} \quad (4-3)$$

当 U 为有限集合 $\{u_1,u_2,\cdots,u_m\}$ 时，贴近度的计算为：

$$N(\tilde{A},\tilde{B}) = \frac{\sum_{j=1}^{m}[u_{\tilde{A}}(x_j) \wedge u_{\tilde{B}}(x_j)]}{\sum_{j=1}^{m}[u_{\tilde{A}}(x_j) \vee u_{\tilde{B}}(x_j)]} \quad (4-4)$$

一般情况下，各个特征因素的重要程度存在不一致的情况，对案例的输出影响大小不一，需要用权重 ω 来衡量，那么设定 $\{f_1, f_2, \cdots, f_m\}$ 的权重对应为 $\{\omega_1, \omega_2, \cdots, \omega_m\}$，满足 $\sum\limits_{j}^{m} \omega_j = 1, j = 1, 2, \cdots, m$。那么式（4-4）转变为式（4-5）：

$$N(\tilde{A}, \tilde{B}) = \frac{\sum\limits_{j=1}^{m} \omega_j [u_{\tilde{A}}(x_j) \wedge u_{\tilde{B}}(x_j)]}{\sum\limits_{j=1}^{m} \omega_j [u_{\tilde{A}}(x_j) \vee u_{\tilde{B}}(x_j)]} \qquad (4-5)$$

设 $u(f)$ 为因素 f 下的取值，当 $u(f)$ 在分类 $C = (C_1, C_2, \cdots, C_n)$ 中的分布存在较大差别的情况时，说明该因素对分类进行判别的影响较大，故而权重值较大。将每一个案例看成是某个类，案例 $\tilde{C}_i$ 在 f_j 的取值 $u(f_j)$ 为该案例在 f_j 下的隶属度 $u_{\tilde{C}_i}(f_j)$。

$$\text{令} \quad \bar{u}(f_j) = \frac{\sum\limits_{i=1}^{n} u_{\tilde{C}_i}(f_j)}{n} \qquad (4-6)$$

$$\sigma(f_j) = \sqrt{\frac{\sum\limits_{i=1}^{n} [u_{\tilde{C}_i}(f_j) - \bar{u}(f_j)]^2}{n}} \qquad (4-7)$$

那么权重 $\quad \omega_j = \dfrac{\sigma(f_j)}{\sum\limits_{j=1}^{m} \sigma(f_j)}, j = 1, 2, \cdots, m \qquad (4-8)$

利用式（4-6、4-7）可计算出问题 $\tilde{T}$ 与案例的贴近度，以该值为相似度值。给定 κ 为限值，当相似度大于 κ，如式（4-9）所示，则问题与案例相似。

$$N(\tilde{T}, \tilde{C}_i) = \frac{\sum\limits_{j=1}^{m} \omega_j [u_{\tilde{T}}(x_j) \wedge u_{\tilde{C}_i}(x_j)]}{\sum\limits_{j=1}^{m} \omega_j [u_{\tilde{T}}(x_j) \vee u_{\tilde{C}_i}(x_j)]} \geqslant \kappa, i = 1, 2, \cdots, n$$

$$(4-9)$$

当满足式（4-9）时，$\tilde{C}_i$ 即为应急物资需求分析所需要的案例，再由专家结合各自的经验和实际的状况进行调整，得到对应事件的应急物资需求。在匹配的过程中，如选择不到满意的案例，有可能是限值 κ 设置太高，可适当调低；如若调低依旧没有满意结果，则可能案例库中没有相关案例，此时需要重新对问题进行模糊化再处理，重新进行推理。

关于案例库建设的问题，可以对每次应急救援所消耗的应急物资进行科学的统计分析，形成新的案例并加入应急需求案例库，以丰富案例库，从而提高匹配概率。

第四节　应急物资储备方式

融合型应急物资储备是为了提高国家应对突发事件能力，在国家的统一规划和指导下，有针对性地进行应急物资储备。根据应急物资储备主体的不同，融合型应急物资储备方式可以划分为国家储备、地方政府储备、企业储备、军队储备四种方式。四种方式之间相互影响、互为补充，共同形成融合型应急物资储备体系。

（1）国家储备。国家储备方式是指以国家为储备的主体，由应急管理部等单位对应急物资的需求进行预测，并负责组织实施应急物资的储备工作的方式。同时，根据军队在国家发生突发事件时所担负的应急救援任务，由军队提出需求，国家进行部分军队应急物资储备，以满足军队在执行应急救援任务时的需要。

国家储备主要是为了应对国家发生的重大突发事件，储备物资的所有权和动用权限归国家一级组织机构，具体的储备可以由国家的储备仓库负责，或者交由地方、军队进行代储、代管。

这种方式主要适用于当发生突发事件时对国家利益有重大影响的物资，以及在发生应急情况下难以筹措的物资。这类物资对于维护国家稳定，避免发生次生灾害具有重大作用。因此，在国家的统一规划下进行储备，可以提高国家应对突发事件的能力，维护发生突发事件时社会的稳定，可以保证全国人民在应对突发事件的过程中无后顾之忧。

（2）地方政府储备。地方政府储备方式是指以省市县一级政府为储备的主体，对本地区可能发生的突发事件进行科学判断，预测应急物资的需求，进行地方政府应急物资储备的组织与实施的方式。地方政府储备主要是为了应对地区性重大突发事件而进行的应急物资储备，应在国家的统一规划和指导下进行。储备物资的所有权和动用权限归地方一级的组织机构，具体的储备可以由政府利用其自身的储备能力，或交由企业或军队进行代储、代管。它是对国家储备的一种补充与完善。

这种方式主要适用于储备发生突发事件时对地区稳定有重大影响的物资。由于各个地区的自然地理环境、经济特点不同，面临可能发生的突发事件也存在一定的差异，因此，各地区储备物资种类主要由省市县一级政府部门根据本地区自然地理环境、经济特点以及国家应急物资储备的总体规划进行符合自身特点的规划。这类物资可以采取以实物储备为主、以合同储备或生产能力储备为辅的方式进行储备。

（3）企业储备。企业储备方式是指以企业为储备主体，企业在国家和地方政府的规划和指导下，以契约的形式进行应急物资储备的组织与实施的方式。在应急物资储备的过程中，企业结合自身的生产活动，按照合同约定进行国家或地方政府应急物资储备。物资所有权和动用权限归企业自身所有，但在国家或地区内发生突发事件时，企业必须首先满足国家或地方政府的需求，必须按照契约要求，按时、足量地提供物资。具体实施可以利用企业自身的储备设施进行。

这种方式主要是在地区内，结合各企业自身的产品类型进行应急物资储备。如西南地区为了应对可能发生的地震灾害，当地企业可以对地震发生后需要的医疗卫生药品、小型抢救器材、运输车辆器材等物资进行储备。这类物资的储备主要由国家或地方政府提出需求，在企业与国家或政府的契约基础上，企业根据实际情况利用自身的储备能力，采取实物储备或生产能力储备的形式进行储备。

（4）军队储备。军队储备方式是指以军队为储备主体，军队根据国家的总体规划进行应急物资储备的组织与实施的方式。军队储备方式主要是结合军队自身的战备物资储备，根据国家应急物资总体需求规划，预测可能发生的突发事件，对军民通用的物资采取实物储备的形式进行储备，如救援器材、运输装备、野营器材、被装给养、医疗物资等。物资的所有权和动用权限归军队所有，但发生重大突发事件时，应根据国家的统一调度进行物资保障。

第五节　应急物资储备库选址模型

一、应急物资储备库特点和分类

应急物资储备库，顾名思义就是具有一定设施设备和空间，用于储存应急物资的库房。一般包括储存空间、存储设备、输送设备、装卸设备、分拣设备、信息设备等，还包括一定的附属用房和绿化用地等。应急物资储备库的选址是应急储备系统的核心问题。

（一）应急物资储备库的特点

应急物资储备库是各级政府为应对各类突发事件而建设的仓库，是一个具有物资保管、调度运输、配送以及筹集物资功能的特殊物流组织，具有以下几个特点：①机构性质。应急物资储备库是执行政府救灾工作的重要执行单位，专门负责物资的储存和调配工作，一般具体由各级政府相关部门管辖，具有明显的行政性质；②组织形式。因为突发事件具有高度不确定性，所以在应急物资储备库的建设上，应将储备库建成区域性和全国性的网络体系；③工作职能。突发事件未发生时，应级物资储备库的主要功能体现在对灾害物资需求的预测，以及对现存的物资进行维护和管理上。突发事件发生时，应急物资储备库应根据上级指示，按照预案积极调运和筹集各类救援物资，并协调与协议企业和社会捐助的救援活动。

（二）应急物资储备库的分类

应急物资储备库是整个应急物流系统的关键节点，是整个救援系统的组织协调中心和信息中心，具有物流集散功能。目前具有重要现实意义的主要有三个划分标准：①根据储备库的辐射范围可划分为国家储备库、区域储备库和城市储备库三种；②根据储备库的经营性质可划分为公共储备库、专业储备库和企业储备库三种；③根据储备库的主要功能可划分为存储型储备库、流通加工型储备库和配送型储备库以及综合型储备库四种。

二、基于 AHP 的应急物资储备库选址

应急物资储备库选址困难的根本原因在于突发事件很难进行准确的预测，包括其发生的时间、地点、级别等。所以特别精确的用于普通仓库的选址方法，不适合用于应急物资储备库的选址。目前，应急物资储备库的选址通常有成本最小化、潜力最大化、救援效应最大化和综合目标等几个原则，考虑布局的因素主要有自然条件、运输条件、事发地的匹配度情况以及政策等。就方法而言，目前的选址方法主要有综合因素评价法、解析法、最优化方法和仿真法等，以上方法各有特点，适用情况也有差异，需要结合实际情况具体考虑采用一种选址方法或者几种方法相结合的方式。具体选址时，可以先采用某种方法初选某区域的储备库备地点，然后再结合土地规划、交通条件、地形地貌、水文地质等因素，最终确定具体建设地点。下面介绍用层次分析法（Analytic Hierarchy Process，AHP）确定某区域应急物资储备库备选点的方法。

1. 构建应急物资储备库选址评价指标体系

运用 AHP 进行评价的第一个关键工作就是构建科学的全面的评价指标体系。经过征求管理部门和专家意见，确定从基础设施、安全因素、与事发地契合度和政策法规四个方面进行评价，如图 4 - 3 所示。

（1）安全因素。该指标重点是考虑储备库所处的位置是否安全，比如是否避开地震带、滑坡带、泄洪道等，以保证在任何情况下都不会出现闪失。

（2）与事发地契合度。尽管某一个区域内的突发事件具有偶发

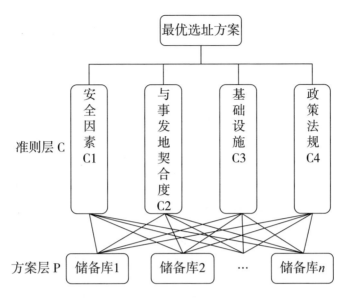

图 4 - 3　应急物资储备库选址评价指标体系

性，无法进行准确预测，但是根据历史数据的统计，可以知道突发事件发生的趋势，估计其发生的风险，进而能够判定该区域是否对储备库有需求。

（3）基础设施。综合考虑土地、交通、通信、能源等因素，该指标直接关系到应急物资储备库平时是否能够正常运转，急时是否能够快速筹集和供应。

（4）政策法规。应急物资储备系统本身具有行政的性质，具体负责政府对突发事件的预防和支援，故而储备库的选址必然会受到地方政府的政策影响。

2. 构造比较矩阵，计算指标权重

邀请相关领域专家，按照表4 - 2所示来标度每个层级的某两个因子相对于上一层级的重要性，最终构造出比较矩阵 **A**（假定该层级有 n 个因子）。

$$A = \begin{bmatrix} a_{11} & a_{12} & \cdots & a_{1n} \\ a_{21} & a_{22} & \cdots & a_{2n} \\ \cdots & \cdots & \cdots & \cdots \\ a_{n1} & a_{n2} & \cdots & a_{nn} \end{bmatrix}$$

表 4 – 2　　　　　　　　　　相对重要性标度表

相对重要性	含义	说明
1	因素 a_i 和因素 a_j 同等重要	因素 a_i 和因素 a_j 为同层级因素，且其重要性是相对于上一级的某一个因素而言
3	因素 a_i 比因素 a_j 稍微重要	
5	因素 a_i 比因素 a_j 明显重要	
7	因素 a_i 比因素 a_j 重要得多	
9	因素 a_i 比因素 a_j 绝对重要	
2，4，6，8	因素 a_i 和因素 a_j 的重要性介于相邻两个重要程度之间	

假设 $A\lambda = \lambda_{max} W$，计算矩阵 A 的最大特征根 λ_{max} 和标准化特征向量 W，而 W 的分量就是 n 个因素的权重系数。

3. 一致性检验

评价指标中各因子的相对重要性是各个专家主观判断给出的结果，所以可能存在相互矛盾的判断，故而构造的矩阵可能存在不一致的情况，需要进行一致性判定。

本节采用 $\lambda - n$ 的结果来衡量，并将式（4 – 10）作为一致性检验的标准，其中 CI 为随机一致性指标，具体算法如式（4 – 11）所示，随机一致性对照表如表 4 – 3 所示。当 $CR < 0.1$ 时，认为满足一致性检验要求。

$$CR = \frac{CI}{RI} \qquad\qquad (4 - 10)$$

$$CI = \frac{\lambda_{\max} - n}{n - 1}$$

其中, n 为矩阵阶数; CI 为随机一致性指标。 　　　　　(4-11)

随机一致性对照表如表4-3所示。

表4-3　　　　　　　　随机一致性对照表

矩阵阶数 n	1	2	3	4	5	6	7	8	9	10
RI	0	0	0.58	0.91	1.14	1.21	1.32	1.39	1.44	1.49

4. 计算各层元素组合权重

将同一层级的各个因素相对于某一个指标的权重从目标层自上而下进行权重组合，一直到方案层，并对结果进行一致性检验。

假定第 $k-1$ 层的第 n_{k-1} 总目标的权重为 $W^{k-1} = (w_1^{k-1}, w_2^{k-1}, \cdots, w_{n-1}^{k-1})^{\mathrm{T}}$ ，第 k 层上第 n_k 个因素对上一层的第 j 个因素的权重为 $P_j^k = (P_{1j}^k, P_{2j}^k, \cdots, P_{n_k j}^k)^{\mathrm{T}}$ 。

令 $P^k = (P_{1j}^k, P_{2j}^k, \cdots, P_{n_{k-1}}^k)$ ，则第 k 层上第 n_k 的合成权重：

$$W^k = (w_1^k, w_2^k, \cdots, w_{n_k}^k) = P^k W^{k-1} \qquad (4-12)$$

然后对其进行一致性检验。

层次分析法的最终结果是可以得到应急物资储备库选择备选方案对于总目标的优先顺序权重，然后结合选中地点的实际情况，便可以作出储备库具体建设地点的决策。

三、应急物资储备库选址实例分析

下面以重庆市为例，结合城市规划的区域划分，运用上述方法选择某一个区县建设应急物资储备库，作为区域应急物资储备库的实体承载单位。

（一）渝东南片区应急物资储备库选址

渝东南6个区县：黔江（D1）、石柱（D2）、秀山（D3）、武隆（D4）、彭水（D5）和酉阳（D6），均是应急物资储备库的备选地点。

根据所收集的资料，并征求10位专家意见，结合待选区县的经济发展、财政、交通等具体情况，构造各个判断矩阵，如表4-4至表4-8所示。

表4-4　　　　　　　C-G层判断矩阵

判断矩阵	安全因素	与事发地契合度	基础设施	政策法规
安全因素	1	4	5	9
与事发地契合度	1/4	1		4
基础设施	1/5	1	1	3
政策法规	1/9	1/4	1/3	1

表4-5　　　　　　　P-C1层判断矩阵（1）

P-C1层	黔江（D1）	石柱（D2）	秀山（D3）	武隆（D4）	彭水（D5）	酉阳（D6）
黔江（D1）	1	3	9	3	6	4
石柱（D2）	1/3	1	3	1	2	1
秀山（D3）	1/9	1/3	1	1/3	1/2	1/3
武隆（D4）	1/3	1	3	1	2	1
彭水（D5）	1/6	1/2	2	1/2	1	1
酉阳（D6）	1/4	1	3	1	1	1

表 4-6   P-C2 层判断矩阵 （1）

P-C2 层	黔江 （D1）	石柱 （D2）	秀山 （D3）	武隆 （D4）	彭水 （D5）	酉阳 （D6）
黔江（D1）	1	2	9	2	5	9
石柱（D2）	1/2	1	7	1	3	4
秀山（D3）	1/9	1/7	1	1/7	1/2	1
武隆（D4）	1/2	1	7	1	3	5
彭水（D5）	1/5	1/3	2	3	1	2
酉阳（D6）	1/9	1/4	1	1/5	1/2	1

表 4-7   P-C3 层判断矩阵 （1）

P-C3 层	黔江 （D1）	石柱 （D2）	秀山 （D3）	武隆 （D4）	彭水 （D5）	酉阳 （D6）
黔江（D1）	1	3	6	2	5	4
石柱（D2）	1/3	1	2	1/2	1	1
秀山（D3）	1/6	1/2	1	1/3	1	1/2
武隆（D4）	1/2	2	3	1	2	2
彭水（D5）	1/5	1	1	1/2	1	1
酉阳（D6）	1/4	1	2	1/2	1	1

表 4-8   P-C4 层判断矩阵 （1）

P-C4 层	黔江 （D1）	石柱 （D2）	秀山 （D3）	武隆 （D4）	彭水 （D5）	酉阳 （D6）
黔江（D1）	1	2	1/2	1/2	2	9
石柱（D2）	1/2	1	1/3	1/3	1	5
秀山（D3）	2	3	1	1	4	9
武隆（D4）	2	3	1	1	3	9

续　表

P－C4 层	黔江 （D1）	石柱 （D2）	秀山 （D3）	武隆 （D4）	彭水 （D5）	酉阳 （D6）
彭水（D5）	1/2	1	1/4	1/3	1	5
酉阳（D6）	1/9	1/5	1/9	1/9	1/5	1

计算得到的方案层对准则层的权重值，以及准则层对目标层的权重值均通过一致性检验，分别见表4－9和表4－10。

表4－9　　　　　　　　　　P－C 权重

P－C 权重	安全因素 C1	与事发地契合度 C2	基础设施 C3	政策法规 C4
黔江（D1）	0.45	0.40	0.41	0.18
石柱（D2）	0.15	0.22	0.12	0.10
秀山（D3）	0.05	0.04	0.08	0.31
武隆（D4）	0.15	0.23	0.21	0.29
彭水（D5）	0.09	0.08	0.09	0.10
酉阳（D6）	0.12	0.04	0.10	0.03
CR	0.01	0.01	0.01	0.02

表4－10　　　　　　　　　　C－G 权重

评价准则	权重
安全因素 C1	0.63
与事发地契合度 C2	0.17
基础设施 C3	0.15
政策法规 C4	0.05

结合表4－9和表4－10可以计算出目标总排序值，如表4－11所示，由此可知在渝东南地区选择将应急物资储备库建设在黔江区比较合适。

表 4 - 11　　　　　　　　G 总排序

候选区县	总权值	排序
黔江（D1）	0.42	1
石柱（D2）	0.15	3
秀山（D3）	0.06	6
武隆（D4）	0.18	2
彭水（D5）	0.09	5
酉阳（D6）	0.10	4

（二）渝东北片区应急物资储备库选址

渝东北片区包括万州区、开州区、梁平县、城口县、丰都县、垫江县、忠县、云阳县、奉节县、巫山县、巫溪县 11 区县。同上，对 10 位专家的调查表进行处理，可得到渝东北片区区储备库选址的 P - C 判断矩阵，如表 4 - 12 至表 4 - 15 所示。

表 4 - 12　　　　　　P - C1 层判断矩阵（2）

P - C1 层	万州（D1）	开州（D2）	梁平（D3）	城口（D4）	丰都（D5）	垫江（D6）	忠县（D7）	云阳（D8）	奉节（D9）	巫山（D10）	巫溪（D11）
万州区（D1）	1	3	5	9	6	5	7	6	7	8	9
开州区（D2）		1	3	8	3	3	5	4	5	7	7
梁平县（D3）			1	5	2	1	3	2	3	4	5
城口县（D4）				1	1/4	1/5	1/3	1/4	1/3	1/2	1

P-C1层	万州(D1)	开州(D2)	梁平(D3)	城口(D4)	丰都(D5)	垫江(D6)	忠县(D7)	云阳(D8)	奉节(D9)	巫山(D10)	巫溪(D11)
丰都县(D5)					1	1/2	2	1	2	3	4
垫江县(D6)						1	3	2	3	4	5
忠县(D7)							1	1/2	2	3	3
云阳县(D8)								1	1/2	2	4
奉节县(D9)									1	2	3
巫山县(D10)										1	2
巫溪县(D11)											1

表4-13　　　　　　　P-C2层判断矩阵（2）

P-C2层	万州(D1)	开州(D2)	梁平(D3)	城口(D4)	丰都(D5)	垫江(D6)	忠县(D7)	云阳(D8)	奉节(D9)	巫山(D10)	巫溪(D11)
万州区(D1)	1	4	5	9	5	6	8	7	6	8	9
开州区(D2)		1	2	6	2	3	5	4	3	5	6
梁平县(D3)			1	5	1	2	4	3	2	4	5
城口县(D4)				1	1/5	1/4	1/2	1/3	1/4	1/2	1

P－C2层	万州（D1）	开州（D2）	梁平（D3）	城口（D4）	丰都（D5）	垫江（D6）	忠县（D7）	云阳（D8）	奉节（D9）	巫山（D10）	巫溪（D11）
丰都县（D5）					1	2	4	3	2	4	5
垫江县（D6）						1	1/3	2	1/2	1/3	3
忠县（D7）							1	1/2	1/4	1	2
云阳（D8）								1	1/2	2	3
奉节（D9）									1	3	4
巫山（D10）										1	2
巫溪（D11）											1

表4－14　　　　P－C3层判断矩阵（2）

P－C3层	万州（D1）	开州（D2）	梁平（D3）	城口（D4）	丰都（D5）	垫江（D6）	忠县（D7）	云阳（D8）	奉节（D9）	巫山（D10）	巫溪（D11）
万州（D1）	1	5	3	9	2	1	4	5	5	7	8
开州（D2）		1	－2	4	1/3	1/4	1/2	1	1	2	3
梁平（D3）			1	6	1/2	1/3	1	2	2	4	5
城口（D4）				1	1/7	1/8	1/5	1/4	1/4	3	1/2

续　表

P-C3层	万州(D1)	开州(D2)	梁平(D3)	城口(D4)	丰都(D5)	垫江(D6)	忠县(D7)	云阳(D8)	奉节(D9)	巫山(D10)	巫溪(D11)
丰都(D5)					1	1/2	2	3	3	5	6
垫江(D6)						1	3	4	4	6	7
忠县(D7)							1	1	1	3	4
云阳(D8)								1	0	2	3
奉节(D9)									1	2	3
巫山(D10)										1	1
巫溪(D11)											1

表4-15　　　　　　P-C4层判断矩阵（2）

P-C4层	万州(D1)	开州(D2)	梁平(D3)	城口(D4)	丰都(D5)	垫江(D6)	忠县(D7)	云阳(D8)	奉节(D9)	巫山(D10)	巫溪(D11)
万州(D1)	1	3	5	9	3	3	5	6	7	8	9
开州(D2)		1	2	6	1	1	3	4	5	7	7
梁平(D3)			1	5	2	1	3	2	3	4	5
城口(D4)				1	1/4	1/5	1/3	1/4	1/3	1/2	1

续　表

P-C4层	万州(D1)	开州(D2)	梁平(D3)	城口(D4)	丰都(D5)	垫江(D6)	忠县(D7)	云阳(D8)	奉节(D9)	巫山(D10)	巫溪(D11)
丰都(D5)					1	1/2	2	1	2	3	4
垫江(D6)						1	3	2	3	4	5
忠县(D7)							1	1/2	2	3	3
云阳(D8)								1	1/2	2	4
奉节(D9)									1	2	3
巫山(D10)										1	2
巫溪(D11)											1

计算可以得出目标总排序值，如表 4-16 所示，由此可知渝东北地区选择将应急物资储备库建设在万州区比较合适。

表 4-16　　　　　　　　G 总排序（2）

候选区县	总权值	排序
万州区（D1）	0.22	1
开州区（D2）	0.13	2
梁平县（D3）	0.1	5
城口县（D4）	0.03	9
丰都县（D5）	0.13	2
垫江县（D6）	0.12	4
忠县（D7）	0.09	6

候选区县	总权值	排序
云阳县（D8）	0.06	8
奉节县（D9）	0.07	7
巫山县（D10）	0.03	9
巫溪县（D11）	0.02	11

（三）都市核心区应急物资储备库选址

都市核心区属于主城区，以主城九区作为储备库候选点。对专家的反馈信息进行整理，可得到表4－17至表4－20的判断矩阵。

表4－17　　　　　　　　P－C1 层判断矩阵（3）

P－C1	渝中（D1）	江北（D2）	南岸（D3）	渝北（D4）	大渡口（D5）	沙坪坝（D6）	九龙坡（D7）	北碚（D8）	巴南（D9）
渝中（D1）	1	1/2	1	1/3	1/2	1/2	1/3	1/2	1/3
江北（D2）		1	2	1/2	1	1	1/2	1	1/2
南岸（D3）			1	1/3	1/2	1/2	1/3	1/2	1/3
渝北（D4）				1	2	2	1	2	1
大渡口（D5）					1	1	1/2	1	1/2
沙坪坝（D6）						1	1/2	1	1/2
九龙坡（D7）							1	2	1

续 表

P–C1	渝中（D1）	江北（D2）	南岸（D3）	渝北（D4）	大渡口（D5）	沙坪坝（D6）	九龙坡（D7）	北碚（D8）	巴南（D9）
北碚（D8）								1	1/2
巴南（D9）									1

表 4–18　　　　　P–C2 层判断矩阵（3）

P–C2	渝中（D1）	江北（D2）	南岸（D3）	渝北（D4）	大渡口（D5）	沙坪坝（D6）	九龙坡（D7）	北碚（D8）	巴南（D9）
渝中（D1）	1	1	1/4	1/4	1	1/2	1/5	1/3	1/3
江北（D2）		1	1/4	1/4	1	1/2	1/5	1/3	1/3
南岸（D3）			1	1	4	3	1/2	2	2
渝北（D4）				1	4	3	1/2	2	2
大渡口（D5）					1	1/2	1/5	1/3	1/3
沙坪坝（D6）						1	1/4	1/2	1/2
九龙坡（D7）							1	3	3
北碚（D8）								1	1
巴南（D9）									1

表 4 - 19   P - C3 层判断矩阵（3）

P - C3	渝中 （D1）	江北 （D2）	南岸 （D3）	渝北 （D4）	大渡口 （D5）	沙坪坝 （D6）	九龙坡 （D7）	北碚 （D8）	巴南 （D9）
渝中 （D1）	1	1/2	1	1/4	1/2	1/2	1/2	1/3	1/3
江北 （D2）		1	2	1/3	1	1	1	1/2	1/2
南岸 （D3）			1	1/4	1/2	1/2	1/2	1/3	1/3
渝北 （D4）				1	3	3	3	2	2
大渡口 （D5）					1	1	1	1/2	1/2
沙坪坝 （D6）						1	1	1/2	1/2
九龙坡 （D7）							1	1/2	1/2
北碚 （D8）								1	1
巴南 （D9）									1

表 4 - 20   P - C4 层判断矩阵（3）

P - C4	渝中 （D1）	江北 （D2）	南岸 （D3）	渝北 （D4）	大渡口 （D5）	沙坪坝 （D6）	九龙坡 （D7）	北碚 （D8）	巴南 （D9）
渝中 （D1）	1	1/2	1	1/5	1/3	1/4	1/4	1/4	1/5
江北 （D2）		1	2	1/4	1/2	1/3	1/3	1/3	1/4

续　表

P－C4	渝中（D1）	江北（D2）	南岸（D3）	渝北（D4）	大渡口（D5）	沙坪坝（D6）	九龙坡（D7）	北碚（D8）	巴南（D9）
南岸（D3）			1	1/5	1/3	1/4	1/4	1/4	1/5
渝北（D4）				1	3	2	2	2	1
大渡口（D5）					1	1/2	1/2	1/2	1/3
沙坪坝（D6）						1	1	1	1/2
九龙坡（D7）							1	1	1/2
北碚（D8）								1	1/2
巴南（D9）									1

计算可以得出目标总排序值，如表4－21所示，由此可知都市核心区选择将应急物资储备库建设在渝北区比较合适。

表4－21　　　　　　　　　G总排序（3）

候选区县	总权值	排序
渝中（D1）	0.05	9
江北（D2）	0.08	6
南岸（D3）	0.07	8
渝北（D4）	0.19	1
大渡口（D5）	0.08	6
沙坪坝（D6）	0.09	5
九龙坡（D7）	0.17	2

候选区县	总权值	排序
北碚（D8）	0.11	4
巴南（D9）	0.16	3

（四）都市发展新区应急物资储备库选址

都市发展新区主要包括涪陵区、长寿区和双桥经开区等14个行政单位，但是由于都市发展新区围绕在都市发展区的周围，故而根据地理分布情况，将都市发展新区分为两个子区域，即都市发展新区西区，包括潼南区、合川区、铜梁区、大足、荣昌、永川区、江津区、璧山区和双桥经开区；以及都市发展新区东区，包括长寿区、涪陵区、南川区、万盛区和綦江区。

对专家的反馈信息进行整理，可得到西部片区表4－22至表4－25的判断矩阵，和东部片区表4－26至表4－29的判断矩阵。

表4－22　　　　　　P－C1 层判断矩阵（4）

P－C1	潼南（D1）	合川（D2）	铜梁（D3）	永川（D4）	大足（D5）	荣昌（D6）	江津（D7）	璧山（D8）	双桥（D9）
潼南（D1）	1	1/3	1	1/4	1/3	1/3	1/4	1/4	1/4
合川（D2）		1	2	1/3	1	1	1/3	1	1/3
铜梁（D3）			1	1/4	1/3	1/3	1/4	1/3	1/4
永川（D4）				1	2	2	1	2	1

P－C1	潼南（D1）	合川（D2）	铜梁（D3）	永川（D4）	大足（D5）	荣昌（D6）	江津（D7）	璧山（D8）	双桥（D9）
大足（D5）					1	1	1/3	1	1/3
荣昌（D6）						1	1/3	1	1/3
江津（D7）							1	2	1
璧山（D8）								1	1/3
双桥（D9）									1

表4－23　　　　　　P－C2 层判断矩阵（4）

P－C2	潼南（D1）	合川（D2）	铜梁（D3）	永川（D4）	大足（D5）	荣昌（D6）	江津（D7）	璧山（D8）	双桥（D9）
潼南（D1）	1	1	1/3	1/3	1	1/3	1/4	1/2	1/2
合川（D2）		1	1/3	1/3	1	1/2	1/4	1/2	1/2
铜梁（D3）			1	1	4	3	1/2	2	2
永川（D4）				1	4	3	1/2	2	2
大足（D5）					1	1/2	1/4	1/3	1/3
荣昌（D6）						1	1/4	1/2	1/2
江津（D7）							1	3	3

P – C2	潼南 （D1）	合川 （D2）	铜梁 （D3）	永川 （D4）	大足 （D5）	荣昌 （D6）	江津 （D7）	璧山 （D8）	双桥 （D9）
璧山 （D8）								1	1
双桥 （D9）									1

表 4 – 24　　　　　　P – C3 层判断矩阵（4）

P – C3	潼南 （D1）	合川 （D2）	铜梁 （D3）	永川 （D4）	大足 （D5）	荣昌 （D6）	江津 （D7）	璧山 （D8）	双桥 （D9）
潼南 （D1）	1	1/2	1	1/4	1/2	1/2	1/2	1/3	1/3
合川 （D2）		1	2	1/3	1	1	1	1/2	1/2
铜梁 （D3）			1	1/4	1/2	1/2	1/2	1/3	1/3
永川 （D4）				1	3	3	3	2	2
大足 （D5）					1	1	1	1/2	1/2
荣昌 （D6）						1	1	1/2	1/2
江津 （D7）							1	1/2	1/2
璧山 （D8）								1	1
双桥 （D9）									1

表 4 - 25　　　　　P - C4 层判断矩阵（4）

P - C4	潼南（D1）	合川（D2）	铜梁（D3）	永川（D4）	大足（D5）	荣昌（D6）	江津（D7）	璧山（D8）	双桥（D9）
潼南（D1）	1	1/2	1	1/5	1/3	1/4	1/4	1/4	1/5
合川（D2）		1	2	1/4	1/2	1/3	1/3	1/3	1/4
铜梁（D3）			1	1/5	1/3	1/4	1/4	1/4	1/5
永川（D4）				1	3	2	2	2	1
大足（D5）					1	1/2	1/2	1/2	1/3
荣昌（D6）						1	1	1	1/2
江津（D7）							1	1	1/2
璧山（D8）								1	1/2
双桥（D9）									1

表 4 - 26　　　　　P - C1 层判断矩阵（5）

P - C1	南川（D1）	涪陵（D2）	万盛（D3）	长寿（D4）	綦江（D5）
南川（D1）	1	1/4	1/3	1/6	1/4
涪陵（D2）		1	3	1/4	2
万盛（D3）			1	1/5	1/3
长寿（D4）				1	4
綦江（D5）					1

表 4-27　　　　　P-C2 层判断矩阵（5）

P-C2	南川（D1）	涪陵（D2）	万盛（D3）	长寿（D4）	綦江（D5）
南川（D1）	1	1/2	1/2	1/4	1/3
涪陵（D2）		1	5	1/3	4
万盛（D3）			1	1/3	1/4
长寿（D4）				1	4
綦江（D5）					1

表 4-28　　　　　P-C3 层判断矩阵（5）

P-C3	南川（D1）	涪陵（D2）	万盛（D3）	长寿（D4）	綦江（D5）
南川（D1）	1	1/5	1/4	1/7	1/6
涪陵（D2）		1	5	1/3	3
万盛（D3）			1	1/2	1/3
长寿（D4）				1	5
綦江（D5）					1

表 4-29　　　　　P-C4 层判断矩阵（5）

P-C4	南川（D1）	涪陵（D2）	万盛（D3）	长寿（D4）	綦江（D5）
南川（D1）	1	1/6	1/4	1/5	1/4
涪陵（D2）		1	4	1/2	3
万盛（D3）			1	1/3	1/2
长寿（D4）				1	3
綦江（D5）					1

根据西部片区表 4-22 至表 4-25 的判断矩阵，可以计算出如表 4-30 所示的总排序值，所以都市发展新区的西部片区选择在永川或者双桥建设应急物资储备库比较合适；根据东部片区的表 4-26 至表 4-29 的判断矩阵，计算出如表 4-31 所示的总排序值，所以都市

发展新区的东部片区选择在长寿建设应急物资储备库比较合适。

表 4 - 30　　　　　　　G 总排序（4）

候选区县	总权值	排序
潼南（D1）	0.06	9
合川（D2）	0.07	8
铜梁（D3）	0.09	7
永川（D4）	0.17	1
大足（D5）	0.08	6
荣昌（D6）	0.09	5
江津（D7）	0.15	3
璧山（D8）	0.12	4
双桥（D9）	0.17	1

表 4 - 31　　　　　　　G 总排序（5）

候选区县	总权值	排序
南川（D1）	0.07	5
涪陵（D2）	0.18	2
万盛（D3）	0.11	4
长寿（D4）	0.46	1
綦江（D5）	0.18	2

综上所述，通过对应急物资储备库选址进行计算，结果表明都市核心区的储备库建在渝北区；城市发展新区在涪陵区和永川区分别建立储备库；渝东北的储备库建在万州区。根据计算结果，也可以在一个区域内确定多个储备库建设，具体方案应根据实际情况进行调整确定。

第五章　融合型应急物资配送

第一节　融合型应急物流配送中心建设

物流配送中心是接受并处理下游用户的订货信息，对上游供应商的大批量货物进行集中储存、加工等作业，将上游供应商提供的物资迅速、准确、低成本、高效率地送到下游客户或下一物流节点的物流场所。融合型应急物流配送中心是国家或地区在应对各种重大突发事件中，为做好救援物资的筹集、运输、储存、配送等工作由军队和地方联合建立的一个特殊的物流中心，是执行抢险救灾、处置突发事件等的物流节点。为此，应根据国家物流网络总体规划，充分考虑应急物流保障需要，依托国家物流枢纽、区域物流基地（园区或分拨中心）、企业物流仓库等，规划建设"军民融合仓"，将军队通用物资、地方应急物资纳入"军民融合仓"，由专业机构管理和配送，一方面可以解决军队"人少事多"的矛盾，另一方面军地平时加强融合，平战转换将更加快捷顺畅。

一、主要要求

融合型应急物流配送中心是一种末端应急物流节点，是专门为做好救灾物资的应急保障工作而建立起来的。对该中心有以下具体要求。

（1）应急功能完善。应急物流配送中心是为了救灾而建立的，因此，在建立之初就已充分考虑了灾时物资保障工作的特性，要求中心的组织结构、运作流程、网络系统等硬件、软件资源与其工作特性配套。

（2）保障能力强。中心通过强大的网络系统与众多的物流中心、物流企业、军队仓库、运输部队建立密切联系，了解各种物资的分布情况和获取途径，同时其加盟物流中心和物流企业能够在全国、全球范围内紧急采购、调拨应急物资，故其保障能力很强。

（3）保障效率高。应急物流配送中心可以采取实编或预编的形式，常备各种应急方案，灾害发生之前各项工作便已准备就绪，只需较短的时间即可启用，因此它能够快速响应应急物资保障需求。

（4）减轻政府救灾压力。对政府来讲，应急物流配送中心的建设工作在平时而非灾害时，一个功能完善的应急物流配送中心完全能够独立完成应急物资的保障工作，政府只需在信息沟通方面给予适当支持即可，这就大大减轻了政府部门救灾时期的工作压力。

二、建设模式

融合型应急物流中心建设模式主要有军队建设军民共用型应急物流配送中心、地方建设军民共用型应急物流配送中心和军民共建共用型应急物流配送中心。

（一）军队建设军民共用型应急物流配送中心

军队根据担负的抢险救灾任务，加强应急物流配送中心规划建设，储备相应的物资。应急情况下，军队还开设野战仓库、野战兵站、野战货场、野战综合保障基地等，这些设施除了保障救灾部队需要外，也可根据需要满足地方救灾物资保障需要，即可将其纳入应急物流保障体系，实施统一管理。当前，可以考虑将军队仓库点位收缩后腾出的多余仓库用于建立应急物流配送中心。

(二) 地方建设军民共用型应急物流配送中心

目前，国家、地方政府建立了一些应急储备仓库，平时储备了大量应急物资，应急情况下可以用于担负军队和地方的应急物资保障任务。平时，地方政府应综合考虑第三方物流企业的地理位置、物流配送能力等因素，筛选出最优的第三方物流企业，平时由企业负责管理和经营，企业可正常经营自身的业务，同时储备相应规模和种类的应急物资。一旦发生突发事件，第三方物流企业可以立即转换为应急物流配送中心，承担军队和地方的应急物资保障任务。

(三) 军民共建共用型应急物流配送中心

军民共建配送中心运用军队和地方的资源，联合建设应急物流配送中心，这样可以发挥各自的优势，节约物流设施设备建设投资，实现企业经营与应急物资保障任务同步发展。这类联建的应急物流中心，在平时可同时担负部队和地方的物资保障，一旦发生突发事件，可立即转换为应急物流配送中心，担负应急保障任务。

三种建设模式的侧重点有所不同，第一种模式有利于军队后勤部门的统筹规范，但需要增加军费投入；第二种模式更强调现有资源，实现成本最低，但是在满足军事需求及实现应战、应急功能上还有许多需要改进和完善的地方；第三种模式按照市场规律进行运作与管理，既考虑军事需求，又考虑地方的经济效益，但难以明确划分日常管理权责。三种模式比较参见表 5-1。

表5－1   三种建设模式比较

建设模式	适用条件	优势	劣势
军队建设军民共用型	军事需求突出，军队物流资源闲置	物流功能上容易满足军事需求，利于运筹规范	军费成本增加
地方建设军民共用型	已有物流园区或物流中心比较完善	充分利用已有物流枢纽、物流园区等资源	军事需求难以保障
军民共建共用型	应战、应急通用物资需求突出	成本均摊，功能兼顾	日常管理权责划分难以明确

三、主要功能

应急物流配送中心是能够满足动员需求的、提供物流能力的组织，是集多种物流设施于一体，具备储存、分拣、包装、保养、加工、配送等多种功能，便于不同运输方式转换，可实施集中信息处理的物流集散地。

应急物流配送中心的主要功能是实现物流资源的有效整合，最大限度地提高应战、应急保障能力，满足战时和突发事件的物资需求。从应战、应急物流的发展历史与未来趋势的角度分析，可将应急物流配送中心的主要职能分为基本职能和扩展职能两大类，如图5－1所示。

（1）基本职能。应急物流配送中心的基本职能主要包括物资存储功能和物资运输功能。

（2）扩展职能。扩展职能是指在传统的物流业务的基础上，随着现代物流的不断发展而逐渐形成和确立起来的新功能，主要包括物流信息功能、物流决策功能、物流预测功能等。

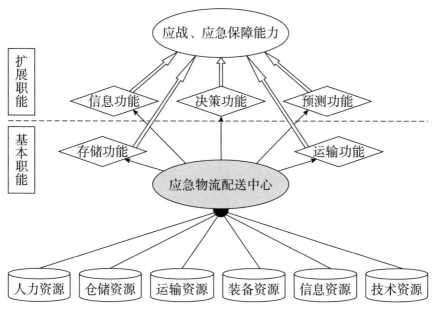

图 5-1　应急物流配送中心功能

四、建设思路

应急物流配送中心的建设方针是"平战结合"，主要任务是平时掌握范围内的物流企业、人才、运输、仓储、信息等资源情况，编制物流资源动员预案，组织实施演练；应战、应急时根据物流保障需要，按照物流资源动员预案，组织实施物流资源动员，及时满足保障需求。

应急物流配送中心建设的基本思路是依托物流企业。平时应急物流配送中心应与国内的物流企业保持密切联系，利用物流公司现有经营管理系统开展物流相关服务；在应战、应急条件下，立刻启动动员机制，转入战时运行状态。根据物流资源动员指挥中心下达的任务和指令，组织物流企业进行物流资源的生产、仓储、调配、运输等动员保障工作。

建立应急物流配送中心是一项复杂的系统工程，必须立足应战、应急保障需求，重点抓好应急物流配送中心的顶层设计。为此，一要以应战、应急物流需求为指引，达到平战结合；二要物流动员与物流活动相结合，实现应战、应急物资的定点采购和整合配送，并与企业的日常物流活动同频共振；三要根据军事物流平、战时建设需要，依托物流资源，实现军地物流资源结合；四要逐步实现各种需求信息、物流信息"无缝可视"的链接，达到作战信息化建设与应急物流配送中心信息化建设的结合；五要与国内领先物流企业合作，引进先进物流理念，借鉴引用物流信息技术成果，实现军事物流管理技术与国内外先进物流管理技术的结合。

五、承建企业选择

依托物流企业建设应急物流配送中心是一种投资较少、责任明确、便于管理、容易推广的模式。提高应急物流配送中心建设运行效率，实现应急物流配送中心建设的关键在于选择承建企业。

（一）选择承建企业时需考虑的因素

在选择应急物流配送中心承建企业时，候选企业的综合能力、可动员能力、物流业务能力等因素是需要重点进行考察的因素。

1. 综合能力

（1）企业的人力资源水平。应从领导者素质、员工素质、员工人数、学历构成和年龄构成等方面着手，主要考察企业领导者的决策水平和知识结构，企业员工的专业水平和知识结构。

（2）企业的财务水平。根据企业的年主营业务收入增长率、年利润总额增长率、应收账款周转率和存货周转率等财务指标，考核其成长的速度和资产周转的速度；根据候选企业资产总额、资产负债率、流动比率等财务指标，考察其资产的实力、质量和结构；根据销售利润率、资本收益率、总资产利润率等财务指标，考核候选企业盈利状况。

（3）企业的技术创新水平。从领导者创新思想、创新战略的计划、人才开发能力、研发经费投入等因素入手，考察企业的创新理念与技术研发投入能力；从创新新颖性、创新成功率、创新成果质量等方面，考察企业的创新水平；从物流设备先进程度、流程优化程度、流程创新、流程再造水平和水平提高率、工人工作标准、工人技术水平等因素，综合考察企业的流程创新和创新产出能力。

2. 可动员能力

（1）企业的动员保障条件。重点考察企业领导人员的国防意识和参与动员积极主动性，以及企业核心能力与动员需求的一致性。

（2）企业在应战、应急状态下的敏捷性。重点从响应性、柔性和快速性三个方面考察。

（3）企业的动员安全性。考察仓储的安全性、信息的保密性、运输的安全性三个指标。

3. 物流业务能力

（1）企业的运输水平。从运力利用率和总运力考察候选企业运输能力；从准时交货率考察候选企业运输及时性；此外，还要考察驾驶员数量与素质。重点考察运输能力和及时交货能力。

（2）企业的仓储水平。从仓储总容量、仓容利用率和仓库周转率考察仓储能力；从收发差错率和准时发货率等角度考察仓储准确收发货物的能力。

（3）企业的物流综合水平。根据企业的市场占有率考察其在行业中的地位；根据候选企业的用户满意度、平均交货期等因素考察用户满意水平。

（4）企业的信息化水平。从硬件的完备程度和网络的覆盖程度考察硬件配置水平；从人员使用信息技术的普及率、业务范围和管理信息系统的利用能力等考察企业工作人员的软件使用水平。

（二）承建企业评估指标

对承建企业的考察因素进行分析，建立应急物流配送中心承建企业的评价指标体系，如表5-2所示。将该评价指标体系分为三层：第一层是准则层，主要描述候选企业的可动员能力、综合能力、物流业务能力等元素；第二层是要素层，对准则层中的各项元素进行细化；第三层是基本指标层，描述要素层中各项元素的基本指标。

表5-2　　　　　承建企业评价指标体系

目标	准则层	要素层	基本指标层
应急物流配送中心承建企业选择 U	候选企业的综合能力 Z_1	人力资源水平 Y_1	领导者素质 x_1
			员工素质 x_2
			员工人数 x_3
		财务水平 Y_2	资产结构与流动性 x_4
			经营效益 x_5
		技术创新水平 Y_3	创新理念 x_6
			创新投入 x_7
			创新成果 x_8

目标	准则层	要素层	基本指标层
应急物流配送中心承建企业选择 U	候选企业的物流业务能力 Z_2	仓储水平 Y_4	仓储总体能力 x_9
			及时收发能力 x_{10}
		运输水平 Y_5	运输能力 x_{11}
			及时送达能力 x_{12}
			驾驶员数量与素质 x_{13}
		物流综合水平 Y_6	行业地位 x_{14}
			用户满意度 x_{15}
		信息化水平 Y_7	硬件配置水平 x_{16}
			信息系统应用效率 x_{17}
			信息人员数量与素质 x_{18}
	候选企业的可动员能力 Z_3	动员保障条件 Y_8	参与动员积极性 x_{19}
			国防意识 x_{20}
			核心能力与动员需求匹配度 x_{21}
		应战、应急敏捷性 Y_9	应战应急的响应性 x_{22}
			应战应急的柔性 x_{23}
			应战应急的快速性 x_{24}
		动员安全性 Y_{10}	动员信息保密性 x_{25}
			动员运输安全性 x_{26}
			动员仓储安全性 x_{27}

（三）承建企业选择方法

选择应急物流配送中心承建企业有两种方式：一是招投标方式；二是政府指定方式。当应急物流配送中心总体建设方案确定后，可委托招标机构进行招标，从本地物流企业中择优选取。当投标的物流企业资质或数量难以达到应急物流配送中心的建设要求时，也可由政府部门邀请专家按照表5－2中的评价指标对承建企业进行综合评价，选择符合条件的物流企业参与中心建设，并给予相应的补偿。

第二节　应急物资配送路径优化模型

一、问题描述

突发性重大自然灾害、突发公共卫生等事件造成巨大的人员伤亡和财产损失，需要大量及时的应急物资，否则受灾面积、人员、损失将会扩大。因此，选择距离最短，费用最少和时间最快的配送路径显得格外重要。融合型应急物流配送具有军队和企业参与两重性质，在执行应急物流配送任务中，主要是由军队和地方力量担任配送任务。

本节仅探讨汽车运输配送这一种运输方式。在突发事件发生后，应根据军队和地方运输车辆数量和运输能力，对军队和地方的运输能力进行有机整合，实现运输资源的合理配置。同时，科学合理的运输路径安排能够有效加快配送速度、降低配送成本、提高服务质量和配送效率。合理的运输路径是应急物流配送工作的关键，也是当前应急物流系统优化备受关注的问题之一。该问题最早由学者 Dantig 和 Ramser 在 1959 年首先提出，即车辆路径问题 VRP。对 VRP 问题，国内外许多学者已做了大量研究。狭义认为，不考虑时间要求，仅根据空间位置安排线路的问题称为车辆路径安排问题 VRP；考虑时间要求，并安排线路的问题称为车辆调度问题 VSP；广义认为，车辆路径问题 VRP

包含了车辆调度问题 VSP。本节将结合融合型应急物流配送车辆优化调度问题，对应急物流配送车辆调度路线优化进行研究，建立应急物流配送车辆调度模型，用蚁群算法进行应急物流车辆配送路径的优化。

二、模型建立

本节讨论的是有时间窗的车辆调度优化问题，假设救灾点与各受灾地点、各受灾地点之间的运输距离作为已知量。每个受灾地点对救灾物资的需求是必须在规定时间送到。所有的受灾地点的需求，在物资数量方面和运输时间方面都能够得到满足；同时单个需求节点的需求量小于单车最大载重量。路网为完全网络，即所有节点之间都有线路连通。车辆所在车场到物资储备中心的距离忽略不计。在上述条件下指派运输车辆以达到总的运输距离最短，从而降低应急物流的运输成本。

应急物流配送车辆调度模型为：

$$\min Z = \sum_i \sum_j \sum_k d_{ij} x_{ijk} \tag{5-1}$$

$$\min k \tag{5-2}$$

约束条件：

$$\sum_i g_i y_{ki} \leqslant q \quad i = 0,1,2,\cdots,n \qquad \forall k \tag{5-3}$$

$$RT_i \leqslant LT_i \qquad i = 0,1,2,\cdots,n \tag{5-4}$$

$$\sum_y y_{ki} = 1 \quad i = 0,1,2,\cdots,n \qquad \forall k \tag{5-5}$$

$$\sum_i x_{ijk} = \sum_k y_{ki} \quad i,j = 0,1,2,\cdots,n \qquad \forall k \tag{5-6}$$

$$\sum_j x_{ijk} = \sum_k y_{ki} \quad i,j = 0,1,2,\cdots,n \qquad \forall k \tag{5-7}$$

$$X = (x_{ik}) \in D \tag{5-8}$$

$$k \leqslant n \tag{5-9}$$

式（5-1）中 d_{ij} 表示为从节点 i 到节点 j 的运输距离，

$$i, j = \begin{cases} 0, 该节点为救灾点 \\ 1, 2, \cdots, n\ 该节点为受灾点 \end{cases}$$

$$X_{ijk} = \begin{cases} 1, 车辆 k 从节点 i 行驶到节点 j \\ 0, 否则 \end{cases}$$

式（5-2）中 k 表示车辆数量；式（5-3）表示任一台单车装载量不超过车辆容量，其中 g_i（$i \neq 0$），表示第 i 个受灾节点对于救灾物资的需求量（$i = 0$ 时 $g_i = 0$）；q 表示配送车辆单车的装载容量；

$$y_{ki} = \begin{cases} 1, 车辆 k 停靠点 i \\ 0, 车辆 k 不停靠点 i \end{cases}$$

式（5-4）表示救灾物资送到各个需求节点的时间必须在时间范围内，其中 RT_i 表示车辆到达 i 点的时刻；L_{Ti} 表示最迟允许车辆到达时刻；式（5-5）表示任何一个受灾地区需求节点只有一台车停靠卸货；式（5-6）表示车辆 k 只驶入分配给其运输任务的受灾点；式（5-7）表示车辆 k 只驶出分配给其运输任务的受灾点；式（5-8）表示车辆 k 的线路必须是连通的；式（5-9）表示车辆数不大于受灾点的个数。

三、模型求解方法

在研究调度问题中，爬山法、遗传算法和模拟退火法取得了一定的成果，但大量研究结果显示蚁群算法的计算结果明显优于其他三种。因此本节采用蚁群算法解决应急物流配送车辆调度问题。蚁群算法是通过信息素传递选择路径的，具有较高的计算效率和稳定性，与传统算法相比能够很好地解决连通图结构的问题。为模拟蚁群系统的寻径方法，进行如下定义。m——蚁群中蚂蚁的数量；

η_{ij}——路径（i，j）的能见度；τ_{ij}——t 时刻在路径 ij 上的信息量；$\Delta\tau_{ij}^{k}$——蚂蚁 k 在本次循环中留在路径 ij 上的信息量；$p_{ij}^{k}(t)$——蚂蚁 k 在 t 时刻由位置 i 转移到位置 j 的概率；α——转迹的相对重要性（$\alpha \geq 0$）；β——能见度的相对重要性，$\beta \geq 0$；ρ——信息数的持久性（$0 \leq \rho \leq 1$）；$1-\rho$——信息素的衰减度。初始时刻假设所有路径上的信息素都相等，$\tau_{ij}(0)$ = C（C 是一个常数）。蚂蚁 k（$k = 1$，2，…，m）在运动过程中，只允许移向未到达的受灾点或者是应急物流配送中心，并且根据当前所处位置的不同选择不同路径。

（1）当蚂蚁位于救灾物资储备中心时：由于受灾点假设为满足时间窗约束的，所以可以在这些救灾点中随机的选择一个作为下一步移向的对象。

（2）当蚂蚁位于救灾点时：由于救灾点假设均满足车载重量约束，则在这些救灾点中蚂蚁 k 按照式（5 - 10）给出的转移规则移向受灾点 S；否则随机产生一个（0，1）间的随机数 r，若 $r < p_{ij}^{k}(t)$，则移向救灾物资储备中心；若 $r \geq p_{ij}^{k}(t)$，则移向到达时间最近的受灾点。其中 S 表示为：

$$S = \arg\, g\, \max_{u \in allowed} \{ [\tau(r,u)]^{a} \cdot [\eta(r,u)]^{\beta} \} \qquad (5 - 10)$$

$p_{ij}^{k}(t)$ 表示为：

$$p_{ij}^{k}(t) = \begin{cases} \dfrac{\tau_{ij}(t)^{a} \times \eta_{ij}(t)^{\beta}}{\displaystyle\sum_{S = allowed} [\tau_{ij}(t)^{a} \times \eta_{ij}(t)^{\beta}]}, & j \in allowed_{k} \\ otherwise \end{cases} \qquad (5 - 11)$$

$allowed_{k} = \{0,\ 1,\ \cdots,\ n-1\} - tabu_{k}$ 表示 t 时刻蚂蚁 k 下一步允许选择的点。在蚁群算法中，假设人工蚁群系统有记忆功能，用 ta-

bu_k（$k=1$，2，$\cdots$，m）记录蚂蚁 k 已走过的节点。当一个周期结束进入 $t+1$ 时刻，对各路径上的信息进行调整，即

$$\tau_{ij}(t+1) = \rho \cdot \tau_{ij}(t) + \Delta\tau_{ij} \qquad (5-12)$$

$$\Delta\tau_i = \sum_{k=1}^{m} \Delta\tau_{ij}^k \qquad (5-13)$$

$$\Delta\tau_{ij}^k = \begin{cases} Q/L_k & \text{若蚂蚁 } k \text{ 在本次循环中经过路径 } ij \\ 0 & \text{否则} \end{cases} \qquad (5-14)$$

其中 Q 是常数，表示蚂蚁循环一周所释放的总信息量。L_k 表示 k 只蚂蚁在本次循环中所走过路径的总长度，它体现了全局范围内的最短路径，能提高系统搜索的收敛速度。参数 Q、C、α、β、ρ 可以用试验方法确定其最优组合。停止条件可以用固定循环次数或者当进化趋势不明显时便停止计算。

四、实例应用

突发事件具体描述如下：

发生自然灾害地区应急物流车辆配送如图 5-2 所示，其中包括 1 个应急物流配送中心和 8 个受灾点。其中设救灾物资储备中心为节点 0。受灾节点 i（$i=1$，2，$\cdots$，8）的需求量为 g_i，卸货时间为 UT_i，物资最晚送到时间为 LT_i，配送卡车装载容量为 8 吨，平均车速为 60km/h。车辆不能超载且必须在规定的时间之前把物资送到受灾点。各节点的物资需求及物资储备中心与各需求点之间、各需求点相互之间的距离见表 5-3 和表 5-4。要求合理的车辆调度，达到使用最少的运行费用。

运用蚁群算法对上述问题进行求解，以 matlab7.0 为工具，参数设置：α、β、Q、$\tau(0)$。

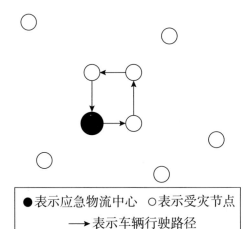

图5-2　发生自然灾害地区应急物流车辆配送示意

表5-3 救灾节点需求表

节点编号	需求量/t	卸货时间/h	运达期限/h
1	2.0	0.3	[－, 6]
2	1.0	0.2	[－, 6]
3	4.0	0.5	[－, 3]
4	3.5	0.4	[－, 7]
5	2.0	0.3	[－, 5]
6	1.0	0.5	[－, 5]
7	2.5	0.4	[－, 7]
8	3.0	0.5	[－, 9]

表5-4 距离矩阵

受灾节点编号 \ 物流中心编号	0	1	2	3	4	5	6	7	8
0	0	30	80	65	70	80	40	100	30
1	30	0	18	35	50	50	40	70	60
2	80	18	0	75	40	60	75	75	75
3	65	35	75	0	30	50	90	90	150
4	70	50	40	30	0	20	75	75	100

受灾节点编号 物流中心编号	0	1	2	3	4	5	6	7	8
5	80	50	60	50	20	0	90	90	75
6	40	40	75	90	75	70	70	70	100
7	100	70	75	90	75	90	0	0	100
8	50	60	75	150	100	100	100	100	0

根据试验方法确定最优组合选为 $\alpha = 1$；$\beta = 3$；$Q = 100$；$\tau(0) = 0.000001$；ρ 服从（0，1）分布，因此随机选取为 $\rho = 0.5$。最终的应急车辆调度情况如表 5-5 所示。

表 5-5　　　　　　应急物流车辆调度情况

车辆号	行驶路线	到达各点的时刻/h	货运量/t	行驶里程/km
1	0→6→5→4→0	0→1.17→2.64→3.37→4.54	6.5	200
2	0→8→2→7→0	0→1→2.45→3.9→5.57	6.5	280
3	0→3→1→0	0→1.58→2.46→2.96	6.5	130

第六章　融合型应急物流信息平台

第一节　构建融合型应急物流信息平台的目标

以应急为背景，规范军地物流信息系统的技术体制，提出解决异构数据、异构系统之间的物流信息共享和交互、业务协同控制的思路；利用面向服务架构技术的软件开发方法，通过程序集成、信息集成、流程集成和整个系统的集成，较好地解决异构数据、异构系统之间的共享和交互、业务协同控制，最终形成融合型应急物流信息平台的软件架构和主要功能需求；实现应急环境下的计划、采购、仓储、运输、配送等物流环节纵向贯通，军队和地方物流系统的横向衔接，满足军队、政府、企业应急物流信息一体化处理的需要。

此平台可与应急物流指挥中心、应急管理、地震、气象、卫生防疫、环保、交通等部门保持密切的联系，及时掌握各种自然灾害、公共卫生、生产事故、环境污染、交通状况、应急物资的需求等方面的信息，并保持数据库不断得到补充和更新，准确、及时、完备地发布政府公告和应急法规，灾害、气象、交通等方面的最新动态以及应急物资的库存、市场价格和需求情况等各方面的信息，使公众得到最新、最快、最可靠的应急物流信息。此公共信息平台既可作为政府向公众发布信息的场所，也可作为公众向政府反馈信息的渠道。

第二节 构建融合型应急物流信息平台的原则

（1）先进性。以先进成熟的网络通信技术为手段进行组网，支持数据、语音和视频的多媒体应用，能够承载和交换各种信息并可以将其灵活地接入公众服务网络。

（2）可扩充性。因为应急物流信息平台的设计是为了满足应急条件下的物流信息保障任务，信息系统必须随着应急保障需求的变化而变化，并留有充分的扩充余地，来满足不同应急保障任务的需求。

（3）安全性及可管理性。保证整个信息系统的可管理性和整个系统的安全性、可靠性。

（4）标准化和开放性。网络协议采用符合国际标准的相关协议。网络设计遵从国际和国家的标准。

（5）灵活性和兼容性。选用符合国际发展潮流的标准软件技术，因而系统有移植性强、可靠性强、可扩展性强等优点。保证在将来发展中迅速采用最新技术。同时为不同的现存网络及设备提供互联手段。

（6）安全性和保密性。网络的安全性和保密性可从以下几个方面加以保证：用户权限的口令鉴别；选用具有加密功能的网络设备；对重要数据进行数据加密；利用网管软件对网络设备线路、通信端的入网权进行管理；对中心服务器和网络设备做到双备份、双电源保护。

（7）统一规范。采用国家和军队标准作为编码、平台、开发工具、设备配置、出口数据、传输软件的统一规范，确保系统高效、安全、连续运行。

（8）经济性。为了确保完成应急保障目标，应急物流往往是高成本甚至不计成本运作的，但这并不是应急物流的本质属性。物流的本质追求是降低成本、提高效率。因此应急物流信息保障系统的设计必须自始致终贯穿经济性的理念，这既是信息系统运行的目标，也是信息系统自身建设过程中应遵循的原则。

第三节　融合型应急物流信息平台的层次结构

依据现有军队和地方物流管理组织机构和实际运行机制，军队包括军委后勤保障部、军种后勤部（联勤保障部队）、战区军种保障部（联勤保障中心）、军队仓库四级物流节点，地方包括国家级、省级、区域级以及企业级物流中心四级物流节点。因此，依托融合型应急物流信息平台构建四级应急物流信息中心。

（1）国家级应急物流信息中心。用户为军委后勤保障部、应急管理部等。主要任务是完成总体应急物流需求信息的计划、变更、撤消；军民两个物流系统间的信息交换；军民应急物流信息资源的协调工作；数据权限分配；系统操作管理制度的制定；其他管理工作。

（2）区域级应急物流信息中心。用户为军种后勤部、联勤保障部队、省市政府部门等。主要任务是区域级应急物流信息需求的计划、变更、撤消；本级应急物流信息系统的建设、管理与维护工作；本级权限军地物流信息交换；系统操作管理制度的制定与督促执行；其他日常管理工作。

（3）基地级应急物流信息中心。用户为战区军种保障部、联勤保障中心、地方物流枢纽（中心）等。主要任务是根据上级应急物流信息的需求，快速制定详细的信息收集计划和资源利用计划；其他日常管理工作。

（4）企业级应急物流信息中心。用户为储供基地、战役仓库、运输部队、物流企业等。主要任务是根据应急需求计划，制定应急物资供应计划方案，执行具体应急物资保障任务。

第四节　融合型应急物流信息平台架构的总体设计

一、融合型应急物流信息平台的体系架构

融合型应急物流信息平台的体系架构（见图 6 - 1）分为应用扩展层、服务支持层以及平台基础层三个层次，该平台结构具有良好接口，能较好地集成现有物流信息系统，适应军民两个应用领域。具有数据交换功能、信息发布功能、在线交易功能、货物跟踪功能、决策支持功能、系统管理功能、容灾备份功能、应急保障等。

二、融合型应急物流信息平台建设的重点

融合型应急物流信息平台重点在于完成"三个平台，一个系统"的建设。

（一）应急体系下军地物流协同门户服务平台

应急体系下物流协同门户服务平台是完成应急物流信息的集成和

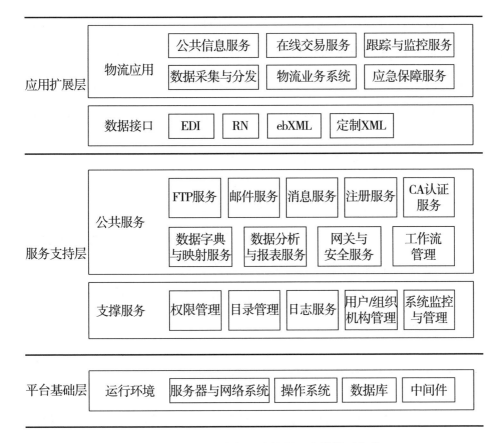

图 6-1　融合型应急物流信息平台的体系架构

展现，为不同类型的用户提供个性化的信息服务，包括物流基本信息的查询和订阅，物流订单的生成和全过程跟踪，公共物流信息的服务，用户端的物流信息管理，物流承运商信息服务等功能，通过门户平台的安全机制和个性化定制，不同类型的用户可以接触的信息由门户的管理者全面控制。同时，门户平台还可以与移动应用相结合，支持将信息直接发布至各种手持设备，符合物流信息服务的即时性和扩展性的要求。

（二）应急体系下物流协同作业平台

协同作业平台是连接门户平台和业务系统的桥梁和纽带，协同作业平台可以将门户平台的请求传递给相应的业务系统，同时将业务系统的数据反馈给门户平台。协同作业平台是信息交换代理，需要支持广泛的应用组件和消息格式，如支持 Java 和 EJB 组件、COM 和 DCOM 组件、CORBA 组件、C 和 C ++组件等，并能完成各种消息之间的转换。

（三）应急物流数据交换管理平台建设

该平台建设具体包括数据交换平台和数据映射平台的建设，支持地方与军队后勤保障部门之间异质异构系统的数据交换；支持应急物流各个业务子系统之间的数据交互；支持旧有系统和新系统之间的数据交互，并保证原有数据转化为标准化数据，实现应急物流资源信息的"无缝集成"。

（四）应急物流业务协同系统建设

该系统建设主要包括应急资源计划、采购、调拨、轮换、运输、财务、审计等业务管理系统等的建设，其对典型应急物流进行具体业务管理，并对物资流动的全过程进行实时监控管理。同时还支持应急物流运作全过程服务，过程环节自动驱动，过程进度的全过程监控，统一应急物流资源管控，改善资源利用，改善跨地域的业务协作，在整合应急物流业务中实现对典型应急物流资源的统一调度与管理。

第五节　融合型应急物流信息平台的功能

融合型应急物流信息平台至少应具备以下功能。

（1）应急物流信息共享功能。在保证采取安全措施前提下，该平台连接军事物流系统、地方物流系统各运作部门，能够实时调用和传输军地物流系统的信息，使军地双方能实时掌握彼此情况，以便于组织指挥机构合理安排力量进行应急物流保障活动。共享信息包括军地应急物资储备情况、运力情况、基础设施情况、各参与应急活动单位的人员状况、供应商情况等。

（2）应急物流信息查询与发布功能。所有被授权的用户都可根据预先协商的规则登录融合型应急物流信息平台查询相关应急物流信息，同时不同层次的用户可发布权限范围内的相关信息。

（3）应急物流业务处理功能。平台上可以完成应急物资业务处理工作，处理工作包括应急物流作业相关信息的获取与处理，网上统计、请领、计划、调拨、结算、公文处理等。

（4）应急物流信息分析功能。融合型应急物流信息平台实时掌握军地物流资源信息，结合军地信息共享交换来的物流信息进行分析，合理利用物流资源，及时快速响应物流服务需求。

（5）货物跟踪功能。该平台通过业务流程中各节点上，将有关货物运输状态的信息如货物品种、数量、货物在途情况、交货期间、发货地和到达地、货物的货主、送货责任车辆和人员等信息进行有效的组织，用以支持用户对货物的跟踪查询服务。利用 GPS/GIS 的信息交互与 GPS/GIS 控制，集成先进的 GPS、GIS、GSM 以及 Internet 技术，可以将货物与车辆跟踪、物流资源信息查询、运输信息平台、供应链管理、网上物流管理等有机结合起来，实现物流管理的全过程控制。

（6）库存管理功能。针对应急物资流转迅速，货物进出库频繁的特征，在平台上设立库存管理系统，该管理系统与物流信息资源实时数据的结合，可实现科学安排库存物品到合理的仓库、准确的库存位置，同时根据库存情况结合需求信息，合理安排物资的出库。

（7）运输管理功能。应急物流行动时间紧任务重，运输的安全与稳定直接影响到应急物流活动的保证效益，因此在平台上开辟运输管理功能，就能够实时掌握运力状况，合理调配运力，同时实时掌握运行车辆状态，确保安全。

（8）决策支持功能。应急物流的很多环节有优化的需求，如装载规划、路线规划等。针对不同的优化需求，融合型物流信息平台中建立了相关的数学优化模型，例如，融合型应急物流信息平台上的优化引擎能够为有优化需求的军队或地方物流部门提供服务，提升物流反应速度及服务水平，同时还能够统计汇总相关物流数据，为军队和政府部门的宏观决策提供依据。

（9）需求预测功能。平台上建立相关数学模型，根据向某一地域运送物资的频率和发货数量的统计，结合受灾情况，运用模型计算能预测该地下一阶段物资的需求量。

（10）数据处理功能。该平台作将采用基于 SOA、Web Service 等先进技术，完成应急物流信息系统中公用信息的采集、加工、中转、发送，以及军民用户之间信息交换的数据规范、格式转换等功能，具体功能包括军地物流数据交换、数据格式转换、数据统计计算、与外部信息平台的数据对接等。

第七章 融合型应急物流能力评估

第一节 融合型应急物流能力
影响因素分析

融合型应急物流能力受多种因素影响，分析融合型应急物流能力影响因素及其特征，不仅有利于深入剖析融合型应急物流能力的本质，全面了解融合型应急物流能力的组成要素，而且是建立融合型应急物流能力评估指标体系及其标准，并进行权重分析的重要依据。

根据融合型应急物流体系的构成，分析影响融合型应急物流能力的主要因素，包括联合组织指挥能力、物资应急筹措能力、物资联合储备能力、物资联合配送能力、应急物流信息保障能力五个方面，这是对融合型应急物流能力进行评估和比较的基础。

一、联合组织指挥

联合组织指挥是融合型应急物流能力生成的主观能动因素，是应急物流能力生成的主体因素。联合组织指挥能力与以下几个方面息息相关。首先是协调军地两个物流系统的能力水平。在完成应急物流活动的过程中，由于完成应急物流保障任务时间紧、任务重，对于军队和地方两个不同物流系统之间的协调指挥能力就显得尤为重要。因此合理组织调用军地物流系统的各种资源，指挥军地物流系统协同运行，是应急物流保障活动组织指挥的重点。其次，由于事发突然，在应急物流保障过程初期，应急物资、物流保障人员和相关专业人才紧缺的现象非常突出，需要对企业物流力量进行动员，动员能力的强弱关系到应急物资的筹措以及参与应急物流保障人员的数量和质量，因此，十分重要；再次，应急物流保障活动的组织指挥必须要有完善的法律法规体系来进行保障，否则将导致指挥责权不明晰，组织指挥关系不明确，组织指挥行动混乱；最后，应急预案必须合理、可行，利于应急物流行动的组织指挥。

二、物资应急筹措

物资应急筹措是应急物流保障的源头，物资应急筹措能力的强弱将直接影响应急物流保障的安全性与稳定性。因此，必须制定科学合理的筹措计划方案。在突发情况下，军地双方可按照各自筹措计划方案，迅速筹集所需物资、装备、器材。在进行应急物资采购的过程中应选择高效、稳定、可靠的供应商，这就要求在选择过程中，军地双方通力合作，根据采购需求进行合理选择。同时，在采购物资生产过程中，应加强对供应商的监督，以及对交货质量的检验。

三、物资联合储备

物资联合储备是完成融合型应急物流活动的基础，也是生成融合型应急物流能力的必要因素。融合型的应急物资储备是一个军地互补、互动、互济的储备体系。影响物资联合储备能力的因素主要表现在四个方面。首先是储备分工的合理程度。融合型应急物资储备主要是针对非战争军事行动而言的，依据储备物资的分类，有些物资明显适合地方储备，如搜救器材等只有在非战争军事行动中才会大量的使用，所以此类物资明显适合地方存储。其次是军地联合储备结构的合理程度。融合型应急物资储备应该种类齐全、各有侧重、互为补充、综合配套。否则将影响应急物流保障的效益。再次是融合型应急物资储备布局的合理程度。应当在灾害频发等区域和方向做好预置储备，形成军地整体化和网络化的联合储备格局。最后，联合物资储备规模的合理程度。物资储备规模过小则满足不了应急物流保障任务的需要；物资储备规模过大，势必又会造成资源浪费，所以储备规模的合理程度将影响融合型应急物流行动的效果。

四、物资联合配送

物资联合配送是融合型应急物流活动最直接相关的活动，也是生成融合型应急物流能力的直接性因素。融合型物资联合配送能力体现在应对应急物流行动时，对军地物流配送力量进行有效整合，合理选择运输路线，合理分配军地运力，充分发挥军队、政府、企业等物流力量的优势；在完成应急物流任务行动中，做好联合配送，达到主动、快速、精确、可靠、安全、低耗的保障目标。

五、物流信息保障

应急物流信息是完成融合型应急物流行动的基础，只有充分掌握了物流信息才能知道哪里需要什么、哪里有什么，才能保证物流活动的及时性和准确性。要形成良好的应急物流信息保障能力，必须要有较好的信息基础设施和信息网覆盖率；要有较强的源数据采集能力及从数据库中调用数据的能力；军地各类物流信息数据库要能有效的共享和集成；最后是要有统一的物流信息平台，帮助物流信息的实时查询以及物流组织控制系统的辅助决策。

第二节　融合型应急物流能力评估指标体系

指标是反映总体现象的特定概念和具体数值，其中，特定概念就是指标名称，具体数值就是指标数值，也就是说，指标是由指标名称和指标数值构成的。任何指标都是从数量方面说明一定现象的某种属性或特征的。根据一个具体的指标，只能认识所研究对象的某一特征，说明一个简单的事实。如果把若干有联系的指标结合在一起，就可以从多方面认识和说明一个比较复杂的研究对象的许多特征及其规律性。融合型应急物流能力评估指标是应急物流能力各种特征的质和量的有机结合与统一。

一般说来，指标具有如下特征：一是数量性。任何一种指标都是从数量上来反映它所要说明的对象的。构建融合型应急物流能力评估指标的基本目的，就是要将复杂的融合型应急物流能力情况变为可以度量、计算和比较的数据和符号。指标是对融合型应急物流能力的数量特征的反映，有直接的也有间接的。二是替代性。指标并不是融合型应急物流能力状况本身，它是融合型应急物流能力高低优劣的代表。融合型应急物流能力状况不能直接表现出来，只能通过指标反映出来。三是局限性。融合型应急物流能力评估指标只能在有限的范围内反映一定的问题，而不能说明全部的问题。因为融合型应急物流能力与其他事物有多方面的联系，而融合型应急物流能力评估指标只能从某一方面或某几方面来反映融合型应急物流能力。四是具体性。融合型应急物流能力评估指标反映融合型应急物流能力状况时，不能是一般化的、含糊不清的，而必须是具体的、明确的。指标的本质在于给事物明确的表现。

融合型应急物流能力评估指标体系的特征如下。

（1）目的性。任何指标体系的设计，都是为了一定目的、一定需要服务的。融合型应急物流能力评估指标体系，就是为反映融合型应急物流能力状况，为融合型应急物流能力评估服务的。

（2）局限性。建立的融合型应急物流能力评估指标体系可能只适应某一方面或几方面的评估要求，而不一定适应各种不同要求的融合型应急物流能力评估。融合型应急物流能力评估指标的局限性，要求融合型应急物流能力评估要具体问题具体分析，而不能一概而论。

（3）理论性。融合型应急物流能力评估指标体系的设计，是以一定评估理论作指导的。评估理论不同，设计指标的具体思路也不一样，设计出来的指标体系就会有很大的差异。任何指标体系的设计，不是有无理论指导的问题，而是理论指导科学不科学、自觉不自觉、明确不明确的问题。没有科学的、自觉的、明确的理论指导，就不可能设计出好的指标体系。

一、建立融合型应急物流能力评估指标体系的原则

指标体系是否合理，对融合型应急物流能力评估工作的质量和需

要投入的力量有决定性的作用。因此，在建立融合型应急物流能力评估指标体系时，应遵循以下原则。

（1）科学性原则。融合型应急物流能力评估指标体系必须能充分反映融合型应急物流能力的内在机制。在构建融合型应急物流能力指标体系时，制定指标的测算标准、统计规范，并且具体指标能够明确反映应急物流保障目标的实现程度。设置融合型应急物流能力评估指标不能脱离应急物流的实际，必须立足于实际，紧紧围绕反映融合型应急物流能力高低强弱的实际需要，在系统研究分析融合型应急物流能力构成要素、外部影响等因素的基础上，设置符合融合型应急物流保障工作实际能力的评估指标体系。

（2）系统性原则。构建的指标体系要使各指标组合形成完整的整体，全面反映融合型应急物流能力。为此，应做到以下几点，一是指标体系中的指标要有足够的代表性。二是整个指标体系要形成一个"指标网络"。从纵向上看，融合型应急物流能力指标体系应形成多层次结构，既要有最高层的总指标，又要有中间层次的综合指标，还要有某项具体的单项指标；从横向上看，指标体系应呈多方向的"发散型结构"，构成融合型应急物流能力的要素都应该有能反映其能力的指标。三是指标不能重复和相互包含，而应科学地确定各个指标的范围内容。

（3）动态性原则。应急物流活动是一个动态的过程，因此构建融合型应急物流能力指标体系，既要根据当前融合型应急物流能力的实际需要设置指标，又要考虑到物流系统改革和发展的需要，设置一些有预见性和超前性的指标。这样构建的指标体系才能在一定时期内保持相对稳定性，既能反映融合型应急物流能力的现状，又能反映融合型应急物流能力的发展要求和趋势。

（4）可操作性原则。融合型应急物流能力评估指标体系要适应不同类型的融合型应急物流能力评估，就应根据不同的评估要求设计指标体系，做到指标简明扼要，便于操作和测量，避免烦琐的计算，以利于评估。

（5）独立性原则。在设计评估指标体系时，指标之间往往具有一定程度的相关性，因而要采用科学的方法处理指标体系中彼此相关程度较大的因素，使每个指标在体系中只出现一次，避免重复，达到指标体系能够科学地、准确地反映评估对象的实际情况。

（6）完备性原则。完备性是指设置的评估指标要尽可能完整地、全面地反映和度量被评估的对象，当体系中全部指标取定了值之后，评估结果不会随其他变量改变。融合型应急物流能力是由一系列具有内在联系的因素决定的，因此在设计指标体系时，必须系统地、全面地考虑各种影响因素，尽可能使评估的结果准确可靠。

二、构建融合型应急物流能力评估指标体系

本章是按照融合型应急物流能力的构成要素，建立评估指标体系的。融合型应急物流能力包括应急物流组织指挥、物资筹措、物资储备、物资配送、信息保障等。首先将融合型应急物流能力评估设立成整个指标体系的一级指标，由此将融合型应急物流能力的构成要素设立成指标体系的二级指标，再将各种要素的职能构成或影响因素设立成三级指标，进而建立评估指标体系，如表7-1所示。

表7－1　　　　　　　　融合型应急物流能力层次结构

目标层	准则层	指标层	指标的属性和参数
融合型应急物流能力（A）	联合组织指挥能力（B_1）	政府协调能力（C_1）	政府协调军地物流系统的能力水平
		全民动员能力（C_2）	紧急情况下动员效力
		法律保障能力（C_3）	应急物流保障法律、法规建设水平
		应急预案合理程度（C_4）	物流应急预案的完善程度与科学合理程度
	物资应急筹措能力（B_2）	筹措计划科学程度（C_5）	紧急情况下物资筹措计划方案的科学合理程度
		供应商选择能力（C_6）	紧急情况下高效合理选择供应商的能力
		物资进货控制能力（C_7）	订货成交后，采购员对物资进货过程的监控能力
		物资验收入库效率（C_8）	物资到达后，验货员对物资数量及质量的验收效率
	物资联合储备能力（B_3）	储备分工合理程度（C_9）	军队与地方物资联合储备分工合理程度
		储备结构合理程度（C_{10}）	军队与地方物资联合储备结构合理程度
		储备布局合理程度（C_{11}）	军队与地方物资联合储备布局合理程度
		储备规模合理程度（C_{12}）	军队与地方物资联合储备规模合理程度
	物资联合配送能力（B_4）	资源优化整合水平（C_{13}）	军地配送资源优化配置整合水平
		集货分拣效率（C_{14}）	军地联合物资集货分拣的效率水平
		配货配装效率（C_{15}）	军地联合物资配货配装的效率及科学合理程度

续　表

目标层	准则层	指标层	指标的属性和参数
融合型应急物流能力（A）	物资联合配送能力（B_4）	配送运输优化水平（C_{16}）	运输工具及运输路线选择的科学合理程度
	物流信息保障能力（B_5）	基础支撑能力（C_{17}）	信息基础设施完好程度及信息网络覆盖率
		数据采集能力（C_{18}）	源数据采集能力及从数据库中获取数据能力
		数据资源共享性（C_{19}）	军地各类信息数据库的数据共享集成能力
		系统辅助决策能力（C_{20}）	物流信息实时查询及物流组织控制系统的辅助决策能力

第三节　融合型应急物流能力评估方法

本章用灰色层次分析法对融合型应急物流能力评估进行研究。

一、灰色层次分析法理论介绍

1982 年，我国著名学者、华中理工大学的邓聚龙教授创立了灰色系统理论，提出灰色系统理论是用来解决信息不完备系统的数学方法。他把控制论的观点和方法延伸到复杂的大系统中，将自动控制和运筹学相结合，用独树一帜的有效方法和手段研究广泛存在于客观世界中的具有灰色性的问题。

灰色层次分析法是灰色系统理论与层次分析法相结合的产物。具体讲就是在层次分析中，不同层次决策"权"的数值是按灰色理论计算的。灰色层次分析法的具体步骤如下。

第一步，建立评估对象的递阶层次结构。结合评价对象的实际情况，在深入调查研究的基础上，应用层次分析法原理，经反复论证，对目标进行逐层分解，使同层次之间的元素含义互不交叉，相邻上下层元素之间为"父子"关系，形成如图 7-1 所示的递阶层次结构。其底层元素即为所求的评估指标。

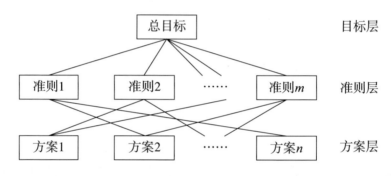

图 7-1　递阶层次结构

第二步，计算评估指标体系底层元素的组合权重。根据简易表格法，由专家或评估者对上下层之间的关系进行定性填表，用精确法或和算法计算相邻层次下层元素对于上层元素再算出底层元素对于目标的组合权重 $W = (\omega_1, \omega_2, \cdots, \omega_n)^{\mathrm{T}}$。

第三步，求评估指标值矩阵 $D_{JI}^{(A)}$。$D_{JI}^{(A)}$ 表示评估者 I 对受评者 J 的第 A 个评估因素给出的评估指标值矩阵。

第四步，确定评估灰类。确定评估灰类就是要确定评估灰类的等级数、灰类的灰数以及灰数的白化权函数。白化权函数的转折点的值称为阀值，可以按照准则或经验，用类比的方法获得。

第五步，计算灰色评估系数。

第六步，计算灰色评估权向量和权矩阵。

第七步，进行不同指标的评估。

第八步，进行综合评估。

二、融合型应急物流能力综合评估

以某地震抢险救灾中的应急物流为例，说明灰色层次评估法在融合型应急物流能力评估中的应用。

第1步，确定评估对象的递阶层次结构。依据建立的融合型应急物流能力评估指标体系，建立表7-1所示的融合型应急物流能力层次结构模型。在对融合型应急物流能力进行评价时，建立了3级指标体系，但由于主要目的在于说明灰色层次分析法的实用性，且在计算过程中都是相同方法的重复使用，为了节省篇幅，本书只对第一层次指标做出分析计算。

第2步，计算层次结构底层元素的组合权重。根据简易表格法，由决策者（专家）填"√"得表7-2如下。

表7-2　　　　　准则—保障能力等级

相对重要性及等级 指标元素	最重要 一	相邻中值 二	很重要 三	相邻中值 四	比较重要 五	相邻中值 六	稍重要 七	相邻中值 八	不重要 九
B_1	√								
B_2				√					
B_3		√							

续　表

相对重要性及等级　　指标元素	最重要	相邻中值	很重要	相邻中值	比较重要	相邻中值	稍重要	相邻中值	不重要
	一	二	三	四	五	六	七	八	九
B_4			√						
B_5			√						

由表 7 - 2 得到如表 7 - 3 所列的 **A—B** 判断矩阵和相应矩阵 **A**。

表 7 - 3　　　　　　　　　　　　A—B 判断矩阵

A	B_1	B_2	B_3	B_4	B_5
B_1	1	4	2	3	3
B_2	1/4	1	1/3	1/2	1/2
B_3	1/2	3	1	2	2
B_4	1/3	2	1/2	1	1
B_5	1/3	2	1/2	1	1

$$A = \begin{bmatrix} a_{11} & a_{12} & a_{13} & a_{14} & a_{15} \\ a_{21} & a_{22} & a_{23} & a_{24} & a_{25} \\ a_{31} & a_{32} & a_{33} & a_{34} & a_{35} \\ a_{41} & a_{42} & a_{43} & a_{44} & a_{45} \\ a_{51} & a_{52} & a_{53} & a_{54} & a_{55} \end{bmatrix} = \begin{bmatrix} 1 & 4 & 2 & 3 & 3 \\ 1/4 & 1 & 1/3 & 1/2 & 1/2 \\ 1/2 & 3 & 1 & 2 & 2 \\ 1/3 & 2 & 1/2 & 1 & 1 \\ 1/3 & 2 & 1/2 & 1 & 1 \end{bmatrix}$$

(7 - 1)

用和算法得 **A** 的特征向量为 **W** = （0.4017，0.0794，0.2442，0.1373，0.1373）$^\mathrm{T}$。特征向量的分量就是该相应元素对于目标的组合权重。

第 3 步，给出评估指标 A 的评估值矩阵 $\boldsymbol{D}_{JI}^{(A)}$。设有 5 组评估者，即 $I=1$，2，3，4，5，记为 I，II，III，IV，V；3 个受评者（设置 3 个应急预案），即 $J=1$，2，3，记为 1，2，3；5 个评估指标，即 $A=$ 1，2，3，4，5，表 7 – 1 所示的准则层的 5 个元素。为简化计算，规定评估者的给分范围为 1 分 ~ 10 分，根据 5 组评估者的评分表格，得到评估指标值矩阵 $\boldsymbol{D}_{JI}^{(1)}$ – $\boldsymbol{D}_{JI}^{(5)}$ 如下。

评估指标 1（联合组织指挥能力）有：

$$\boldsymbol{D}_{JI}^{(1)} = \begin{bmatrix} \text{I} & \text{II} & \text{III} & \text{IV} & \text{V} \\ d_{11}^{(1)} & d_{12}^{(1)} & d_{13}^{(1)} & d_{14}^{(1)} & d_{15}^{(1)} \\ d_{21}^{(1)} & d_{22}^{(1)} & d_{23}^{(1)} & d_{24}^{(1)} & d_{25}^{(1)} \\ d_{31}^{(1)} & d_{32}^{(1)} & d_{33}^{(1)} & d_{34}^{(1)} & d_{35}^{(1)} \end{bmatrix} = \begin{bmatrix} \text{I} & \text{II} & \text{III} & \text{IV} & \text{V} \\ 8 & 7 & 8 & 8 & 8 \\ 8 & 7 & 7 & 7 & 7 \\ 9 & 9 & 9 & 9 & 9 \end{bmatrix}$$

$$(7-2)$$

评估指标 2 ~ 5 有：

$$\boldsymbol{D}_{JI}^{(2)} = \begin{bmatrix} 8 & 7 & 6 & 7 & 6 \\ 8 & 8 & 7 & 7 & 8 \\ 9 & 9 & 9 & 9 & 9 \end{bmatrix} \quad \boldsymbol{D}_{JI}^{(3)} = \begin{bmatrix} 8 & 7 & 8 & 7 & 8 \\ 9 & 9 & 9 & 8 & 9 \\ 9 & 9 & 9 & 9 & 9 \end{bmatrix}$$

$$\boldsymbol{D}_{JI}^{(4)} = \begin{bmatrix} 7 & 7 & 6 & 7 & 7 \\ 7 & 7 & 6 & 7 & 7 \\ 9 & 9 & 9 & 9 & 9 \end{bmatrix} \quad \boldsymbol{D}_{JI}^{(5)} = \begin{bmatrix} 7 & 7 & 7 & 7 & 8 \\ 6 & 6 & 6 & 7 & 6 \\ 9 & 9 & 8 & 8 & 8 \end{bmatrix}$$

$$(7-3\text{—}7-6)$$

第 4 步，确定评估灰类。设 $k=4$，即 $k=1$，2，3，4，有 4 个评估灰类，它们是"优""良""中""差" 4 级，其相应的灰数及白化权函数如图 7 – 2 所示。

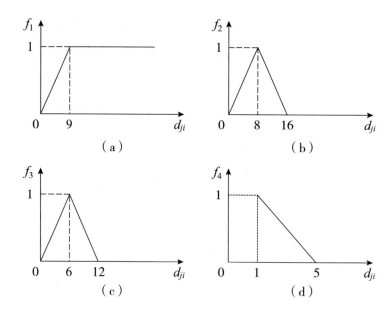

图7-2 灰色白化权函数图像

第1类"优"（$k=1$），设定灰数 $\otimes 1 \in [0, 9, \infty]$，白化权函数如 f_1，如图7-2（a）所示；第2类"良"（$k=2$），设定灰数 $\otimes 2 \in [0, 8, 16]$，白化权函数如 f_2，如图7-2（b）所示；第3类"中"（$k=3$），设定灰数 $\otimes 3 \in [0, 6, 12]$，白化权函数如 f_3，如图7-2（c）所示；第4类"差"（$k=4$），设定灰数 $\otimes 4 \in [0, 1, 5]$，白化权函数如 f_4，如图7-2（d）所示。

第5步，计算灰色评估系数。对于评估指标1，1受评者属各灰类的评估系数为：

$$k = 1 \quad n_{11}^{(1)} = f_1(d_{11}^{(1)} + d_{12}^{(1)} + d_{13}^{(1)} + d_{14}^{(1)} + d_{15}^{(1)})$$

$$= f_1^{(8)} + f_1^{(7)} + f_1^{(8)} + f_1^{(8)} + f_1^{(8)} = \frac{8}{9} + \frac{7}{9} + \frac{8}{9} + \frac{8}{9} + \frac{8}{9} = 4.3333$$

$$(7-7)$$

$$k = 2 \quad n_{12}^{(1)} = f_2^{(8)} + f_2^{(7)} + f_2^{(8)} + f_2^{(8)} + f_2^{(8)} = 1 + \frac{7}{8} + 1 + 1 + 1 = 4.8750$$

$$(7-8)$$

$$k = 3 \qquad n_{13}^{(1)} = f_3^{(8)} + f_3^{(7)} + f_3^{(8)} + f_3^{(8)} + f_3^{(8)} = 3.5000 \qquad (7-9)$$

$$k = 4 \qquad n_{14}^{(1)} = f_4^{(8)} + f_4^{(7)} + f_4^{(8)} + f_4^{(8)} + f_4^{(8)} = 0 \qquad (7-10)$$

从而 1 受评者对评估指标 1 的总评估系数为：

$$n_1^{(1)} = \sum_{i=1}^{4} n_{1i}^{(1)} = n_{11}^{(1)} + n_{12}^{(1)} + n_{13}^{(1)} + n_{14}^{(1)} = 12.7083 \quad (7-11)$$

第 6 步，计算灰色评估权向量及权矩阵。由 $n_{1i}^{(1)}$ 及 $n_1^{(1)}$，得到 1 受评者对于评估指标 1 的灰色评估权向量为：

$$\boldsymbol{r}_1^{(1)} = \left[r_{11}^{(1)}, r_{12}^{(1)}, r_{13}^{(1)}, r_{14}^{(1)} \right] = \left[\frac{n_{11}^{(1)}}{n_1^{(1)}}, \frac{n_{12}^{(1)}}{n_1^{(1)}}, \frac{n_{13}^{(1)}}{n_1^{(1)}}, \frac{n_{14}^{(1)}}{n_1^{(1)}} \right]$$

$$= (0.3410, 0.3836, 0.2754, 0) \qquad (7-12)$$

同理，可得 2、3 受评者对于评估指标 1 的灰色评估权向量 $\boldsymbol{r}_2^{(1)}$ $\boldsymbol{r}_3^{(1)}$，从而构成各受评者对于评估指标 1 的评估权矩阵 $\boldsymbol{R}^{(1)}$：

$$\boldsymbol{R}^{(1)} = \begin{bmatrix} r_{11}^{(1)} & r_{12}^{(1)} & r_{13}^{(1)} & r_{14}^{(1)} \\ r_{21}^{(1)} & r_{22}^{(1)} & r_{23}^{(1)} & r_{24}^{(1)} \\ r_{31}^{(1)} & r_{32}^{(1)} & r_{33}^{(1)} & r_{34}^{(1)} \end{bmatrix} = \begin{bmatrix} 0.3410 & 0.3836 & 0.2754 & 0 \\ 0.3200 & 0.3600 & 0.3200 & 0 \\ 0.4211 & 0.3684 & 0.2105 & 0 \end{bmatrix} \quad (7-13)$$

同理，可得评估指标 2—5 的评估权矩阵为：

$$\boldsymbol{R}^{(2)} = \begin{bmatrix} 0.3056 & 0.3438 & 0.3506 & 0 \\ 0.3341 & 0.3758 & 0.2901 & 0 \\ 0.4211 & 0.3684 & 0.2105 & 0 \end{bmatrix} \qquad (7-14)$$

$$\boldsymbol{R}^{(3)} = \begin{bmatrix} 0.3341 & 0.3758 & 0.2901 & 0 \\ 0.4055 & 0.3733 & 0.2212 & 0 \\ 0.4211 & 0.3684 & 0.2105 & 0 \end{bmatrix} \qquad (7-15)$$

$$\boldsymbol{R}^{(4)} = \begin{bmatrix} 0.3056 & 0.3438 & 0.3506 & 0 \\ 0.3056 & 0.3438 & 0.3506 & 0 \\ 0.4211 & 0.3684 & 0.2105 & 0 \end{bmatrix} \qquad (7-16)$$

$$\boldsymbol{R}^{(5)} = \begin{bmatrix} 0.3200 & 0.3600 & 0.3200 & 0 \\ 0.2834 & 0.3188 & 0.3977 & 0 \\ 0.3758 & 0.3826 & 0.2416 & 0 \end{bmatrix} \qquad (7-17)$$

第 7 步，进行不同评估指标的评估。由 $\boldsymbol{R}^{(1)}$ 可得 1 受评者对评估指标 1 的最大灰色评估权向量为：

$$\boldsymbol{r}_1^{*(1)} = \max\{r_{1i}^{(1)}\} = \max\{0.3410, 0.3836, 0.2754, 0\} = 0.3836$$
$$(7-18)$$

同理可得 2、3 受评者对于评估指标 1 的最大灰色权和 3 个受评者对于评估指标 1 的灰色评估权向量为：

$$\boldsymbol{r}_1^{*(1)} = [r_1^{*(1)}, r_2^{*(1)}, r_3^{*(1)}] = (0.3836, 0.3600, 0.4211) \qquad (7-19)$$

同理可得评估指标 2—5 的灰色评估权向量 $\boldsymbol{r}^{*(2)}$—$\boldsymbol{r}^{*(5)}$ 并形成评估权矩阵 $\boldsymbol{r}^*$：

$$\boldsymbol{r}^* = \begin{bmatrix} r_1^{*(1)} & r_2^{*(1)} & r_3^{*(1)} \\ r_1^{*(2)} & r_2^{*(2)} & r_3^{*(2)} \\ r_1^{*(3)} & r_2^{*(3)} & r_3^{*(3)} \\ r_1^{*(4)} & r_2^{*(4)} & r_3^{*(4)} \\ r_1^{*(5)} & r_2^{*(5)} & r_3^{*(5)} \end{bmatrix} = \begin{bmatrix} 0.3836 & 0.3600 & 0.4211 \\ 0.3506 & 0.3758 & 0.4211 \\ 0.3758 & 0.4055 & 0.4211 \\ 0.3506 & 0.3506 & 0.4211 \\ 0.3600 & 0.3977 & 0.3826 \end{bmatrix}$$

$$(7-20)$$

从评估矩阵 $\boldsymbol{r}^*$ 的 5 个行向量 $\boldsymbol{r}^{*(1)}$—$\boldsymbol{r}^{*(5)}$ 可得如表 7 – 4 所列的受评者对不同评估指标的排序。

表 7 - 4　　　　　　受评者对不同评估指标的排序

评估指标　受评者	1	2	3	4	5
第 1 名	3	3	3	3	2
第 2 名	1	2	2	1	3
第 3 名	2	1	1	2	1

第 8 步，进行综合评估。记评估权矩阵 r^* 的列向量的转置向量为 r_j，r 则为受评者综合所有评估指标后的综合评估权向量，计算 $r_j W$（W 为 5 个评估指标对于目标的组合权重，第 2 步已算出），得到各受评者对评估目标（应急物流能力）的综合得分如下：

$$r_1 W = 0.3713$$

$$r_2 W = 0.3762 \tag{7-21}$$

$$r_3 W = 0.4158$$

其排列顺序为 3 > 2 > 1，即第 3 号受评者应急物流能力最强。

将上述结果与表 7 - 4 相比较，可以看到，虽然 1 和 2 受评者在 5 个评估指标上都有 2 个排上了第 2 名，但综合分排在第 2、3 位，这是因为 2 受评者在主要评估指标获得第 2 名，故综合分排在第 2 位，而 1 受评者却排在第 3 位。这就为决策者正确的决策提供了可靠的数量依据，使其不为表面现象所迷惑。

第八章 应急医疗物资生产能力储备企业承储行为演化分析

进入 21 世纪以来，全国各地应急突发事件频发，从非典疫情到新冠疫情，突发公共卫生事件已经由非常态的偶发转为常态化的频发，给国家经济发展、社会稳定造成了严重的损害。应急医疗物资储备是应急救援的重要保障，在公共卫生事件发生后发挥着至关重要的作用。因此，建立应急医疗物资储备体系，充分发挥政府、军队、企业乃至社会各界力量，对储备体系的建立与发展影响深远。由于试剂、防护服、防护面罩、口罩等非耐用型医疗物资，具有需求量大、生产周期短、保质期短的特点，比较适合生产能力储备。在实践中，各级政府相继出台"应急医药物资储备管理办法"，以鼓励医疗物资生产企业参与生产能力储备。医疗物资生产企业不仅是生产能力储备的重要参与者，还是应急医疗物资储备的具体执行者。

目前，调动企业参与储备积极性的方法较多，比如一次性补贴、社会储备收益分享、成本补助、成效奖励、监管惩罚等。如何更加有效地引导企业参与应急医疗物资生产能力储备活动，发挥企业生产能力储备效果，提升应急救援保障能力，是应急医疗物资储备体系建设发展面临的重要问题。

面对突发公共卫生事件时，企业作为社会命运共同体的组成部分，负有应对公共卫生事件的义务，因此各级地方政府、军队等力量作为应急储备委托人不仅能采取委托手段与企业达成储备协议，同时也能采取不委托手段，实施市场储备代替委托储备的策略。目前，有关专家、学者的研究主要集中于合作策略中应急物资采购和定价策略优化问题，而引导应急医疗物资生产企业参与产能储备的研究较少。此外，由于参与竞争的对象并不完全是理性的，竞争对手之间的最优策略会随着时间推移不断发生变化。

鉴于此，本章将政府或军队等主导应急医疗物资生产能力储备的参与者视为应急医疗物资产能储备委托人。委托人将采用一次性补贴、收益分享、成本补助、成效奖励、监管惩罚等手段引导企业参与储备，并利用演化博弈理论，构建委托人与应急医疗物资生产能力承储企业行为决策演化博弈模型，分析委托人"委托"与"不委托"策略下的承储企业选择"储备"与"不储备"的行为决策演化过程，并根据演化博弈分析结论，提出委托企业应急医疗物资生产能力储备的建议。

第一节　基本假设与模型建立

一、博弈主体分析

本章的博弈主体分别是以各级地方政府、军队等力量构成的应急医疗物资生产能力储备委托人和应急医疗物资生产能力承储企业，是从不同的应急医疗物资储备体系参与者总群体中随机抽取的委托人群体和承储企业群体进行多次配对博弈，在博弈时委托人可以选择委托或不委托，承储企业可以选择储备或不储备。演化博弈是建立在有限理性人假设上的，应急医疗物资生产能力储备的委托人和承储企业的主要参与人会从自身出发，在收益和支出的平衡中寻找最优策略，除了两者在应急医疗物资储备体系中的基本收益外，博弈双方在应急储备中不仅能从声誉价值、社会减灾价值中获得转化收益，还能在应急储备体系力量建设的国家调控政策下，获得急医疗物资储备国家宏观层面激励政策收益。

首先，由于应急医疗物资储备的委托人和承储企业承担起社会责任，开展应急医疗物资产能储备，获得了社会声誉，因此双方均能从应急医疗物资储备中获得声誉收益，其中声誉收益的大小取决于声誉价值以及参与主体的声誉收益转化能力。其次，应急医疗物资产能的储备能在公共卫生事件发生时及时提供应急医疗物资，这些物资对救援行动的支撑将产生社会减灾效益。且社会减灾效益与应急医疗物资产能储备质量有关，质量好就能产生好的应急救援物资保障效果。再次，委托人和承储企业在开展应急医疗物资产能储备时均会付出相应的储备成本，这些储备成本会给参与双方带来储备损益。但是随着第三方金融服务的完善、贷款贴息政策的健全，储备损益会得到相应的抑制。最后，由于应急医疗物资储备体系的保障性特征，国家为能更好地建立应急医疗物资储备体系，在市场机制运行之外，还会充分考虑承储企业开展应急医疗物资生产能力储备为整个社会带来的应急救援效益和安全韧性，从而制定相应的国家宏观层面激励政策以催化委托人与承储企业的合作过程，加速促成应急医疗物资生产能力储备合作。

二、基本假设

假设 8.1：在自然环境中，主体 1 为应急储备体系中储备委托人群体，主体 2 为应急储备体系中承储企业群体，两主体均为有限理性。

假设 8.2：委托人和承储企业在合作过程中，可获得的基本收益 π_1、π_2。

假设 8.3：若合作时委托人选择委托，承储企业选择承储，则可以获得应急储备带来的社会声誉收益和社会减灾收益。社会声誉收益记为 $\kappa_i R (i = 1,2)$，其中，R 为应急医疗物资储备产生的声誉价值，κ 为声誉收益系数，即参与主体应急医疗物资生产能力储备声誉转化为收益的能力。因应急储备带来了社会减灾效益，部分社会减灾效益可转化为委托人和承储企业的收益，记为 hB_1，其中 B_1 为应急医疗物资生产能力储备带来的社会减灾效益，效益越高表明参与主体通过应急医疗物资生产能力储备创造的社会福利越大；h 为应急医疗物资生产能力储备主体可获取收益的转换系数，这部分收益由参与主体共享，其中，委托人的分配系数为 $1 - k$，承储企业的分配系数为 k，且 $k \in [0,1]$。

假设 8.4：委托人选择委托策略开展应急医疗物资产能储备后，要投入相应的成本，记委托成本为 C_1；同时，医疗物资生产企业选择开展应急医疗物资生产能力储备策略后，要投入相应的产能储备成本为 C_2。当委托人采取委托策略，承储企业采取不储备策略时，承储企业可能存在市场价格波动投机行为，由此可获得额外收益为 N_2；当委托人采取不委托策略，承储企业采取储备策略时，委托人可从市场上采购现成的，从而规避委托储备成本，由此可产生经济和时间上带来的一种额外收益为 N_1。

假设 8.5：储备损益记为 $\upsilon A_i (i = 1,2)$。其中 A_1 和 A_2 分别为委托

人和承储企业开展委托储备时带来的机会损失，v 为储备损益障碍因子，取值范围为 $[0,1]$，表示应急金融服务等（如银行专项贷款、委托人贴息等）对应急储备损益的产生具有一定阻碍作用的因子。当 $v = 0$ 时，损益障碍因子能够起到完全阻碍作用，不会产生储备损益，当 $v = 1$ 时则相反。

假设 8.6：在应急医疗物资生产能力储备中，委托人群体选择委托策略和不委托的比例分别为 x 和 $1 - x$，承储企业群体选择储备和不储备策略的比例分别为 y 和 $1 - y$，均为时间 t 的函数，且 $x, y \in [0,1]$。

三、市场机制下演化博弈

委托人和承储企业为使各自利益最大化，在市场机制下进行多次博弈，支付矩阵如表 8 - 1 所示。

表 8 - 1   委托人与承储企业的支付矩阵

储备选择		承储企业	
		储备	不储备
委托人	委托	$\pi_1 - \pi_0 + \kappa_1 R + (1 - k)hB_1 - C_1 - vA_1$	$\pi_1 - C_1 - vA_1$
		$\pi_2 + \pi_0 + \kappa_2 R + khB_1 - C_2 - vA_2$	$\pi_2 + N_2$
	不委托	$\pi_1 + N_1$	π_1
		$\pi_2 - C_2 - vA_2$	π_2

委托人选择"委托""不委托"策略时的收益 π_{11}、π_{12} 以及平均期望收益 $\bar{\pi}_1$ 分别为：

$$\pi_{11} = y(\pi_1 - \pi_0 + \kappa_1 R + (1 - k)hB_1 - C_1 - vA_1) + (1 - y)$$

$$(\pi_1 - C_1 - vA_1) = [(1 - k)hB_1 + \kappa_1 R - \pi_0]y -$$

$$C_1 - vA_1 + \pi_1 \tag{8-1}$$

$$\pi_{12} = y(\pi_1 + N_1) + (1-y)\pi_1 = yN_1 + \pi_1 \tag{8-2}$$

$$\bar{\pi}_1 = x\pi_{11} + (1-x)\pi_{12} = xy[(1-k)hB_1 +$$

$$\kappa_1 R - \pi_0 - N_1] - C_1 x - vA_1 x + yN_1 + \pi_1 \tag{8-3}$$

委托人的复制动态方程为:

$$F(x) = \frac{\mathrm{d}x}{\mathrm{d}t} = x(\pi_{11} - \bar{\pi}_1) = x(1-x)(\pi_{11} - \pi_{12})$$

$$= x(1-x)\{[(1-k)hB_1 + \kappa_1 R - \pi_0 - N_1]y - C_1 - vA_1\}$$

$$\tag{8-4}$$

同理, 承储企业选择"储备"策略时的收益 π_{21}、"不储备"策略时的收益 π_{22}、平均期望收益 $\bar{\pi}_2$ 分别为:

$$\pi_{21} = x(\pi_2 + \pi_0 + \kappa_2 R + khB_1 - C_2 - vA_2) +$$

$$(1-x)(\pi_2 - C_2 - vA_2) \tag{8-5}$$

$$\pi_{22} = x(\pi_2 + N_2) + (1-x)\pi_2 = \pi_2 + xN_2 \tag{8-6}$$

$$\bar{\pi}_2 = y\pi_{21} + (1-y)\pi_{22} = (\pi_0 + \kappa_2 R + khB_1 - N_2)xy +$$

$$N_2 x + \pi_2 - C_2 y - vA_2 y \tag{8-7}$$

承储企业的复制动态方程则为:

$$F(y) = \frac{\mathrm{d}y}{\mathrm{d}t} = y(\pi_{21} - \bar{\pi}_2) = y(1-y)(\pi_{21} - \pi_{22})$$

$$\tag{8-8}$$

$$= y(1-y)\{(\pi_0 + \kappa_2 R + khB_1 - N_2)x - C_2 - vA_2\}$$

令 $F(x) = 0$, $F(y) = 0$, 在 $D^* = \{(x,y)|0 \leq x \leq 1, 0 \leq y \leq 1\}$ 上委托人和承储企业双方存在五个局部均衡点, 分别为 $O(0,0)$、$A(1,0)$、$B(1,1)$、$C(0,1)$、$D(x^*,y^*)$, 其中点 $D(x^*,y^*)$ 的横纵坐标为:

$$x^* = \frac{vA_2 + C_2}{\pi_0 + \kappa_2 R + khB_1 - N_2}, \quad y^* = -\frac{vA_1 + C_1}{khB_1 - hB_1 - \kappa_1 R + \pi_0 + N_1} \circ \text{通}$$

过计算 $F(x)$、$F(y)$ 关于 x、y 的偏导数，可得应急医疗物资产能储备博弈系统的 Jacobian 矩阵如式（8-9）所示：

$$J = \begin{bmatrix} (1-2x)\{[(1-k)hB_1 + \kappa_1 R - \pi_0 - N_1]y - C_1 - vA_1\} \\ x(1-x)[(1-k)hB_1 + \kappa_1 R - \pi_0 - N_1] \\ y(1-y)(\pi_0 + \kappa_2 R + khB_1 - N_2) \\ (1-2y)\{(\pi_0 + \kappa_2 R + khB_1 - N_2)x - C_2 - vA_2\} \end{bmatrix}$$

$$(8-9)$$

当 Jacobian 矩阵满足 $\det J > 0$，$\operatorname{tr} J < 0$ 时，局部均衡点为系统的稳定策略（Friedman，1991）。x^*、y^* 均满足 $D^* = \{(x,y)\mid 0 \leq x \leq 1, 0 \leq y \leq 1\}$，即当 $0 \leq vA_2 + C_2 \leq \pi_0 + \kappa_2 R + khB_1 - N_2$，$0 \leq vA_1 + C_1 \leq (1-k)hB_1 + \kappa_1 R - \pi_0 - N_1$ 时，该产能储备博弈系统存在5个局部均衡点，如表8-2所示。

可知市场机制下，$A(0,1)$ 和 $C(1,0)$ 点是不稳定点，$O(0,0)$ 点和 $B(1,1)$ 点是委托人和承储企业的演化稳定策略，由表8-2可得市场机制下委托人和承储企业的演化博弈相位图，如图8-1所示。

表8-2　　　市场机制下局部均衡点的稳定性分析

均衡点	$\det J$	$\operatorname{tr} J$	局部稳定性
$O(0,0)$	+	−	ESS
$A(0,1)$	+	+	不稳定
$B(1,1)$	+	−	ESS
$C(1,0)$	+	+	不稳定
$D^* = (x^*, y^*)$	−	0	鞍点

根据图 8 – 1 可知，无论委托人和承储企业如何进行初始决策，经过多轮次重复博弈，最终策略会向着 $B(1,1)$ 点或 $O(0,0)$ 点方向演进，即委托人选择委托的同时承储企业选择储备或委托人选择不委托的同时承储企业选择不储备的策略组合。S_{AOCD} 和 S_{ABCD} 的相对面积大小能反映委托人和承储企业的最终策略选择。分析导致面积变化的影响因素，则可以推测各因素对博弈系统演化的影响。令 S_{AOCD} 为 S_1，则 S_1 的表达式为：

$$S_1 = \frac{1}{2}(x^* + y^*) = \frac{1}{2}\left(\frac{vA_2 + C_2}{\pi_0 + \kappa_2 R + khB_1 - N_2} - \frac{vA_1 + C_1}{khB_1 - hB_1 - \kappa_1 R + \pi_0 + N_1}\right)$$

$$(8 - 10)$$

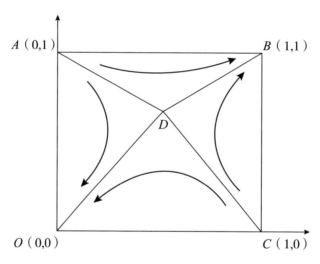

图 8 – 1　市场机制下演化博弈相位图

命题 8.1：在市场机制下，委托人选择委托，承储企业选择储备的概率随成本的增大而减小。

证明：

根据 $\dfrac{\partial S_1}{\partial C_1} = \dfrac{1}{2}\left[\dfrac{1}{(1-k)hB_1 + \kappa_1 R - N_1 - \pi_0}\right]$，由于 x^*、y^* 均在

$D^* = \{(x,y) \mid 0 \leqslant x \leqslant 1, 0 \leqslant y \leqslant 1\}$ 上，所以

$$\frac{\partial S_1}{\partial C_1} = \frac{1}{2}\left[\frac{1}{(1-k)hB_1 + \kappa_1 R - N_1 - \pi_0}\right] > 0，同理$$

$$\frac{\partial S_1}{\partial C_2} = \frac{1}{2khB_1 + 2\kappa_2 R - 2N_2 + 2\pi_0} > 0，因此 S_1 随 C_1、C_2 的增加而增$$

加，那么委托人和承储企业双方投入成本与 S_1 的面积为单增关系，可知 S_{ABCD} 将随成本的增加而减小，系统向 $O(0,0)$ 点演化的概率增加，委托人和承储企业将选择不委托、不储备，证毕。

命题 8.1 表明，应急医疗物资生产能力储备是应急体系的组成部分，其产能储备成本回收周期较长，当开展储备成本较高时，将导致双方开展应急医疗物资生产能力储备的意愿降低。在实践中，高昂的储备成本不仅增加了经济负担，还可能使企业因短期内无法看到明显的经济回报而对参与储备持谨慎态度。同样，政府在面对有限的财政资源和多样的公共服务需求时，也需要在应急物资储备和其他公共支出之间做出权衡。

命题 8.2：在市场机制下，承储企业选择储备的概率随着储备损益及储备障碍因子数值的减小而增加。

证明：

由 $\dfrac{\partial S_1}{\partial A_1} = \dfrac{1}{2}\left[\dfrac{1}{(1-k)hB_1 + \kappa_1 R - N_1 - \pi_0}\right] > 0$，同理可得 $\dfrac{\partial S_1}{\partial A_2} > 0$，则有

$$\frac{\partial S_1}{\partial \upsilon} = \frac{1}{2}\left\{\frac{[(1-k)hB_1 + \kappa_1 R - N_1 - \pi_0]A_2 + (khB_1 + \kappa_2 R - N_2 + \pi_0)A_1}{[(1-k)hB_1 + \kappa_1 R - N_1 - \pi_0](khB_1 + \kappa_2 R - N_2 + \pi_0)}\right\} > 0，$$

因此 S_1 随着 υ、A_1、A_2 的增加而增加，S_1 的面积随着 υ、A_1、A_2 减小而减小，此时系统向 $B(1,1)$ 点演进，证毕。

命题 8.2 表明，应急医疗物资生产能力储备的储存投入确实对开

展储备的委托人和承储企业有着显著的影响。储备损益的存在确实可能减弱委托人和承储企业选择开展应急储备的概率，因为在面临较高的生产能力储存投入和潜在的损失风险时，他们可能会更加谨慎地考虑是否参与应急储备。这种顾虑主要来源于对成本回收的不确定性以及对潜在损失的担忧。然而，第三方金融政策，如银行贷款、利息补贴等，可以作为储备损益障碍因子的缓解措施，有效减小承储企业的顾虑。这些政策通过提供资金支持、降低融资成本等方式，帮助企业减轻经济压力，提高他们参与应急医疗生产能力储备的积极性和能力。具体来说，银行贷款可以为参与者提供必要的资金支持，帮助他们解决资金短缺的问题；而利息补贴则可以降低融资成本，进一步减轻参与者的经济负担。因此，在推动应急医疗物资生产能力储备工作时，委托人应充分考虑到储存投入对参与者的影响，并积极探索和实施第三方金融政策等有效措施，以减小产能储备损益带来的顾虑，提高参与者的储备意愿和积极性。同时，还需要加强政策宣传和推广，让更多的参与者了解和利用这些政策，共同推动应急医疗物资生产能力储备工作的顺利开展。由此系统会向着委托和承储的路径演化。

命题 8.3：在市场机制下，社会基础建设越成熟完善，应急医疗物资生产能力储备带来的社会减灾效益即社会福利越大，应急医疗物资生产能力参与主体的收益越大，那么委托人选择委托，同时承储企业选择储备的可能性上升。

证明：

由 $\dfrac{\partial S_1}{\partial h} = -\dfrac{2(\upsilon A_2 + C_2)kB_1}{(2khB_1 + 2\kappa_2 R - 2N_2 + 2\pi_0)^2} - \dfrac{(\upsilon A_1 + C_1)(2B_1 - 2kB_1)}{[(1-k)2hB_1 + 2\kappa_1 R - 2N_1 - 2\pi_0]^2}$

< 0 ，同理可得 $\dfrac{\partial S_1}{\partial B_1} < 0$ ，则有 S_1 随着 h 、 B_1 的增加而减小，由此可知系统向 $B(1,1)$ 点演进，证毕。

命题8.3表明，随着社会减灾效益的提高和收益转换系数的增加，双方更倾向于选择委托和储备策略。特别是当应急医疗物资生产能力储备在物资品类和布局上得到合理优化时，其产生的社会减灾效益会显著提升。这种科学的储备方式，不仅能够及时为救援行动提供关键物资支持，同时也为委托人和承储企业带来了更高的收益，并提升了他们的社会声誉与品牌形象。更重要的是，这种优化策略增强了双方合作的意愿，有助于形成稳定的合作关系，从而提高了产能储备对应急救援的支持力度。这种良性的互动和合作，进一步推动了应急医疗物资生产能力储备的整体发展，为社会的稳定和持续发展提供了重要保障。

命题8.4：在市场机制下，随着声誉效益转化系数和声誉价值的增加，承储企业选择储备的概率增大。

证明：

由 $\dfrac{\partial S_1}{\partial \kappa_1} = -\dfrac{2(\upsilon A_1 + C_1)R}{[(1-k)2hB_1 + 2\kappa_1 R - 2N_1 - 2\pi_0]^2} < 0$ ，同理可得

$\dfrac{\partial S_1}{\partial \kappa_2} < 0$ ， $\dfrac{\partial S_1}{\partial R} < 0$ ，可知 S_1 随着 κ_1 、 κ_2 、 R 增加而减小，表明系统向 $B(1,1)$ 点演进，证毕。

命题8.4表明，通过开展应急医疗物资生产能力储备，委托人和承储企业不仅能够履行社会责任，为应对紧急情况提供有力支持，还能因此获得声誉价值。在这个过程中，双方通过充分发挥各自的特点和优势，如委托方的组织协调能力和承储方的专业生产能力储备管理

水平，可以提升声誉效益的转换能力。这种转换能力的增强使得双方的声誉收益进一步增加，比如获得社会的广泛认可和尊重，进而提升品牌形象和市场地位。因此，当看到这样的声誉价值和潜在收益时，委托人和承储企业将更有意愿选择委托和承储策略，因为这不仅有利于社会，还能为他们自身带来长远的利益。

命题 8.5：在市场机制下，承储企业选择不承储的概率随着的投机收益的增大而增大。

证明：

由 $\dfrac{\partial S_1}{\partial N_1} = \dfrac{2(\upsilon A_1 + C_1)}{[(1-k)2hB_1 + 2\kappa_1 R - 2N_1 - 2\pi_0]^2} > 0$ ，同理可得

$\dfrac{\partial S_1}{\partial N_2} > 0$ ，那么 S_1 随着 N_1 、N_2 的增加而增大，博弈系统向 $O(0,0)$ 点演进，证毕。

命题 8.5 表明，选择储备的生产能力承储企业将要承担价格波动带来的风险，当应急事件发生时仍按照委托代理的约定价格销售，若不参与储备承储企业会按照市场溢价获得投机收益；承储企业自行根据市场经验开展储备，而委托人不进行委托，那么委托人可在应急事件发生时从市场上采购，从而规避应急储备成本。承储企业希望委托人选择委托策略，且自己享受市场溢价收益，委托人希望承储企业选择储备而自己规避应急医疗物资生产能力储备成本。当两种投机收益增加时，将造成应急医疗物资生产能力储备参与人的不满，这种不满将使委托人和承储企业分别向着不委托和不储备策略组合方向演进。

命题 8.6：在市场机制下，博弈双方最终决策的选择受到来自储备社会效益收益的分配系数的影响，该影响视具体情况而定。

证明：

由 $\dfrac{\partial S_1}{\partial k} = -\dfrac{2(vA_2 + C_2)hB_1}{(2khB_1 + 2\kappa_2 R - 2N_2 + 2\pi_0)^2} + \dfrac{2(vA_1 + C_1)hB_1}{[(1-k)2hB_1 + 2\kappa_1 R - 2N_1 - 2\pi_0]^2}$ ，

可知 k 与 S_1 的关系视情况而定。当 $\dfrac{[(1-k)2hB_1 + 2\kappa_1 R - 2N_1 - 2\pi_0]^2}{(2khB_1 + 2\kappa_2 R - 2N_2 + 2\pi_0)^2} >$

$\dfrac{(vA_1 + C_1)hB_1}{(vA_2 + C_2)hB_1}$ 时，则有 $\dfrac{\partial S_1}{\partial k} < 0$ ，此时 S_1 随 k 的增加而减小，由此可

知，在此情况下随着收益分配系数 k 的增加系统向 $B(1,1)$ 点演进；

当 $\dfrac{[(1-k)2hB_1 + 2\kappa_1 R - 2N_1 - 2\pi_0]^2}{(2khB_1 + 2\kappa_2 R - 2N_2 + 2\pi_0)^2} < \dfrac{(vA_1 + C_1)hB_1}{(vA_2 + C_2)hB_1}$ 时，则有

$\dfrac{\partial S_1}{\partial k} > 0$ ，此时 S_1 随着 k 的增加而增加，由此可知，此条件下收益分

配系数 k 的增加将引起系统向 $O(0,0)$ 点演进，证毕。

命题8.6表明，在市场机制下博弈双方最终决策的选择受到来自
储备社会效益收益的分配系数的影响，该影响视具体情况而定。在实
践中，博弈双方最终决策的选择确实受到来自储备社会效益收益分配
系数的影响。这一影响并非固定不变。具体而言，分配系数的设定和
调整能够直接影响委托人和承储企业在应急医疗物资生产能力储备中
的收益分配格局。当分配系数设置得更为合理和公平时，能够激励双
方更积极地参与储备工作，共同推动储备策略的实施。这是因为合理
的分配系数能够确保双方在合作中获得相应的回报，降低合作风险，
增强合作信心。然而，如果分配系数设置不当或存在争议，可能导致
委托人和承储企业之间的利益冲突和分歧，进而影响其参与储备策略
的意愿和决策。因此，在市场机制下，需要充分考虑并合理设定储备
社会效益收益的分配系数，以促进博弈双方的合作与共赢。

四、国家激励政策下演化博弈

国家高度重视应急医疗物资储备，各级地方政府为促进应急储备体系建设发展，进行了积极引导；国家也从宏观层面对应急储备体系建设给予政策激励，并在监管惩罚方面不断发力，营造良好公平的应急储备体系建设条件。

假设8.7：为促进各地应急储备体系建设，国家从宏观层面积极引导各级地方政府、军队、企业等各界力量担负起更多社会责任，激励各界力量参与应急医疗物资生产能力储备，对满足条件的承储成果将给予奖励为B_2，其中χ_2为承储企业的分配系数，且$\chi_2 \in [0,1]$，承储企业的获得成果奖励为$\chi_2 B_2$，储备委托人的分配系数为$(1 - \chi_2)$。当委托人未对企业进行承储委托，而企业主动开展了相应的应急医疗物资储备时，委托人可对企业进行储备成本补贴为$\chi_1 C_2$，其中χ_1为委托人成本补贴力度，且$\chi_1 \in [0,1]$。另外，各级政府对其辖区内具有潜在储备实力的企业进行调查，并筛选出潜在优质承储企业，对于被列入应急医疗物资生产能力储备潜力清单的企业进行承储委托，若清单企业选择不储备则处以$\chi_3 B_3$的罚金，χ_3为处罚力度。双方支付矩阵如表8-3所示。

表8-3　　　激励政策下委托人与承储企业的支付矩阵

储备选择		承储企业	
		储备	不储备
委托人	委托	$\pi_1 - \pi_0 + \kappa_1 R + (1 - k)hB_1 - C_1 - vA_1 + (1 - \chi_2)B_2$ $\pi_2 + \pi_0 + \kappa_2 R + khB_1 - C_2 - vA_2 + \chi_2 B_2$	$\pi_1 - C_1 - vA_1$ $\pi_2 + N_2 - \chi_3 B_3$
	不委托	$\pi_1 + N_1 - \chi_1 C_2$ $\pi_2 - C_2 - vA_2 + \chi_1 C_2$	π_1 π_2

求解过程与市场机制下类似，根据表 8－3 激励政策下委托人与承储企业的支付矩阵，可得委托人和承储企业的复制动态方程。委托人选择"委托"策略时的收益 π'_{11}、选择"不委托"策略时的收益 π'_{12} 以及平均期望收益 $\bar{\pi}'_1$ 分别为：

$$\pi'_{11} = y[\pi_1 - \pi_0 + \kappa_1 R + (1-k)hB_1 - C_1 - vA_1 + (1-\chi_2)B_2] +$$
$$(1-y)(\pi_1 - C_1 - vA_1) = [(1-k)hB_1 + \kappa_1 R - \pi_0 +$$
$$(1-\chi_2)B_2]y - C_1 - vA_1 + \pi_1 \qquad (8-11)$$

$$\pi'_{12} = y(\pi_1 + N_1 - \chi_1 C_2) + (1-y)\pi_1 = y(N_1 - \chi_1 C_2) + \pi_1 \qquad (8-12)$$

$$\bar{\pi}'_1 = x\pi'_{11} + (1-x)\pi'_{12} = xy[\chi_1 C_2 + (1-k)hB_1 +$$
$$(1-\chi_2)B_2 + \kappa_1 R - \pi_0 - N_1] - C_1 x - vA_1 x + (N_1 - \chi_1 C_2)y +$$
$$\pi_1 \qquad (8-13)$$

委托人的复制动态方程为：

$$F'(x) = \frac{\mathrm{d}x}{\mathrm{d}t} = x(\pi'_{11} - \bar{\pi}'_1) =$$
$$x(1-x)\{[\chi_1 C_2 + (1-k)hB_1 + (1-\chi_2)B_2 +$$
$$\kappa_1 R - \pi_0 - N_1]y - C_1 - vA_1\} \qquad (8-14)$$

同理，承储企业选择"储备"策略时的收益 π'_{21} 为：

$$\pi'_{21} = (\pi_0 + \kappa_2 R - \chi_1 C_2 + \chi_2 B_2 + khB_1)x - (1-\chi_1)C_2 - vA_2 + \pi_2 \qquad (8-15)$$

选择"不储备"策略时的收益 π'_{22} 为：

$$\pi'_{22} = \pi_2 + x(N_2 - \chi_3 B_3) \qquad (8-16)$$

平均期望收益 $\bar{\pi}'_2$ 为：

$$\overline{\pi}'_2 = (khB_1 + \chi_2 B_2 + \chi_3 B_3 - \chi_1 C_2 + \kappa_2 R - N_2 + \pi_0)xy -$$
$$(1 - \chi_1)C_2 y - vA_2 y + (N_2 - \chi_3 B_3)x + \pi_2$$

$$(8-17)$$

则有，承储企业的复制动态方程为：

$$F'(y) = \frac{\mathrm{d}y}{\mathrm{d}t} = y(\pi'_{21} - \overline{\pi}'_2)$$
$$= y(1-y)[(khB_1 + \chi_2 B_2 + \chi_3 B_3 - \chi_1 C_2 + \kappa_2 R - N_2 + \pi_0)x -$$
$$(1 - \chi_1)C_2 - vA_2]$$

$$(8-18)$$

$O(0,0)$、$A(1,0)$、$B(1,1)$、$C(0,1)$、$D'(x^*, y^*)$ 为 $F'(x) = 0$，$F'(y) = 0$，在 $D'^* = \{(x,y) | 0 \leqslant x \leqslant 1, 0 \leqslant y \leqslant 1\}$ 五个局部均衡点，$D'(x^*, y^*)$ 点的横、纵坐标分别为

$$x^* = \frac{vA_2 - \chi_1 C_2 + C_2}{khB_1 + \chi_2 B_2 + \chi_3 B_3 - \chi_1 C_2 + \kappa_2 R - N_2 + \pi_0},$$

$$y^* = -\frac{vA_1 + C_1}{khB_1 - hB_1 + \chi_2 B_2 - \chi_1 C_2 + \kappa_1 R - B_2 + N_1 + \pi_0}，进一步$$

求得 $F'(x)$、$F'(y)$ 关于 x、y 的偏导数，可得博弈系统的 Jacobian 矩阵 $\boldsymbol{J}'$：

$$\boldsymbol{J}' = \begin{bmatrix} (1-2x)\{[\chi_1 C_2 + (1-k)hB_1 + (1-\chi_1)B_2] \\ + \kappa_1 R + -\pi_0 - N_1]y - C_1 - vA_1\} \\ x(1-x)[\chi_1 C_2 + (1-k)hB_1 \\ + (1-\chi_1)B_2 + \kappa_1 R - \pi_0 - N_1] \\ y(1-y)(khB_1 + \chi_2 B_2 + \chi_3 B_3 \\ -\chi_1 C_2 + \kappa_2 R + \pi_0 - N_2) \\ (1-2y)[(khB_1 + \chi_2 B_2 + \chi_3 B_3 - \chi_1 C_2 + \kappa_2 R \\ + \pi_0 - N_2)x - (1-\chi_1)C_2 - vA_2] \end{bmatrix}$$

$$(8-19)$$

当雅克比矩阵的值和迹满足 $\det J > 0$，$\operatorname{tr} J < 0$ 时，可得演化稳定策略 ESS（Friedman，1991）。且 x^*、y^* 在 $D^* = \{(x, y) \mid 0 \leqslant x \leqslant 1, 0 \leqslant y \leqslant 1\}$ 上，则当满足

$$0 < x^* = \frac{vA_2 - \chi_1 C_2 + C_2}{khB_1 + \chi_2 B_2 + \chi_3 B_3 - \chi_1 C_2 + \kappa_2 R - N_2 + \pi_0} < 1, 0 < y^* =$$

$$-\frac{vA_1 + C_1}{khB_1 - hB_1 + \chi_2 B_2 - \chi_1 C_2 + \kappa_1 R - B_2 + N_1 + \pi_0} < 1,$$ 该激励政策下的博弈系统存在 5 个局部均衡点，如表 8 - 4 所示。

表 8 - 4　　　　激励政策下局部均衡点的稳定性分析

均衡点	$\det J$	$\operatorname{tr} J$	局部稳定性
$O(0,0)$	+	−	ESS
$A(0,1)$	+	+	不稳定
$B(1,1)$	+	−	ESS
$C(1,0)$	+	+	不稳定
$D^* = (x^*, y^*)$	−	0	鞍点

由表 8 - 4 可知，在引入激励政策调控后，可得博弈系统的鞍点、不稳定点和稳定点，以上局部稳定点与市场机制背景下一致，$O(0,0)$ 和 $B(1,1)$ 为演化均衡稳定策略，可知激励政策下的演化相位图与市场机制下的相位图未发生改变。分析相关因素对 S_{AOCD} 和 S_{ABCD} 的相对大小，可进一步研究各影响因素间的关系，记 S_{AOCD} 为 S_2，则有：

$$S_2 = \frac{1}{2}(x^* + y^*)$$

$$= \frac{1}{2}\left(\frac{vA_2 + \chi_1 C_2 + C_2}{khB_1 + \chi_2 B_2 + \chi_3 B_3 - \chi_1 C_2 + \kappa_2 R - N_2 + \pi_0} - \right. \quad (8 - 20)$$

$$\left. \frac{vA_1 + C_1}{khB_1 - hB_1 + \chi_2 B_2 - \chi_1 C_2 + \kappa_1 R - B_2 + N_1 + \pi_0}\right)$$

命题8.7：承储企业选择储备策略的概率随着委托人成本补贴力度及产能储备成果奖励加大而增加。

证明：

由

$$\frac{\partial S_2}{\partial \chi_1} = -\frac{2(khB_1 + \chi_2 B_2 + \chi_3 B_3 + \kappa_2 R + \pi_0 - N_2 - \upsilon A_2 - C_2)C_2}{(2khB_1 + 2\chi_2 B_2 + 2\chi_3 B_3 - 2\chi_1 C_2 + 2\kappa_2 R - 2N_2 + 2\pi_0)^2}$$

$$-\frac{2(\upsilon A_1 + C_1)C_2}{(2khB_1 - 2hB_1 + 2\chi_2 B_2 - 2\chi_1 C_2 - 2\kappa_1 R - 2B_2 + 2N_1 + 2\pi_0)^2},$$

因为 $0 < x'^* < 1$，可知 $\frac{\partial S_2}{\partial \chi_1} < 0$，同理

$$\frac{\partial S_2}{\partial B_2} = -\frac{2(\upsilon A_2 - \chi_1 C_2 + C_2)\chi_2}{(2khB_1 + 2\chi_2 B_2 + 2\chi_3 B_3 - 2\chi_1 C_2 + 2\kappa_2 R - 2N_2 + 2\pi_0)^2}$$

$$-\frac{2(\upsilon A_1 + C_1)(1 - \chi_2)}{(2khB_1 - 2hB_1 + 2\chi_2 B_2 - 2\chi_1 C_2 - 2\kappa_1 R - 2B_2 + 2N_1 + 2\pi_0)^2},$$

可知 $\frac{\partial S_2}{\partial B_2} < 0$，所以随着 χ_1 和 B_2 的增加，S_2 的面积减小，激励政策下的博弈系统向 $B(1,1)$ 点演进，证毕。

命题8.7表明，应急医疗物资生产能力储备作为国家应急体系力量建设的重要组成，是承担社会责任的排头兵，其储备的效益直接关系到应急救援的社会效益，因此，成本补贴和储备成果奖励成为了重要的激励手段。这两种措施能够有效地降低承储企业的成本并提高其收益，从而对企业选择应急医疗物资生产能力储备策略产生积极的推动作用。这种正向激励可以鼓励更多的企业参与到应急医疗物资生产能力储备中来，为保障国家应急救援工作的顺利开展贡献力量。

命题8.8：承储企业选择储备的概率随处罚基数和处罚力度的增

加而增加。

证明：

由公式 8 – 20 可得：

$$\frac{\partial S_2}{\partial \chi_3} = - \frac{2(vA_2 - \chi_1 C_2 + C_2)B_3}{(2khB_1 + 2\chi_2 B_2 + 2\chi_3 B_3 - 2\chi_1 C_2 + 2\kappa_2 R - 2N_2 + 2\pi_0)^2}，则有$$

$\frac{\partial S_2}{\partial \chi_3} > 0$，同理可得 $\frac{\partial S_2}{\partial B_3} > 0$。那么 S_2 的面积随 χ_3 和 B_3 的增加而增大，

系统向 $O(0,0)$ 点演进，证毕。

命题 8.8 表明，合理设定处罚基数和处罚力度，能够显著提高承储企业在应急医疗物资储备中的违规成本，有效降低其投机行为的动机。随着处罚力度的逐步加强，承储企业将更加注重规避经济损失、声誉损害以及潜在的法律责任等风险。因此，他们会更加倾向于选择稳健的储备策略，而非冒险进行投机行为。这样的制度设计不仅有助于规范承储企业的行为，还能增强整个应急医疗物资储备体系的稳定性和可靠性，为应对突发事件提供坚实的医疗物资产能储备保障。

命题 8.9：χ_2 的大小对博弈结果的影响视具体情况而定。

证明：

当　　$\left(\dfrac{khB_1 + \chi_2 B_2 + \chi_3 B_3 - \chi_1 C_2 + \kappa_2 R - N_2 + \pi_0}{khB_1 - hB_1 + \chi_2 B_2 - \chi_1 C_2 - \kappa_1 R - B_2 + N_1 + \pi_0}\right)^2 <$

$\dfrac{vA_2 - \chi_1 C_2 + C_2}{vA_1 + C_1}$ 时，可得 $\dfrac{\partial S_2}{\partial \chi_2} < 0$，$S_2$ 的面积随 χ_2 的增大而的减小，当

承储企业收益分享比例增加时，系统会向委托储备策略组合演进；当

$$\left(\frac{khB_1 + \chi_2 B_2 + \chi_3 B_3 - \chi_1 C_2 + \kappa_2 R - N_2 + \pi_0}{khB_1 - hB_1 + \chi_2 B_2 - \chi_1 C_2 - \kappa_1 R - B_2 + N_1 + \pi_0}\right)^2 > \frac{vA_2 - \chi_1 C_2 + C_2}{vA_1 + C_1}$$

时，$\dfrac{\partial S_2}{\partial \chi_2} > 0$，$S_2$ 的面积随 χ_2 的增大而的增大，证毕。

命题8.9表明，当承储企业的成果奖励收益分享比例增加时，系统向不委托不储备策略组合演化的概率可能会增加。这一现象揭示了在国家激励政策下，博弈双方最终决策的选择确实受到承储企业分配系数的影响，并且这种影响并非一成不变，而是根据具体情况而有所差异。具体来说，成果奖励收益分享比例的增加意味着承储企业在参与应急医疗物资生产能力储备时能够获得更多的经济回报。这原本应该是一个激励因素，促使承储企业更积极地参与储备工作。然而，如果这种增加的比例未能充分反映承储企业的实际贡献和风险，或者未能与其他激励措施相协调，就可能导致承储企业对于参与储备的意愿降低。此外，委托人在面对承储企业成果奖励收益分享比例增加的情况时，也可能重新评估自身的收益和风险。如果委托人认为增加承储企业的收益分享比例会导致自身的利益受损，或者认为储备工作带来的社会效益并未达到预期，那么他们可能会倾向于选择不委托的策略。因此，在制定国家激励政策时，需要综合考虑博弈双方的利益和风险，确保承储企业的成果奖励收益分享比例既能激励其积极参与储备工作，又能保持委托人的合作意愿。同时，还需要根据具体情况灵活调整这一比例，以适应不同情况下的需求变化。

第二节　结果分析

本章运用演化博弈的思想和方法构建了市场机制及国家应急医疗

储备体系宏观层面激励政策下，应急医疗物资储备委托人与承储企业开展产能储备合作的动态演化模型。基于应急医疗物资储备体系建设，并考虑了博弈双方在应急医疗物资生产能力储备中得到的声誉收益和社会减灾效益及由此产生的收益，本章通过理论分析和算例仿真，探究了各因素对委托人和承储企业决策的影响，并分析了在市场机制无法促使委托人和承储企业达成储备合作时，国家宏观层面激励政策的介入对委托人和承储企业最终决策的影响。

（1）在市场机制和国家宏观层面激励政策的共同作用下，声誉价值、声誉转化能力、社会减灾效益以及储备损益障碍因子等多个因素共同推动了博弈系统向应急医疗物资生产能力储备合作的方向发展。然而，储备成果奖励收益分配系数对博弈系统的影响并非一成不变，而是根据具体条件和背景产生不同的效果。这表明，在制定相关政策时，需要细致考虑各种因素，以确保系数能够在不同情境下发挥最佳作用。

（2）本章深入探讨了储备成本与储备收益之间的比值关系。这一比值处于特定范围内时，系统能够有效推动应急医疗物资生产能力储备合作的实现。然而，当比值超过某一阈值时，系统不仅不会达成委托储备的合作，反而向着相反方向演进。在市场机制失效的情况下，国家采取了储备成果奖励和储备成本补贴的措施，以引导博弈系统朝着达成储备合作的方向发展。尽管成本补贴在初期就能迅速产生激励效果，但从长期来看储备成果奖励带来的激励效果更为显著。当储备成果奖励开始发挥作用时，成本补贴的阈值会显著降低。因此，结合使用储备成果奖励和成本补贴两种手段，可以更有效地促进应急医疗物资生产能力储备的实现。

（3）承储企业的投机收益与其储备损益对其承储行为的实现构成了不利影响，并在博弈系统中产生了负面效应。当承储企业的投机收益阈值低于其储备损益时，这些企业对应急医疗物资生产能力储备的储备损益展现出了更高的敏感性。投机收益与储备损益的存在可能使系统倾向于不选择委托储备。在此情况下，如果激励政策中的惩罚力度低于投机收益，则企业仍有很大概率出现投机行为。此时需要增大惩罚力度，且惩罚力度需要超过一个临界点，委托人和承储企业的决策才会选择委托与储备。另外，惩罚力度与达成储备合作呈正相关关系，即随着惩罚力度增加，承储企业的投机收益越低，应急医疗物资生产能力储备越容易达成。

基于以上研究结论提出两点对策建议。

首先，采取多元化的激励手段，积极发挥国家政策在应急医疗物资生产能力储备中的激励作用。具体来说，可以以成本补贴为主，辅以成果奖励，并结合其他多种激励方式，充分发挥每种激励手段的特性。适度地通过国家宏观激励政策可以间接降低企业生产能力储备成本与收益之比的阈值，进一步提高企业进行应急医疗物资生产能力储备的积极性和持续性。同时，为了确保储备策略的有效执行并防止潜在的风险，国家还应实施相应的监管措施，并加大惩罚力度，以有效抑制承储企业可能出现的投机行为。这样不仅能保障国家应急体系的稳定运行，还能增强社会对储备体系的信任度。以上综合措施可以更有效地推动应急医疗物资生产能力储备工作的开展，为应对可能的突发事件做好充分准备。

其次，各储备委托人应充分利用损益障碍因子的制约作用，最大程度地减少潜在损失。同时，应加强与第三方金融机构的有效沟通和协调，这样可以推动出台第三方金融服务对应急医疗物资生产能力储备的专项支持政策。这些政策有助于打通银行专项贷款和利息补贴在实际操作中的堵点，进而有效抑制应急医疗储备的储备损益。在这个过程中，需要储备参与者和国家共同努力，形成合力。国家层面可以提供政策引导和财政支持，而储备参与者则应积极响应并落实这些政策，以实际行动推动应急医疗物资生产能力储备体系的建设与发展。这种合作模式不仅有助于提升国家应对突发事件的能力，还能为社会带来更大的安全和稳定。

本章构建了应急医疗物资生产企业承储行为演化博弈模型，分析了在市场机制和国家宏观层面激励政策调控下，声誉价值、声誉转化能力、社会效益、社会效益转换系数、承储成本以及储备损益障碍因子等因素对生产能力储备合作效果的影响，为引导企业参与应急医疗物资生产能力储备提供理论支持；并且通过演化博弈，发现参与主体在有限理性下可演化至稳定状态，这证明在应急医疗物资生产能力储备中的委托代理关系是可长期成立的，对后续开展委托代理关系下的应急医疗物资生产能力储备激励机制研究提供了理论支撑。

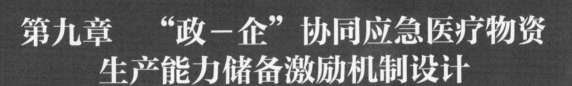

第九章 "政－企"协同应急医疗物资生产能力储备激励机制设计

以往应急医疗物资主要采用实物储备形式，不仅需要花费大量资金用于采购，而且管理、轮换、报废、处置等储备环节均需付出大量的资金成本。应急医疗物资主要包括试剂、口罩、防护服等非耐用品，具有峰值需求量大，生产周期短，保质期短等特点。相比之下，应急医疗物资生产能力储备能有效降低库存成本、减少资金投入和减少浪费。生产能力储备活动通常以委托代理形式开展，政府作为委托方以实现减灾效果最大化的社会效益为目标，企业作为代理方以谋求自身利益最大化为目标。当双方利益不一致时，作为代理人的承储企业往往无法认真履行自己的职责，存在超期交付或供应持续性不足问题。此外，在不对称信息情况下，企业处于信息优势地位，可能产生投机行为，减少人力财力物力的投入，为了实现自身利益的最大化进而牺牲委托人利益，导致实际努力程度远远低于委托人的要求（He et al.，2014；Wu，2003）。因此，政府如何设计一种激励机制来促进企业提高医疗物资生产能力储备努力水平，同时减少企业投机行为，并降低超期交付或供应持续性不足带来风险，实现社会效益最大化是政府在生产能力储备中面临的关键问题。目前对于应急医疗物资储备激励机制的研究，主要集中在实物储备，而有关生产能力储备的刻画较少。由于生产能力储备与实物储备在需求特性、资金投入及储存方式上存在着明显差异，将实物储备激励模型应用到不对称信息下生产能力储备激励模型上，显然是不合理的。

鉴于此，本章研究基于政府与生产能力储备企业之间的委托代理关系，分析了两者利益博弈，在不对称信息条件下，针对承储企业超期交付或供应持续性不足行为，构建应急医疗物资生产能力储备双指标激励模型。并确定满负荷产能和持续生产能力最优奖惩系数与企业最优努力水平，为应急医疗物资生产能力储备决策提供重要的管理启示。

第一节　问题描述与模型假设

政府基于辖区人口、经济发展等因素预设应急医疗物资生产能力储备需求，并与企业签订生产能力储备协议。目前"政—企"生产能力储备主要存在两个问题：一是在公共卫生事件暴发后，企业生产能力不足导致储备物资超期交付；二是供应持续性不强，经常出现断货或生产供应时多时少。因此，尝试设计一种激励机制来规避超期交付和供应持续性不足两个问题。针对超期交付问题，政府尝试通过对满负荷生产能力这一指标进行激励，来促进企业提高最大单日产能水平，确保日均产能达到政府要求，从而避免延期交付。针对供应持续性不强的问题，政府通过要求企业依据生产能力储备计划预储对应规模的原材料、技术人员，并完善生产预案、提高供应链管理来确保企业生产的持续实施，实现企业稳定且持续性的生产。基于以上两个指标的激励，分别治理企业超期交付和供应持续性问题。

因此，政府从满负荷产能和持续生产能力两方面指标来激励企业开展生产能力储备（张晓君，2014；林文广等，2021；陆可晶等，2022）。承储企业依据储备协议开展生产能力储备并决定最优努力水平，当突发公共卫生事件发生时将生产能力储备转换为医疗物资产出。其可达满负荷产能水平为 $p = \alpha_1 e + \varepsilon$，视为企业在人、机、料、法、环等各生产要素下的单位工作时间内满负荷运转生产的良品产出数；企业实际可达持续生产能力水平 $q = \alpha_2 e + \zeta$，即为企业在供应链波动或中断情况下，企业生产的稳定性、可靠性和持续性，可通过加强原材料储备、优化供应链管理、制定完善的生产应急预案、加强员工培训等努力行为提高持续生产能力水平。其中 α_1、α_2 分别反映企业理想状态下满负荷产能和持续生产能力，e 为生产能力储备企业的努力程度，该努力程度对满负荷产能和持续生产能力都产生正向效果，ε 为企业满负荷产能的随机影响因子，主要指温度、湿度等因子对满负荷产能 p 的影响，且随机影响因子相互独立，鉴于此，假设这些因子综合起来服从正态分布，即 $\varepsilon \sim N(0, \sigma^2)$。$\zeta$ 为企业持续生产能力的随机影响因子，主要指供应链可靠性、生产线持续生产稳定性等影响因子对持续生产能力 q 的影响，影响因子之间相互独立，鉴于此，假设这些因子综合起来服从正态分布，即 $\zeta \sim N(0, \delta^2)$。

政府分别对满负荷产能水平和持续生产能力进行奖惩，$\omega_1(p - P)$ 为政府对企业的满负荷产能水平的奖惩。当卫生事件发生时，如果承储企业实际满负荷产能水平 p 大于政府要求的满负荷产能储备水平 P，政府则按照系数 ω_1 的比例奖励企业，反之则惩罚承储企业。$\omega_2(q - Q)$ 为政府对企业的持续生产能力的奖惩，如果企业实际持续生产能力水平 q 大于政府要求的持续生产能力水平 Q，政府则按照系数 ω_2 的比例奖励生产能力储备企业，反之则按照系数 ω_2 的比例惩罚生产能力储备企业。

企业参与应急医疗物资储备，可以向银行申请一笔利率为 i 的应急医疗物资储备专项贷款 ω_0，国家有贴息贷款政策，政府按照贴息

率 φ（φ 取值在 0—1）对该贷款进行贴息，ι 为企业贷款收益转换系数。由于开展了应急医疗物资生产能力储备，企业达到了相应的生产能力，并在公共卫生事件发生时将产能转化为物资，政府有了收益，该收益是一种社会福利。转换物资的效率越高、鲁棒性越好、持续性越强，越能有效地提供产能储备应急物资，从而实现应急医疗物资生产能力储备在公共卫生事件发生时的应急救援价值。政府的收益与承储企业的满负荷产能和持续生产能力两项努力程度密切相关，即企业的真实储备情况直接影响医疗物资生产能力储备的效果。基于此，设定政府的收入为 $he + \xi$，其中 h 为企业努力程度带来的政府社会收益转换系数，该值越大，意味着企业努力的最终效果越佳；ξ 为影响政府收益的随机因子，假定 ξ 服从正态分布，即 $\xi \sim N(0, \mu^2)$。

本章用努力成本代替生产能力储备企业投入的成本（高晓宁等，2019），努力成本函数可以表示为 $C(e) = me + \frac{1}{2}ne^2$，其中 m 为固定投入边际成本，n 为努力成本系数。随着 n 的增大，承储企业努力成本越大。且企业为生产能力储备所做的努力越多，企业努力成本也随之增大，由此可得努力成本关于努力水平的一阶导大于零，即 $C'(e) > 0$，与此同时企业努力成本关于努力水平的二阶导也大于零，即 $C''(e) > 0$，可知企业付出的努力水平越高，其努力边际成本也随之增大。

政府与企业间存在主从博弈关系，即政府主导，企业从属，双方的决策步骤为：第一步，基于对未来可能发生的公共卫生事件，政府根据其管辖范围内的人口、经济发展、企业布局等信息遴选生产能力储备企业，并委托企业开展应急医疗物资生产能力储备；企业参与生产能力储备后，提前做好产能储备，比如原材料、生产线等。第二步，企业针对政府关注的满负荷产能和持续生产能力两项指标决定生产能力储备的努力水平。第三步，企业在生产能力承储期内，一旦突发公共卫生事件暴发，企业将生产能力转换为实物用于救灾，政府根据设定的奖惩系数对企业满负荷产能和持续生产能力两个生产能力储备考核指标对企业实施奖惩；若在准备期内无突发公共卫生事件暴发，政府不对企业进行奖惩。

为建模定量分析，本章不失一般性地作出如下假设。

假设9.1：政府与应急医疗物资生产能力储备企业是完全理性的，政府是风险中性的，企业是风险规避的，r 为企业风险规避系数，x 为实际货币收入。

假设9.2：政府目标是社会效益最大化，承储企业目标是自身利益最大化，两者的特点决定了其追求的目标不同。

假设9.3：企业具有生产能力储备的真实信息，而政府无法全面获取该信息，两者之间的存在信息不对称。由此可能引发不对称信息带来企业生产能力储备道德风险问题。

假设9.4：本章研究生产能力储备的对象为应急医疗物资，主要是试剂、防护服、防护面罩、口罩等，该类物资为非耐用型物资，具有需求量大、生产周期短、保质期短的特点，比较适合生产能力储备。

本章中所涉及的参数符号见表9-1。

表9-1　　　　　　　　　　　符号表

符号	含义
ω_0	应急医疗物资储备专项贷款
i	银行利率
φ	贷款贴息率

符号	含义
ι	企业贷款收益转换系数
r	企业风险规避系数
α_1	企业理想状态下满负荷产能
α_2	企业理想状态下持续生产能力
e	生产能力储备企业的努力程度
p	企业实际可达满负荷产能储备水平
q	企业实际可达持续生产能力水平
ε	$\varepsilon \sim N(0,\sigma^2)$ 企业满负荷产能随机影响因子，主要指温度、湿度等因子对满负荷产能 p 的影响，这些因子相互独立
ζ	$\zeta \sim N(0,\delta^2)$，企业持续生产能力的随机影响因子，主要指供应链可靠性、生产线持续生产稳定性等因子对 q 的影响，这些因子相互独立
ω_1	满负荷产能水平奖励惩系数
ω_2	持续生产能力水平奖励惩系数
P	政府要求的实际可达满负荷产能水平
Q	政府要求的实际可达持续生产能力水平
h	与企业努力水平有关的边际社会效益转换系数
ξ	影响政府社会效益的随机影响因子，假定 ξ 服从正态分布，即 $\xi \sim N(0,\mu^2)$
m	固定投入边际成本
n	努力成本系数
C	企业努力成本

第二节　"政—企"协同下应急医疗物资生产能力储备激励模型构建

一、企业效用函数分析

政府采用线性契约，即生产能力储备企业收益函数 f_H 可表示为：

$$f_H = y(\omega) + \iota\omega_0 - C(e) = \omega_0 i\varphi + \omega_1(\alpha_1 e + \varepsilon - P) + \omega_2$$

$$(\alpha_2 e + \zeta - Q) + \iota\omega_0 - me - \frac{1}{2}ne^2 \tag{9-1}$$

承储企业成本函数 $C(e) = me + \frac{1}{2}ne^2$，由于 $\varepsilon \sim N(0,\sigma^2)$，$\zeta \sim N(0,\delta^2)$，因此 $f_H \sim N(\omega_0 i\varphi + \omega_1(\alpha_1 e + \varepsilon - P) + \omega_2(\alpha_2 e + \zeta - Q) + \iota\omega_0 - me - \frac{1}{2}ne^2, \omega_1^2\sigma^2 + \omega_2^2\delta^2)$。

根据 Holmstrom 线性激励机制的描述（Holmstrom et al.，1987），由于承储企业属于风险规避型，则企业效用函数表现为 Pratt - Arrow 型效用函数：$u(f_H) = -\exp(-rf_H)$，则应急医疗物资生产能力储备企业效用函数 $Eu(f_H)$ 的期望值如式（9-2）所示：

$$E[u(f_H)] = \int_{-\infty}^{+\infty} -e^{-rf_H} \frac{1}{\sqrt{2\pi Var(f_H)}} e^{-\frac{(f_H - E(f_H))^2}{2Var(f_H)}} \mathrm{d}f_H$$

$$= \frac{1}{\sqrt{2\pi Var(f_H)}} \int_{-\infty}^{+\infty} -e^{-\left(\frac{(f_H - E(f_H) + rVar(f_H))^2}{2Var(f_H)} + r\left(E(f_H) - \frac{rVar(f_H)}{2}\right)\right)} \mathrm{d}f_H$$

$$= -e^{-r\left(E(f_H) - \frac{rVar(f_H)}{2}\right)} \frac{1}{\sqrt{2\pi Var(f_H)}} \int_{-\infty}^{+\infty} -e^{-\left(\frac{(f_H - E(f_H) + rVar(f_H))^2}{2Var(f_H)}\right)} \mathrm{d}f_H = -e^{-r\left(E(f_H) - \frac{rVar(f_H)}{2}\right)}$$

$$\tag{9-2}$$

企业确定性等价收入为 $x(a)$，企业的效用函数期望值为 Π_H，本章用确定性等价收入表示效用函数期望值，若 $u(x(a)) = Eu(W)$，则称 $x(a)$ 为 W 的确定性等价收入，根据以上计算过程，那么确定性等价收入记为：$x(a) = E(f_H) - \frac{rVar(f_H)}{2}$，则：

$$\Pi_H = \omega_0 i\varphi + \omega_1(\alpha_1 e - P) + \omega_2(\alpha_2 e - Q) + \iota\omega_0 -$$

$$me - \frac{1}{2}ne^2 - \frac{r}{2}(\omega_1^2\sigma^2 + \omega_2^2\delta^2) \qquad (9-3)$$

二、政府效用函数分析

政府的收益来源于提前进行了医疗物资生产能力储备，做好了灾前应急准备工作，一旦突发公共卫生事件发生，能通过将灾害损失最小化带来社会减灾效益，因此政府收益函数为：

$$g_z = he + \xi - [\omega_0 i\varphi + \omega_1(\alpha_1 e + \varepsilon - P) + \omega_2(\alpha_2 e + \zeta - Q)]$$

$$(9-4)$$

政府为生产能力储备的委托人，属于风险中性，其效用函数期望值 Π_z 等于收益函数期望值，可表示为：

$$\Pi_z = (h - \omega_1\alpha_1 - \omega_2\alpha_2)e + \omega_1 P + \omega_2 Q - \omega_0 i\varphi \qquad (9-5)$$

三、激励模型构建

结合政府与企业间的委托代理关系，根据上述假设与分析，构建激励契约模型。激励模型的主要任务是，政府如何设置激励系数使得社会效益最大化，因此激励模型的目标函数表示为：

$$\max_{\omega_1, \omega_2}\Pi_z = (h - \omega_1\alpha_1 - \omega_2\alpha_2)e + \omega_1 P + \omega_2 Q - \omega_0 i\varphi \qquad (9-6)$$

另假定 $u(f'_H)$ 为企业投入成本 $C(e,a)$ 所带来的最高机会效用函数，其中 f'_H 为企业保留效用。当企业的期望收益小于其自身保留效用时，从收益最大化为目标的企业角度来看，企业将不会参与应急医疗物资生产能力储备。由此可见，企业参与生产能力储备的约束条件可表示为 $Eu(f_H) \geqslant u(f'_H)$ ，即参与约束条件为企业参与生产能力储备确定性等价收入高于其自身保留效用，可表达为：

$$\omega_0 i\varphi + \omega_1(\alpha_1 e - P) + \omega_2(\alpha_2 e - Q) + \iota\omega_0 -$$

$$me - \frac{1}{2}ne^2 - \frac{r(\omega_1^2\sigma^2 + \omega_2^2\delta^2)}{2} \geq f'_H \qquad (9-7)$$

另一方面，根据本章假设，应急医疗物资生产能力储备企业对风险态度为风险厌恶型，其与政府合作的前提是自身利益最大化，即为确定性等价收入 Π_H 最大化：

$$\max_e \Pi_H = \omega_0 i\varphi + \omega_1(\alpha_1 e - P) + \omega_2(\alpha_2 e - Q) +$$

$$\iota\omega_0 - me - \frac{1}{2}ne^2 - \frac{r(\omega_1^2\sigma^2 + \omega_2^2\delta^2)}{2} \qquad (9-8)$$

综上所述，构建的应急医疗物资生产能力储备系统激励模型为：

$$\max_{\omega_1, \omega_2} \Pi_Z = (h - \omega_1\alpha_1 - \omega_2\alpha_2)e + \omega_1 P + \omega_2 Q - \omega_0 i\varphi$$

$$\text{s. t.} \begin{cases} \omega_0 i\varphi + \omega_1(\alpha_1 e - P) + \omega_2(\alpha_2 e - Q) + \iota\omega_0 - me - \frac{1}{2}ne^2 - \\ \qquad\qquad \frac{r(\omega_1^2\sigma^2 + \omega_2^2\delta^2)}{2} \geq f'_H \\ \max_e \Pi_H = \omega_0 i\varphi + \omega_1(\alpha_1 e - P) + \omega_2(\alpha_2 e - Q) + \\ \qquad\qquad \iota\omega_0 - me - \frac{1}{2}ne^2 - \frac{r(\omega_1^2\sigma^2 + \omega_2^2\delta^2)}{2} \\ \omega_1. \omega_2 \geq 0 \end{cases}$$

$$(9-9)$$

第三节　"政—企"协同下应急医疗物资生产能力储备激励模型求解与分析

直接求解两层优化问题的应急医疗物资生产能力储备激励模型比

较困难，需要将两层优化问题转化为单层优化问题。求解关于承储企业自身努力水平 e 的一阶与二阶条件，得：$\frac{\partial \Pi_H}{\partial e} = \omega_1 \alpha_1 + \omega_2 \alpha_2 - m - ne$，$\frac{\partial^2 \Pi_H}{\partial e^2} = -n$，由于 $-n < 0$。故判定 Π_H 为凹函数，存在最优努力水平。

令 $\frac{\partial \Pi_H}{\partial e} = \omega_1 \alpha_1 + \omega_2 \alpha_2 - m - ne = 0$，得：

$$e^* = \frac{\omega_1 \alpha_1 + \omega_2 \alpha_2 - m}{n} \qquad (9-10)$$

激励函数约束条件用公式（9-10）表示，对企业参与约束 $\Pi_H \geqslant f'_H$，构造拉格朗日函数，引入拉格朗日乘子 β_1 和 β_2。

$$F(\omega_1, \omega_2, \beta_1, \beta_2) = (h - \omega_1 \alpha_1 - \omega_2 \alpha_2)e + \omega_1 P + \omega_2 Q - \omega_0 i\varphi + \beta_1$$

$$(\Pi_H - f'_H) + \beta_2 \left(\frac{\omega_1 \alpha_1 + \omega_2 \alpha_2 - m}{n} - e^* \right)$$

$$(9-11)$$

根据库恩-塔克条件可得 $\beta_1 = \frac{i\varphi}{i\varphi + \iota} \neq 0$，"参与约束"为起作用约束。

将参与约束与激励约束带入目标函数，可得：

$$\max_{\omega_1, \omega_2} \Pi_Z = (h - m)e - \frac{1}{2}ne^2 + \iota\omega_0 - \frac{r(\omega_1^2 \sigma^2 + \omega_2^2 \delta^2)}{2} - f'_H$$

$$= \frac{(h - m)(\omega_1 \alpha_1 + \omega_2 \alpha_2 - m)}{n} - \frac{(\omega_1 \alpha_1 + \omega_2 \alpha_2 - m)^2}{2n} -$$

$$\frac{r(\omega_1^2 \sigma^2 + \omega_2^2 \delta^2)}{2} + \iota\omega_0 - f'_H \qquad (9-12)$$

因 ω_1 和 ω_2 $\begin{pmatrix} \dfrac{\partial^2 \Pi_z}{\partial \omega_1^2} & \dfrac{\partial^2 \Pi_z}{\partial \omega_1 \partial \omega_2} \\ \dfrac{\partial^2 \Pi_z}{\partial \omega_2 \partial \omega_1} & \dfrac{\partial^2 \Pi_z}{\partial \omega_2^2} \end{pmatrix}$, 其中 $\dfrac{\partial^2 \Pi_z}{\partial \omega_1^2} = - r\sigma^2 < 0$,

$\begin{vmatrix} \dfrac{\partial^2 \Pi_z}{\partial \omega_1^2} & \dfrac{\partial^2 \Pi_z}{\partial \omega_1 \partial \omega_2} \\ \dfrac{\partial^2 \Pi_z}{\partial \omega_2 \partial \omega_1} & \dfrac{\partial^2 \Pi_z}{\partial \omega_2^2} \end{vmatrix} = \dfrac{r(\alpha_1^2 \delta^2 + \alpha_2^2 \sigma^2)}{n} + r^2 \sigma^2 \delta^2 > 0$, 所以此矩阵为负

定, ω_1 和 ω_2 在 Π_z 中可得到最优结果。令 $\dfrac{\partial \Pi_z}{\partial \omega_1} = 0$, $\dfrac{\partial \Pi_z}{\partial \omega_2} = 0$, 并联立

求解得：

$$\omega_1^* = \frac{h\alpha_1 \delta^2}{nr\sigma^2 \delta^2 + \alpha_1^2 \delta^2 + \alpha_2^2 \sigma^2} \tag{9-13}$$

$$\omega_2^* = \frac{h\alpha_2 \sigma^2}{nr\sigma^2 \delta^2 + \alpha_1^2 \delta^2 + \alpha_2^2 \sigma^2} \tag{9-14}$$

将公式（9-13）和（9-14）带入公式（9-10），可得：

$$e^* = \frac{h}{n} \cdot \frac{\alpha_1^2 \delta^2 + \alpha_2^2 \sigma^2}{nr\sigma^2 \delta^2 + \alpha_1^2 \delta^2 + \alpha_2^2 \sigma^2} - \frac{m}{n} \tag{9-15}$$

命题9.1：在不对称信息下，政府最优满负荷产能奖惩系数 ω_1^* 与随机因子 ε 的方差、企业风险规避系数 r 、变动投入成本 n 以及企业的持续生产能力 α_2 为负相关关系；最优满负荷产能奖惩系数 ω_1^* 与减灾效益转换系数 h 、随机因子 ζ 的方差呈正相关关系；ω_1^* 随着企业的满负荷产能 α_1 的增加先增加而后减少。

证明：

通过最优满负荷产能奖惩系数 ω_1^* 关于 ε , ζ , r , n , h , α_1 , α_2 的

一阶偏导，得到：

$$\frac{\partial \omega_1^*}{\partial \sigma^2} = -\frac{h\alpha_1 \delta^2 (\delta^2 nr + \alpha_2^2)}{(nr\sigma^2 \delta^2 + \alpha_1^2 \delta^2 + \alpha_2^2 \sigma^2)^2} < 0,$$

$$\frac{\partial \omega_1^*}{\partial \delta^2} = \frac{\alpha_1 \alpha_2^2 \sigma^2 h}{(nr\sigma^2 \delta^2 + \alpha_1^2 \delta^2 + \alpha_2^2 \sigma^2)^2} > 0, \quad \frac{\partial \omega_1^*}{\partial r} = -\frac{h\alpha_1 \delta^4 \sigma^2 n}{(nr\sigma^2 \delta^2 + \alpha_1^2 \delta^2 + \alpha_2^2 \sigma^2)^2} < 0,$$

$$\frac{\partial \omega_1^*}{\partial n} = -\frac{h\alpha_1 \delta^4 \sigma^2 r}{(nr\sigma^2 \delta^2 + \alpha_1^2 \delta^2 + \alpha_2^2 \sigma^2)^2} < 0, \quad \frac{\partial \omega_1^*}{\partial h} = -\frac{\alpha_1 \delta^2}{(nr\sigma^2 \delta^2 + \alpha_1^2 \delta^2 + \alpha_2^2 \sigma^2)^2} < 0,$$

$$\frac{\partial \omega_1^*}{\partial \alpha_2} = -\frac{2h\alpha_1 \delta^2 \alpha_2 \sigma^2}{(nr\sigma^2 \delta^2 + \alpha_1^2 \delta^2 + \alpha_2^2 \sigma^2)^2} < 0, \quad \frac{\partial \omega_1^*}{\partial \alpha_1} = \frac{h\delta^2 [(nr\sigma^2 - \alpha_1^2)\delta^2 + \alpha_2^2 \sigma^2]}{(nr\sigma^2 \delta^2 + \alpha_1^2 \delta^2 + \alpha_2^2 \sigma^2)^2}.$$

当 $0 < \alpha_1 < \dfrac{\sqrt{nr\delta^2 + \alpha_2^2}\,\sigma}{\delta}$ 时，$\dfrac{\partial \omega_1^*}{\partial \alpha_1} = \dfrac{h\delta^2 [(nr\sigma^2 - \alpha_1^2)\delta^2 + \alpha_2^2 \sigma^2]}{(nr\sigma^2 \delta^2 + \alpha_1^2 \delta^2 + \alpha_2^2 \sigma^2)^2} >$

0，该条件下政府最优满负荷产能奖惩系数 ω_1^* 与企业的满负荷

产能 α_1 呈正相关关系；当 $\alpha_1 \geq \dfrac{\sqrt{nr\delta^2 + \alpha_2^2}\,\sigma}{\delta}$ 时，$\dfrac{\partial \omega_1^*}{\partial \alpha_1} =$

$\dfrac{h\delta^2 [(nr\sigma^2 - \alpha_1^2)\delta^2 + \alpha_2^2 \sigma^2]}{(nr\sigma^2 \delta^2 + \alpha_1^2 \delta^2 + \alpha_2^2 \sigma^2)^2} < 0$，该条件下政府最优满负荷产能奖惩

系数 ω_1^* 随着企业的满负荷产能 α_1 呈负相关关系，证毕。

命题 9.1 表明，为了提升企业应急医疗物资的满负荷产能，可以采取一系列措施来减少不确定性和降低成本。首先，通过开展人员培训、生产设备检修、生产线维护、供应链管理和生产环境改善等方法，企业可以有效地降低因各种不确定因素导致的生产风险，从而提高生产效率。这些方法有助于确保生产过程的顺畅进行，减少生产中断的可能性，进而提升产能。其次，技术改进和管理水平的提升也是关键。通过引入先进的技术和工艺，以及优化管理流程，企业可以降低变动边际成本，提高生产效率和风险承担能力。这些措施不仅有助

于提升企业的满负荷产能,还能增强企业在市场竞争中的优势。然而,如果企业努力不足,可能会导致政府降低对企业最优满负荷产能的奖惩系数。这意味着,如果企业不积极采取措施提升产能,可能会面临政府的惩罚或失去某些奖励。

另外,政府最优满负荷产能奖惩系数与企业满负荷产能之间的关系也值得关注。当企业满负荷产能较低时,政府奖惩激励的效果显著,因为此时提高产能的空间较大,政府的奖惩措施能够直接刺激企业提升产能。但当企业满负荷产能达到较高水平时,政府激励的效果可能不再明显。此时,企业已经接近其生产能力的极限,进一步提升产能的空间有限。因此,政府最优满负荷产能奖惩系数可能会出现下降,并趋于稳定。

命题 9.2:最优持续生产能力奖惩系数 ω_2^* 与供应链持续供应能力随机因子 ζ 的方差,企业风险规避系数 r,变动投入成本 n,企业满负荷产能 α_1 呈负相关关系;与减灾效益转换系数 h 呈正相关关系。ω_2^* 随着企业的持续生产能力 α_2 的增加先增加而后减小。

证明:

通过政府最优奖惩系数 ω_2^* 关于 ε,ζ,r,n,h,α_1,α_2 的一阶偏导可得:

$$\frac{\partial \omega_2^*}{\partial \sigma^2} = -\frac{\alpha_1^2 \sigma^2 h \alpha_2}{(nr\sigma^2\delta^2 + \alpha_1^2\delta^2 + \alpha_2^2\sigma^2)^2} > 0 \,, \quad \frac{\partial \omega_2^*}{\partial \delta^2} =$$

$$-\frac{h\alpha_2\sigma^2(\sigma^2 nr + \alpha_1^2)}{(nr\sigma^2\delta^2 + \alpha_1^2\delta^2 + \alpha_2^2\sigma^2)^2} < 0 \,, \quad \frac{\partial \omega_2^*}{\partial r} = -\frac{nh\alpha_2\sigma^4\delta^2}{(nr\sigma^2\delta^2 + \alpha_1^2\delta^2 + \alpha_2^2\sigma^2)^2} <$$

$$0 \,, \frac{\partial \omega_2^*}{\partial n} = -\frac{rh\alpha_2\sigma^4\delta^2}{(nr\sigma^2\delta^2 + \alpha_1^2\delta^2 + \alpha_2^2\sigma^2)^2} < 0 \,, \frac{\partial \omega_2^*}{\partial h} = \frac{\alpha_2\sigma^2}{nr\sigma^2\delta^2 + \alpha_1^2\delta^2 + \alpha_2^2\sigma^2} >$$

$$0, \frac{\partial \omega_2^*}{\partial \alpha_1} = -\frac{2h\alpha_1\alpha_2\sigma^2\delta^2}{(nr\sigma^2\delta^2 + \alpha_1^2\delta^2 + \alpha_2^2\sigma^2)} < 0,$$

$$\frac{\partial \omega_2^*}{\partial \alpha_2} = \frac{\sigma^2 h[(nr\sigma^2\delta^2 + \alpha_1^2\delta^2 - \alpha_2^2\sigma^2]}{(nr\sigma^2\delta^2 + \alpha_1^2\delta^2 + \alpha_2^2\sigma^2)^2}。$$

当 $0 < \alpha_2 < \dfrac{\sqrt{nr\sigma^2 + \alpha_1^2}\delta}{\sigma}$ 时，$\dfrac{\partial \omega_2^*}{\partial \alpha_2} = \dfrac{\sigma^2 h[(nr\sigma^2\delta^2 + \alpha_1^2\delta^2 - \alpha_2^2\sigma^2]}{(nr\sigma^2\delta^2 + \alpha_1^2\delta^2 + \alpha_2^2\sigma^2)^2} >$

0，则可知奖惩系数 ω_2^* 与企业的持续生产能力 α_2 呈正相关关系；当

$\alpha_2 > \dfrac{\sqrt{nr\sigma^2 + \alpha_1^2}\delta}{\sigma}$ 时，$\dfrac{\partial \omega_2^*}{\partial \alpha_2} = \dfrac{\sigma^2 h[(nr\sigma^2\delta^2 + \alpha_1^2\delta^2 - \alpha_2^2\sigma^2]}{(nr\sigma^2\delta^2 + \alpha_1^2\delta^2 + \alpha_2^2\sigma^2)^2} < 0$，则奖

惩系数 ω_2^* 与企业的持续生产能力 α_2 呈负相关关系，证毕。

命题 9.2 表明，为了提升企业应急医疗物资的持续生产能力，可以从多个方面入手来应对不确定性并降低成本。首先，提升供应链的可靠性至关重要。加强与供应商的合作与沟通，以确保原材料的稳定供应和质量可控，从而减少生产中断的风险。同时，提高生产线的持续生产稳定性也是关键，这包括定期维护和更新设备，以确保生产过程的顺畅无阻。此外，改善供应链管理，如优化库存、减少物流成本等，以及提升持续生产工艺水平，可以有效地降低变动边际成本。这不仅有助于提高企业的持续生产能力，还能增强其抵御市场风险的能力。然而，企业需要警惕投机行为的出现，因为这种行为可能会导致政府的奖惩系数降低。为了维护企业的声誉和长期利益，企业应坚持诚信原则，避免短视的投机行为。

在探讨政府奖惩系数与企业持续生产能力之间的关系时，我们发现了一个有趣的现象。当企业的持续生产能力较低时，政府的奖惩系数与之呈正相关关系，即政府的激励措施能够显著地推动企业提高生产能力。然

而，当企业的持续生产能力达到较高水平时，政府的激励效果开始减弱，奖惩系数甚至出现下降。这可能是因为在这个阶段，企业已经接近其生产潜力的极限，进一步提升的空间有限。因此，政府在制定激励政策时，需要考虑到企业的实际情况，避免过度激励或激励不足。

命题9.3：在不对称信息下，企业最优努力水平 e^* 与随机因子 ε、ζ 的方差、企业风险规避系数 r、常规投入边际成本 m 和变动投入边际成本 n 呈负相关关系，与减灾效益转换系数 h、企业的满负荷产能 α_1 和持续生产能力 α_2 呈正相关关系。

证明：

通过对企业最优努力水平 e^* 关于 ε，ζ，r，m，n，h，α_1，α_2 的一阶偏导求解，得到：

$$\frac{\partial e^*}{\partial \sigma^2} = -\frac{\alpha_1^2 \delta^4 hr}{(nr\sigma^2\delta^2 + \alpha_1^2\delta^2 + \alpha_2^2\sigma^2)^2} < 0, \quad \frac{\partial e^*}{\partial \delta^2} = -\frac{\alpha_2^2\sigma^4 hr}{(nr\sigma^2\delta^2 + \alpha_2^2\sigma^2 + \alpha_1^2\delta^2)^2} < 0, \quad \frac{\partial e^*}{\partial r} =$$

$$-\frac{\sigma^2\delta^2 h(\alpha_1^2\delta^2 + \alpha_2^2\sigma^2)}{(nr\sigma^2\delta^2 + \alpha_1^2\delta^2 + \alpha_2^2\sigma^2)^2} < 0, \quad \frac{\partial e^*}{\partial m} = \frac{-1}{n} < 0, \quad \frac{\partial e^*}{\partial n} =$$

$$\frac{(m-h)\delta^4\alpha_1^2(\alpha_1^2 + 2nr\sigma^2) + (m-h)\alpha_2^2\sigma^2(2nr\sigma^2 + 2\alpha_1^2 + \alpha_2^2\sigma^2) + mn^2r^2\sigma^4}{(nr\sigma^2\delta^2 + \alpha_1^2\delta^2 + \alpha_2^2\sigma^2)^2 n^2} < 0, \quad \frac{\partial e^*}{\partial h} =$$

$$\frac{\alpha_1^2\delta^2 + \alpha_2^2\sigma^2}{(nr\sigma^2\delta^2 + \alpha_1^2\delta^2 + \alpha_2^2\sigma^2)n} > 0, \quad \frac{\partial e^*}{\partial \alpha_1} = \frac{2\alpha_1\delta^4 hr\sigma^2}{(nr\sigma^2\delta^2 + \alpha_1^2\delta^2 + \alpha_2^2\sigma^2)^2} > 0, \quad \frac{\partial e^*}{\partial \alpha_2} =$$

$$\frac{2\alpha_2\delta^2 hr\sigma^4}{(nr\sigma^2\delta^2 + \alpha_1^2\delta^2 + \alpha_2^2\sigma^2)^2} > 0 。$$

证毕。

命题9.3表明，在不对称信息下，要提升企业努力水平，可以从多个维度入手。首先，降低外界随机因素的影响是关键。企业应建立完善的风险管理机制，以应对市场波动、供应链风险等不可预测因素，确保生产运营的稳定。同时，应精细化管理，降低固定成本和变动成本，在保证产品质量的前提下，提高企业的盈利能力，进而激发企业的积极性。其次，提高企业自身承担风险的能力也是提升企业努力水平的重要途径。企业可以通过多元化经营、技术创新、品牌建设等方式，增强自身的核心竞争力，提高抵御风险的能力。这样，企业在面对挑战时能更有信心地坚持下去，减少偷懒和投机行为。此外，企业的满负荷产能和持续生产能力越高，供应链管理体系越完善成熟，越容易提高自身努力水平。这种提升不仅有助于企业内部的优化和发展，还能在应对突发公共卫生事件时表现出更高的减灾效益。减灾效益的提高意味着企业能够为社会创造更多的价值，减少灾害造成的损失，从而为社会带来更大的收益。

命题9.4：在不对称信息下，承储企业最优努力水平 e^* 与政府最优满负荷产能奖惩系数 ω_1^*、持续生产能力奖惩系数 ω_2^* 呈正相关关系。

证明：

通过承储企业最优努力水平 e^* 关于政府最优满负荷产能奖惩系数 ω_1^* 与持续生产能力奖惩系数 ω_2^* 的一阶偏导求解，得：$\dfrac{\partial e^*}{\omega_1^*} = \dfrac{\alpha_1}{n} > 0$，$\dfrac{\partial e^*}{\omega_2^*} = \dfrac{\alpha_2}{n} > 0$，证毕。

命题9.4表明，政府可以通过提高满负荷产能奖惩系数与持续生产能力奖惩系数，来有效激励企业提升自身努力水平。这一举措旨在通过明确的奖惩机制，引导企业更加重视应急医疗物资的生产能力储备，确保在紧急情况下能够迅速响应并满足需求。满负荷产能奖惩系数的提高，将鼓励企业充分利用自身产能，提高生产效率；而持续生产能力奖惩系数的提升，则有助于企业保持长期稳定的生产能力，为应对突发事件提供有力保障。以政府最优满负荷产能奖惩系数 ω_1^*（$0 \leqslant \omega_1^* \leqslant 10$）与持续生产能力奖惩系数 ω_2^*（$0 \leqslant \omega_2^* \leqslant 10$）为自变量，企业最优努力水平 e^* 为因变量作图，如图 9-1 所示。

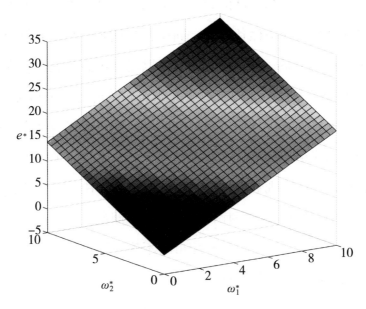

**图9-1 企业努力水平与政府满负荷产能奖惩系数、
持续生产能力奖惩系数关系图**

第四节 结果分析

本章分析了信息不对称条件下的政府与应急医疗物资生产能力储备企业间的利益博弈，构建了不对称信息下"政—企"应急医疗物资生产能力储备激励模型，并基于目前存在的超期交付或供应持续性不足问题，设计了满负荷产能和持续生产能力两个指标，求解了双重激励下的政府最优激励策略，讨论了各外生变量对最优策略的影响，得出如下管理启示。

（1）应急医疗物资生产能力储备过程中，不可控因素会对激励效果产生一定的抑制作用。当不确定性因素减少时，企业对于满负荷产能和持续生产能力奖惩力度的敏感度会相应提高，进而更愿意增加努力程度以提升生产能力储备水平。同时，奖惩系数与企业努力程度之间呈现出正相关关系，这意味着政府可以通过提高奖惩系数来进一步激励企业提高努力水平。从宏观层面来讲，政府与企业应加强合作，共同推广信息技术在应急储备领域的应用，利用现代科技手段提升应急医疗物资供应链的智能化和高效化水平。这不仅有助于促进供应链的升级转型，还能实现数据信息的高效共享，为决策提供更准确、及时的数据支持。通过应急医疗物资生产能力储备，双方共同努力推动相关行业发展，助力降低应急医疗市场不确定性风险，为医疗物资储备体系建设创造更好的外部环境。

（2）激励系数作为衡量政府奖惩力度的重要指标，在承储企业满负荷产能和持续生产能力的提升过程中，确实存在极值点。该极值点对企业决策有着深远的影响，在初始阶段，随着企业满负荷产能和持续生产能力的逐步提升，政府往往会加大补贴力度，以鼓励企业积极参与生产能力储备工作。这种正向激励能够显著增强企业签订生产能力储备合同的积极性，从而推动储备工作的顺利进行。然而，当企业的满负荷产能和持续生产能力提升到一定阈值后，情况就会发生变化。在这个阶段，企业为了进一步提升生产能力储备水平，需要采取更多的措施，如原料储备、生产线技术维护、固定资产投入等。这些措施不仅涉及大量的资金投入，而且可能导致企业的边际成本迅速上升。在这种情况下，政府奖惩对企业努力水平的影响效果会逐渐减弱。因为企业面临的边际成本增加可能会超过政府奖惩带来的收益，因此企业不再仅仅以追求政府奖励为动力来提升努力水平。为了应对这种情况，政府和企业需要共同努力，寻求更加有效的合作方式。政府可以通过优化激励政策，如调整奖惩系数、设置合理的补贴梯度等，以更好地适应企业生产能力储备的不同阶段。同时，企业也应加强内部管理，提高生产效率，降低边际成本，从而在不依赖政府奖惩的情况下，依然能够保持较高的努力水平。

（3）企业的满负荷产能和持续生产能力是评估其生产实力的重要指标，通过优先遴选那些生产实力较高的企业参与应急医疗物资生产能力储备工作，政府能够更有效地利用资源，提高整体的生产能力储备水平。这样的选择不仅能够提升政府激励机制的针对性和有效性，还能够增强企业在面对突发事件时的应急响应能力。另外，企业自身承担风险的能力也是政府制定激励策略时需要考虑的关键因素。不同企业在风险承担方面存在差异，这直接影响到企业对政府激励政策的响应程度和效果，因此政府在制定策略时应充分考虑企业的风险承受能力，制定合理的风险分担机制，降低企业的后顾之忧，激发其参与储备工作的积极性。以上两点表明，政府的激励策略确实受到应急医疗物资生产能力储备企业自身实力的深刻影响，在制定相关策略时，政府需要充分考虑企业的实际生产能力和风险承担能力，最大限度地发挥激励机制的作用，为应对突发事件提供坚实的物资保障。

本章基于"政—企"应急医疗物资生产能力储备存在的两点问题，构建了应急医疗物资生产能力储备激励模型。该模型贴近现实，对促进承储企业提高努力水平、降低突发公共卫生事件造成的危害、提升社会效益具有重要的实践价值。

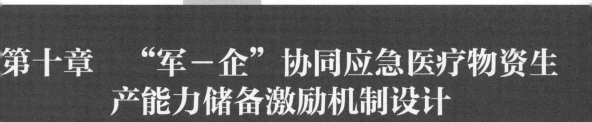

第十章　"军－企"协同应急医疗物资生产能力储备激励机制设计

近年来，我国发生的一系列重大自然灾害和公共卫生事件都具有涉及面广、造成损失重、影响力大、走向难以预测的特点。各种应急资源的储备与合理及时分发就显得至关重要，这就要求尽早建立起门类齐全、运转良好的应急储备体系。随着时代的发展，国家对军队参与救援提出了更高的要求，但由于我国应急物资储备体系不完善，军队参与应急救援物资缺乏明确规范，这就严重制约了军队力量在救援中的发挥，降低了军队实施非战争军事行动应急救援效果。

目前，军队尚未建立专门针对突发公共卫生事件应急医疗物资储备的体制，军队在参与公共卫生事件的应急救援行动中，动用的物资主要来源于军事药材战备储备。而战备储备物资用于突发公共卫生事件救援存在三个主要问题：一是军队战备储备物资因其特殊性，动用权限高、规定严，根据物资动用权限，部队在未接到上级命令前无法动用对应层级的战备物资，而这些物资的审批周期长，影响部队支援地方救灾最佳介入时机。二是军队尚未建立专门的应急物资储备，导致军队战备储备物资身兼应战和应急两重职责。从历史经验来看，战备物资储备为应急救灾行动提供了支撑保障。但军队战备储备物资的动用，直接影响军队战备水平和作战保障能力，现目前军队战备物资储备难以同时兼顾应急与应战。三是战备物资储备管理、储存、包装等主要围绕作战保障，用于应急救援容易出现组织协调凌乱情况，影响应急保障效能。此外，由于医疗物资具有需求量大、生产周期短、储存周期短的特点，比较适合生产能力储备。因此，为应对突发公共卫生事件，实现快速反应与勤务保障，军队亟需建立一定规模的应急医疗物资生产能力储备，并根据非战争军事救援行动规模，调整动用权限、简化工作流程。

值得注意的是承储企业产能信息为私有信息，军队与企业间存在信息不对称，由此存在企业生产能力储备交付道德风险隐患，若承储企业无法按照预期进行应急转产，应急医疗物资"产不出、供不上"，将导致救援能力和效果打折扣。基于"军—企"应急医疗物资生产能力储备不对称信息问题有两个解决路径，一是根据《中国人民解放军驻厂军事代表工作条例》（1989）将军代表派驻到生产能力承储企业进行监督。二是基于"军—企"委托代理关系，设计一套合理的激励机制。派出军代表深入医疗物资产能储备企业开展中期专项监督，了解承储企业生产能力储备真实情况，要求明确责任清单，备足生产原料、检修机器设备，保证随时按需生产供应承储药品、口罩、防护服等医疗物资。因此，本章通过引入军事监督制度，并将军事监督制度与激励策略相结合，设计一套有效的军事中期监督激励机制，而后对比无军事监督制度下的激励机制，以证明军事监督制度优越性。提升应急医疗物资生产储备企业的努力水平，确保军队在遂行非战争军事行动救援过程中的医疗物资保障，对军队参与公共卫生事件应急救援具有重要的实践意义。

目前，不对称信息下"军—企"应急医疗物资生产能力储备激励机制研究较少，实践中缺乏相关理论支撑。鉴于此，本章基于军队和企业应急医疗物资生产能力储备的委托代理关系，分析两者利益博弈，在信息不对称条件下，首先引入军事中期监督制度，构建军事中期监督制度下"军—企"产能储备激励模型，与此同时构建无军事中期监督制度下"军—企"产能储备激励模型，分别确定军队最优奖惩系数与企业最优努力水平；随后将无军事中期监督激励模型作为参照基准，比较军事中期监督制度模型与无军事中期监督制度模型下的军队激励策略；最后通过两个模型对比得到军事中期监督制度带来的优势，为军队开展应急医疗物资生产能力储备提供重要的管理启示。

第一节 问题描述与模型假设

军队和生产能力储备企业之间存在主从博弈关系和不对称信息下的委托代理关系。"军—企"双方的决策过程如图 10-1 所示：首先，军队与企业合作开展应急医疗物资生产能力储备，约定生产能力储备规模和交货周期，并向企业提供一次性补贴 ω_0；然后，根据企业的努力情况结合企业本身具备生产能力形成一个预期减灾价值，并根据这个减灾价值分享收益；最后，在合同期内，若发生突发公共卫生事件，企业按照约定转产并在预设交货期内向军队提供应急医疗物资，若未发生突发公共卫生事件，企业则无法分享生产能力储备带来的减灾效益；此外，为实现生产能力储备预期，保证应急医疗物资生产能力储备计划有效落实，军队向医疗物资生产能力承储企业派出代表以行使监督应急医疗物资生产能力储备的权力，重点对生产原材料、生产线、生产技术等应急转产关键影响因素进行监督检查，以充分发挥军队传统监督制度优势。本章结合"军—企"协同储备实践应用背景，重点围绕中期监督制度对"军—企"产能储备激励机制进行研究，即派出军队代表深入医疗物资生产能力承储企业开展军事中期专项监督，中期监督将储备周期分为阶段一与阶段二两个阶段，通过监督，军队代表能够了解承储企业在阶段一的生产能力储备真实情况，掌握企业阶段一中的努力水平，并在合同期末基于阶段一的企业真实生产能力储备努力水平和阶段二的企业努力水平给出生产能力储备收益分享激励系数，该激励系数将分别影响企业中期监督制度下阶段一和阶段二的企业激励收益，并影响企业生产能力储备总收益。

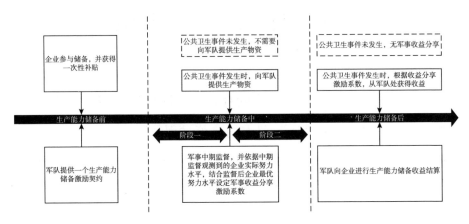

图 10 - 1　"军—企"中期监督制度分阶段生产能力储备激励决策过程

为便于定量分析，本章不失一般性地作出如下假设。

假设 10.1：在委托代理关系中，在代理人风险承担能力不变情况下，中等风险委托人较低风险委托人能获得更多收益（田厚平等，2007）。基于此考虑到最大化军事效益，假定军队作为应急医疗物资生产能力储备的委托人属于风险中性的，承储企业作为应急医疗物资生产能力储备的代理人是理性的，风险规避性的，假设承储企业效用函数可用 Pratt - Arrow 效用函数表示为：$u(x) = -e^{-rx}$，其中，x 为企业收入，r 为企业风险规避系数（Holmstrom et al.，1987）。

假设 10.2：军队和企业追求的目标不一致，军队的目标是实现产能储备带来的非战争军事行动减灾效益最大化，在现实中军队可能会为了达成军事目的而不计成本；企业的目标是自身利益最大化，且期望收益高于自身保留效用，因此存在企业为谋求利益最大化而造成军事储备效益损失的风险。

假设 10.3：企业生产能力储备努力程度属于企业拥有的私人信息，军队难以完整地获取，两者之间存在不对称信息。

假设 10.4：无军事监督激励模型中企业努力水平为 e，储备合作周期内任意时刻的努力水平为 e_0，根据企业为理性人的假设，为获得最大储备收益，企业将在储备周期的各个时刻保持最优努力水平以确保其收益。由此可知，合同期内企业在任意可分割时间内的努力水平一致 $e_0 = e^*$（Gao et al.，2018；刘阳等，2019）。

假设 10.5：军事中期监督在承储合同的期中进行，由此可将企业生产能力储备真实情况分为阶段一与阶段二两个阶段，并对两个阶段分别实施激励。其中阶段一与阶段二企业努力水平分别记为 e_1、e_2，生产能力储备初始产出能力分别记为 a_1、a_2。军队代表通过军事中期监督可获取企业阶段一承储信息，即企业阶段一努力水平 e_1 和阶段二的初始产能储备能力 a_2，根据监督结果分别基于阶段一与阶段二的企业努力水平实施激励，则企业在军事中期监督激励机制下获得的激励收益为：$k_2(he_1 + a_1) + k_2(he_2 + a_2)$。此外，令阶段二的初始产能储备能力为阶段一初始产能储备能力与企业努力水平之积，记为 $a_2 = a_1 e_1$（Gao et al.，2018；徐鹏等，2018）。

假设 10.6：研究储备对象为非耐用型应急医疗物资，主要是试剂、防护服、护目镜、口罩等，该类物资具有需求量大、生产周期短、储存周期短的特点，比较适合生产能力储备。

本章中所涉及的参数符号见表 10 - 1。

表 10 - 1 符号表

符号	含义
b	军队对企业中期监督的固定费用，$b > 0$
η	军事中期监督边际成本，其边际成本越高军队的监督力度越大，$\eta > 0$
M	军事中期监督成本，$M = b - \eta e_1$
ζ	企业努力水平不相关的随机因子，$\zeta \sim N(0, \sigma^2)$
r	企业风险规避系数，体现了企业承担风险的能力，$r > 0$
h	减灾效益转换系数，与公共卫生事件特点、军事力量投入、应急救援指挥等因素有关，$h > 0$
a	应急医疗物资生产能力储备企业初始生产能力，与企业的生产线、原料储备、生产技术储备水平等因素有关
e	无军事中期监督情形中，承储企业的努力程度
e_0	无军事中期监督情形中，承储企业在合同期任意时刻的努力水平
e_1	军事中期监督下，承储企业在阶段一中的努力水平
e_2	军事中期监督下，承储企业在阶段二中的努力水平
φ	企业努力投入边际成本，$\varphi > 0$
ω_0	军队给予承储企业的一次性生产能力储备补贴，$\omega_0 > 0$
k_1	无军事中期监督制度下，军队对承储企业设定的收益分享激励系数，$0 \leqslant k_1 \leqslant 1$
k_2	军事中期监督制度下，军队对承储企业设定的收益分享激励系数，$0 \leqslant k_2 \leqslant 1$
v_1	无军事中期监督制度下，生产能力储备减灾价值
v_2	军事中期监督制度下，生产能力储备减灾价值
ROI_1	无军事监督制度下的军队投入产出比
ROI_2	军事中期监督激励制度下的军队投入产出比
ROI_{2-1}	军事中期监督激励制度下的军队投入产出比与无军事监督下的军队投入产出比之差，可表示为：$ROI_{2-1} = ROI_2 - ROI_1$

第二节　"军—企"协同下应急医疗物资生产能力储备激励模型构建

一、企业效用函数

应急医疗物资生产能力储备企业依据物资特性、收益情况、自身能力水平等因素，决定自身努力水平 e，自身努力水平对储备带来的效果越强，军队激励越能发挥效力。为了提高努力水平，企业将投入努力成本，该成本与努力投入边际成本 φ 和努力水平 e 有关，由此可得承储企业努力成本函数为 $C(e) = \dfrac{1}{2}\varphi e^2$（Taylor，2002）。根据努力成本函数可得，当 $e = 0$ 时，$C(e) = 0$，表明企业没有为应急医疗物资生产能力储备进行努力时，不产生努力成本；此外，同样努力水平下，生产能力储备边际成本越大将导致企业努力成本越大。

根据"军—企"协同生产能力储备决策过程，首先，军队给予企业一次性补贴 ω_0，随后医疗物资生产能力承储企业还能分享一定比例的军事效益，该比例为激励系数，记为 k_1。军事效益指承储企业开展了应急医疗物资生产能力储备，并在公共卫生事件发生时按照约定顺利生产出应急医疗物资，在军队遂行非战争军事救援活动中将突发事件损失最小化所带来的收益。军事效益不仅与企业承储物资类型、性质以及自身经营规模、经济状况、努力水平等因素有关，也与军队参与救援的公共卫生事件特点、军事力量投入、应急救援组织指挥等因素有关。因此，假设生产能力储备减灾效益转换系数为 h，应急医疗物资生产能力储备企业初始生产能力为 a，与企业努力水平不相关的随机因子为 ζ，且 $\zeta \sim N(0,\sigma^2)$，由此储备减灾价值为 $he + a + \zeta$，根据收益分享约定企业获得激励收益为 $k_1(he + a + \zeta)$。根据线性激励机制的描述，企业获得的报酬为 $\omega_0 + k_1(he + a + \zeta)$，因其努力成本函数为 $C(e) = \dfrac{1}{2}\varphi e^2$，因此企业收益函数为（Holmstrom et al.，1987）：

$$\pi_H = \omega_0 + k_1(he + a + \zeta) - \frac{1}{2}\varphi e^2 \qquad (10-1)$$

由于 $\zeta \sim N(0,\sigma^2)$，故有：

$$\pi_H \sim N\left(\omega_0 + k_1(he + a) - \frac{1}{2}\varphi e^2, k_1^2\sigma^2\right) \qquad (10-2)$$

又因为企业是风险规避的，所以企业效用函数 $u(\pi_H) = -e^{-r\pi_H}$，其效用函数期望值为：

$$E[u(\pi_H)] = \int_{-\infty}^{+\infty} -e^{-r\pi_H}\frac{1}{\sqrt{2\pi Var(\pi_H)}}e^{-\frac{[\pi_H - E(\pi_H)]^2}{2Var(\pi_H)}}\mathrm{d}\pi_H =$$

$$\frac{1}{\sqrt{2\pi Var(\pi_H)}}\int_{-\infty}^{+\infty} -e^{-\left\{\frac{[\pi_H - E(\pi_H) + rVar(\pi_H)]^2}{2Var(\pi_H)} + r\left[E(\pi_H) - \frac{rVar(\pi_H)}{2}\right]\right\}}\mathrm{d}\pi_H = \qquad (10-3)$$

$$-e^{-r\left[E(\pi_H) - \frac{1}{2}rVar(\pi_H)\right]}$$

便于模型求解，企业效用函数期望值用确定性等价收入（CE）表示（Hall，1978），则有 $E[u(\pi_H)] = u(CE)$，可得：

$$-e^{-r\left[E(\pi_H) - \frac{1}{2}rVar(\pi_H)\right]} = -e^{-r(CE)} \qquad (10-4)$$

因此，有 $CE = E(\pi_H) - \dfrac{1}{2}rVar(\pi_H)$，则企业效用函数期望值的

确定性等价收入为:

$$\Pi_H = \omega_0 + k_1(he + a) - \frac{1}{2}\varphi e^2 - \frac{1}{2}rk_1^2\sigma^2 \qquad (10-5)$$

二、军队效用函数

军队的收益是由于其开展了应急医疗物资生产能力储备,事前实施了准备工作,通过最小化突发公共卫生事件造成损失而带来的非战争行动军事效益,则军队的收益函数为:

$$\pi_M = (1 - k_1)(he + a + \zeta) - \omega_0 \qquad (10-6)$$

因为军队作为应急医疗物资生产能力储备委托人为风险中性,所以军队效用函数期望值 Π_M 等于其收益函数的期望值,可表示为:

$$\Pi_M = (1 - k_1)(he + a) - \omega_0 \qquad (10-7)$$

三、无军事中期监督下"军—企"激励模型

"军—企"协同生产能力储备要解决的关键问题是:为争取最大化军事效益,如何设定合理的激励系数来促进企业提高努力水平。基于该目标,构建"军—企"协同应急医疗物资生产能力储备激励模型目标函数:

$$\max\Pi_M = (1 - k_1)(he + a) - \omega_0 \qquad (10-8)$$

企业努力成本 $C(e)$ 所带来的自身保留效用函数为 $u(\pi'_H)$,其中保留效用即企业机会收益,可参照医疗物资生产企业平均利润设定。当机会收益大于企业生产能力储备期望效用时,表明企业将资源投入生产能力储备中获得的期望收益低于其他经营活动,故企业开展产能储备的积极性降低。因此,军队对企业实施激励的前提是保证企

业期望效用不低于其保留效用，即企业参与约束条件为 $E[u(\pi_H)] \geqslant u(\pi'_H)$；又因为 $E[u(\pi_H)] = u(CE)$，可知承储企业参与约束条件为应急医疗物资生产能力储备的确定性等价收入大于等于自身保留效用，即：

$$\omega_0 + k_1(he + a) - \frac{1}{2}\varphi e^2 - \frac{1}{2}rk_1^2\sigma^2 \geqslant \pi'_h \qquad (10-9)$$

基于承储企业是理性的假设，生产能力储备企业的目标为实现自身收益最大化，由此可知企业激励相容约束条件为应急医疗物资生产能力储备最大化确定性等价收入，即：

$$\max_e \Pi_H = \omega_0 + k_1(he + a) - \frac{1}{2}\varphi e^2 - \frac{1}{2}rk_1^2\sigma^2 \qquad (10-10)$$

综上所述，构建无军事中期监督下"军—企"应急医疗物资生产能力激励模型：

$$\max_{k_1} \Pi_M = (1 - k_1)(he + a) - \omega_0 \qquad (10-11)$$

$$\text{s. t.} \begin{cases} \omega_0 + k_1(he + a) - \dfrac{1}{2}\varphi e^2 - \dfrac{1}{2}rk_1^2\sigma^2 \geqslant \pi'_h \\[3mm] \max_e \Pi_H = \omega_0 + k_1(he + a) - \dfrac{1}{2}\varphi e^2 - \dfrac{1}{2}rk_1^2\sigma^2 \\[3mm] \omega_0 \geqslant 0, 0 \leqslant k_1 \leqslant 1 \end{cases} \qquad (10-12)$$

对无军事中期监督下应急医疗物资生产能力储备激励模型进行求解，企业根据军队给予的一次性补贴和激励分享收益，以最大化自身收益为前提选择最优的努力水平，对于约束 $\max\Pi_H = \omega_0 + k_1(he + a) - \frac{1}{2}\varphi e^2 - \frac{1}{2}rk_1^2\sigma^2$，求解关于 e 的一阶与二阶条件，得：$\dfrac{\partial \max\Pi_H}{\partial e} = k_1 h_1 - \varphi e$，$\dfrac{\partial^2 \max\Pi_H}{\partial e^2} = -\varphi < 0$，因此 $\max\Pi_H = \omega_0 + k_1(he + a) - \frac{1}{2}\varphi e^2 -$

$\frac{1}{2}rk_1^2\sigma^2$ 为关于努力程度 e 的凹函数，令 $\frac{\partial \max\Pi_H}{\partial e} = k_1h_1 - \varphi e = 0$，得承

储企业最优努力水平为：

$$e^* = \frac{k_1h}{\varphi} \qquad (10-13)$$

即在生产能力储备过程中，企业会付出努力水平 e^*，以满足自身收益最大化的目标。为求解军队收益分享激励系数，基于模型构建拉格朗日函数 L：

$$L = (1-k_1)(he+a) - \omega_0 + \lambda(\omega_0 + k_1(he+a) - \frac{1}{2}\varphi e^2 - \frac{1}{2}rk_1^2\sigma^2 -$$

$\pi'_h)$，根据库恩-塔克条件可知 $\frac{\partial L}{\partial k_1} = 0$，得 $\lambda = 1$，$\omega_0 + k_1(he+a) -$

$\frac{1}{2}\varphi e^2 - \frac{1}{2}rk_1^2\sigma^2 - \pi'_h = 0$，由此可得生产能力储备企业的参与约束为紧

约束。计算关于收益分享激励系数 k_1 的二阶导数，将公式（10-13）

带入拉格朗日函数 L，得 $\frac{\partial^2 L}{\partial k_1^2} = -\frac{h^2 + \varphi r\sigma^2}{\varphi} < 0$，拉格朗日函数 L 是

关于军队激励系数 k_1 的凹函数，因此求得无军事中期监督下激励契约模型最优军队激励系数表达式为：

$$k_1^* = \frac{h^2}{h^2 + \varphi r\sigma^2} \qquad (10-14)$$

四、军事中期监督下"军一企"激励契约模型

在应急医疗物资生产能力储备期内，军队派出军代表对承储企业进行一次关于信息保密、原材料储备、生产线维护的军事中期监督。军事中期监督将承储企业努力水平分为阶段一和阶段二，分别为 e_1、

e_2，对应阶段一和阶段二的初始产能储备能力为 a_1、a_2，由于监督行为发生于合作中期，该监督成本仅与企业阶段一中努力水平 e_1 和监督固定费用 b 相关，可得 $M = b - \eta e_1$，其中 η 为军事中期监督边际成本，当 η 趋于 0 时，军事中期监督流于形式。当企业在阶段一中努力水平上升时，军事中期监督成本减小，当企业在阶段一中努力水平下降时，军事中期监督成本增大（陆霞，2015）。故军事中期监督下军队效用函数期望值为：

$$\Pi_{M2} = (1 - k_2)\left[(a_1 + he_1) + (a_2 + he_2)\right] - \omega_0 - (b - \eta e_1)$$

$$(10-15)$$

因此，军事中期监督激励契约模型可以表达为：

$$\max_{e_1, e_2}\Pi_{M2} = (1 - k_2)\left[(a_1 + he_1) + (a_2 + he_2)\right] - \omega_0 - (b - \eta e_1)$$

$$(10-16)$$

$$\text{s. t.} \begin{cases} \omega_0 + k_2\left[(a_1 + he_1) + (a_2 + he_2)\right] - \dfrac{1}{2}\varphi e_1^2 - \dfrac{1}{2}\varphi e_2^2 - \dfrac{1}{2}rk_2^2\sigma^2 \geqslant \pi'_h \\[2mm] \max\Pi_{I2} = \omega_0 + k_2\left[(a_1 + he_1) + (a_2 + he_2)\right] - \dfrac{1}{2}\varphi e_1^2 - \\[2mm] \qquad\qquad \dfrac{1}{2}\varphi e_2^2 - \dfrac{1}{2}rk_2^2\sigma^2 \\[2mm] \omega_0, k_2 \geqslant 0 \end{cases}$$

$$(10-17)$$

对军事监督激励模型进行求解，企业根据自身收益最大化选择生产能力储备努力水平，对于企业储备激励相容约束为：

(IR) $\max\Pi_{I2} = \omega_0 + k_2\left[(a_1 + he_1) + (a_2 + he_2)\right] - \dfrac{1}{2}\varphi e_1^2 - \dfrac{1}{2}\varphi e_2^2 - rk_2^2\sigma^2$，分别对军事监督阶段一和阶段二中承储企业努力水平 e_1、e_2 进

行求解。

根据公式（10-17）可知 $\dfrac{\partial^2 \Pi_{H2}}{\partial e_1^2} = -\varphi$，$\dfrac{\partial^2 \Pi_{H2}}{\partial e_2^2} = -\varphi$，$\dfrac{\partial^2 \Pi_{H2}}{\partial e_1 \partial e_2} = 0$，

$\dfrac{\partial^2 \Pi_{H2}}{\partial e_2 \partial e_1} = 0$。因 e_1 和 e_2 的海塞矩阵为 $\begin{pmatrix} \dfrac{\partial^2 \Pi_{H2}}{\partial e_1^2} & \dfrac{\partial^2 \Pi_{H2}}{\partial e_1 \partial e_2} \\[3mm] \dfrac{\partial^2 \Pi_{H2}}{\partial e_2 \partial e_1} & \dfrac{\partial^2 \Pi_{H2}}{\partial e_2^2} \end{pmatrix}$，其中 $\dfrac{\partial^2 \Pi_{H2}}{\partial e_1^2} =$

$-\varphi < 0$，$\begin{vmatrix} \dfrac{\partial^2 \Pi_{H2}}{\partial e_1^2} & \dfrac{\partial^2 \Pi_{H2}}{\partial e_1 \partial e_2} \\[3mm] \dfrac{\partial^2 \Pi_{H2}}{\partial e_2 \partial e_1} & \dfrac{\partial^2 \Pi_{H2}}{\partial e_2^2} \end{vmatrix} = \varphi^2 - 0 > 0$，$e_1$ 和 e_2 在 Π_{H2} 中可得到最优

结果。令 $\dfrac{\partial \Pi_{H2}}{\partial e_1} = 0$，$\dfrac{\partial \Pi_{H2}}{\partial e_2} = 0$，并联立求解可以得出军事中期监督制

度下承储企业在激励模型中军事监督阶段一和阶段二的最优努力水

平为：

$$e_1^* = \frac{k_2(h + a_1)}{\varphi} \qquad\qquad (10-18)$$

$$e_2^* = \frac{k_2 h}{\varphi} \qquad\qquad (10-19)$$

现构建军事中期监督激励契约下的拉格朗日函数 L_2，求解军事

中期监督制度下最优收益分享激励系数表达式。

$$L_2 = (1 - k_2)\big[(a_1 + he_1) + (a_2 + he_2)\big] - \omega_0 - (b - \eta e_1) +$$

$$\lambda\Big\{\omega_0 + k_2\big[h(e_1 + e_2) + (a_1 + a_2)\big] - \frac{1}{2}\varphi e_1^2 - \frac{1}{2}\varphi e_2^2 -$$

$$\frac{1}{2}rk_2^2\sigma^2 - \pi'_h\Big\} \qquad\qquad (10-20)$$

由 $\dfrac{\partial L_2}{\partial k_2} = 0$ ，得，$\lambda = 1$ ，根据库恩-塔克条件可知军事中期监督制度模型中约束为紧约束，即有 $\omega_0 + k_2\left[\left(a_1 + he_1\right) + \left(a_2 + he_2\right)\right] - \dfrac{1}{2}\varphi e_1^2 - \dfrac{1}{2}\varphi e_2^2 - \dfrac{1}{2}rk_2^2\sigma^2 - \pi'_h = 0$ 。

将式（10-18）、式（10-19）、$a_2 = a_1 e_1$ 带入拉格朗日函数 L_2 ，得 $\dfrac{\partial^2 L_2}{\partial k_2^2} = -\dfrac{\left(h + \alpha_1\right)^2}{4\varphi} - \dfrac{h^2}{4\varphi} - r\sigma^2 < 0$ ，拉格朗日函数 L_2 是关于军队激励系数 k_2 的凹函数，因此求得军事中期监督激励契约下军队最优收益分享激励系数为：

$$k_2^* = \frac{h\eta + \eta a_1 + 2h^2 + 2ha_1 + a_1^2}{\varphi r\sigma^2 + 2h^2 + 2ha_1 + a_1^2} \tag{10-21}$$

第三节 "军—企"协同下应急医疗物资生产能力储备激励模型分析

结合以上无军事中期监督和有军事中期监督激励模型求解过程，分析"军—企"激励模型的收益分享系数、企业努力水平、军事效益以及企业收益，并对两个模型的相关参数进行对比分析。

一、最优"军—企"生产能力储备激励系数

根据 10.3 节中模型求解可知，无军事中期监督军队最优激励为：

$$k_1^* = \frac{h^2}{h^2 + \varphi r\sigma^2} \tag{10-22}$$

有军事中期监督军队最优激励为：

$$k_2^* = \frac{h\eta + \eta a_1 + 2h^2 + 2ha_1 + a_1^2}{\varphi r\sigma^2 + 2h^2 + 2ha_1 + a_1^2} \qquad (10-23)$$

首先，以上无军事中期监督和有军事中期监督激励模型中最优收益分享激励系数共有特性：

命题10.1：军队激励力度与企业努力成本系数负相关。即若 φ 增大，军队激励系数下降；若 φ 减小，军队激励系数上升。

证明：

$$\frac{\partial k_1^*}{\partial \varphi} = -\frac{h^2 r\sigma^2}{(h^2 + \varphi r\sigma^2)^2} < 0, \quad \frac{\partial k_2^*}{\partial \varphi} = -\frac{(h\eta + \eta a_1 + 2h^2 + 2ha_1 + a_1^2)r\sigma^2}{(\varphi r\sigma^2 + 2h^2 + 2ha_1 + a_1^2)^2} < 0，证毕。$$

命题10.1表明，承储企业努力成本系数越大，其投入努力带来的的负效益越大，表明企业生产能力储备边际成本上升；而从军队收益分享激励来看，企业已经取得一次性补贴，同时不愿意付出更多的努力投入到产能储备中。与此同时，军队在观测到收益分享激励无法促进提高努力水平愿意时，军队也会降低该方法的激励力度；从另一角度来看，若能促进企业改善其生产管理水平，降低企业努力边际成本，企业能通过提高生产能力储备努力水平带来更大的经济收益，此时企业是愿意提高努力水平的；同时军队也会用提高激励系数来刺激企业提高努力水平，此时应急医疗物资生产能力储备将发挥更大的作用，带来更大的军事效益。

命题10.2：企业风险厌恶程度与最优收益分享激励力度呈负相关。

证明：

$$\frac{\partial k_1^*}{\partial \sigma^2} = -\frac{h^2 r\sigma^2}{(h^2 + \varphi r\sigma^2)^2} < 0, \frac{\partial k_2^*}{\partial \sigma^2} = -\frac{(h\eta + \eta a_1 + 2h^2 + 2ha_1 + a_1^2)r\varphi}{(\varphi r\sigma^2 + 2h^2 + 2ha_1 + a_1^2)^2} <$$

0，证毕。

命题 10.2 表明，生产能力储备军队的收益分享激励力度与企业承担风险的意愿密切相关。当企业表现出更强的风险承担意愿，即其风险规避系数趋向于 0，企业偏向于风险喜好型时，军队会提供更大的收益分享激励系数，以鼓励企业继续积极承担风险并提升努力水平。相反，如果企业表现出高度的风险规避状态，其风险规避系数较大，那么企业可能会出现消极怠工和不努力的行为，这会严重影响生产能力储备的效果。在这种情况下，军队将不会采用任何激励措施来刺激企业，因为激励措施在这种情况下可能无效，甚至可能产生负面效果。因此，军队在选择合作企业时，应考虑企业的风险态度，以制定合理有效的激励策略。

命题 10.3：中期监督机制，可以得到激励系数随监督力度的增大而增大。

证明：

对 k_2^* 求关于 η 的一阶导，可得 $\dfrac{\partial k_2^*}{\partial \eta} = \dfrac{h + a_1}{\varphi r\sigma^2 + 2h^2 + 2ha_1 + a_1^2} >$

0，证毕。

命题 10.3 表明，最优收益分享激励系数与军事监督力度之间呈现出正相关关系，这意味着，在提升激励系数的同时，加强军事监督力度是不可或缺的。这两种措施并非孤立存在，而是相互增益、相辅相成。提高激励系数可以更有效地激发企业的积极性，促使其提升努力水平；而军事监督力度的加强，则能够确保企业在追求更高收益的同时，严格遵守相关规定，保证应急医疗物资的生产质量和效率。因此，加强这两种措施的实施，能够共同推动企业提高努力水平，进而实现更好的应急医疗物资生产能力储备效果。这不仅有助于提升企业的市场竞争力，更能为应对突发事件提供充足的物资保障，从而最大化军事效益。在实践中，军队和承储企业应密切配合，根据具体情况在一定范围内灵活调整激励系数和监督力度，以实现最佳的激励效果。

命题10.4：无军事中期监督军队最优收益分享激励系数小于军事中期监督下的最优收益分享激励系数。

证明：

对比无军事中期监督和有军事中期监督激励模型中最优收益分享激励系数，得出：

$$k_2^* - k_1^* = \frac{h\eta + \eta a_1 + 2h^2 + 2ha_1 + a_1^2}{\varphi r\sigma^2 + 2h^2 + 2ha_1 + a_1^2} - \frac{h^2}{h^2 + \varphi r\sigma^2}$$

$$= \frac{(h\eta + \eta a_1 + 2h^2 + 2ha_1 + a_1^2)(\varphi r\sigma^2 + h^2)}{(\varphi r\sigma^2 + 2h^2 + 2ha_1 + a_1^2)(\varphi r\sigma^2 + h^2)} -$$

$$\frac{h^2(\varphi r\sigma^2 + 2h^2 + 2ha_1 + a_1^2)}{(\varphi r\sigma^2 + 2h^2 + 2ha_1 + a_1^2)(\varphi r\sigma^2 + h^2)}$$

$$= \frac{[\eta h^2 + h\varphi r\sigma^2 + \varphi r\sigma^2(\eta + a_1)](h + a_1)}{(\varphi r\sigma^2 + 2h^2 + 2ha_1 + a_1^2)(\varphi r\sigma^2 + h^2)}$$

$$k_2^* - k_1^* = \frac{[\eta h^2 + h\varphi r\sigma^2 + \varphi r\sigma^2(\eta + a_1)](h + a_1)}{(\varphi r\sigma^2 + 2h^2 + 2ha_1 + a_1^2)(\varphi r\sigma^2 + h^2)} > 0$$

$$(10-24)$$

证毕。

命题10.4表明，军事中期监督制度的实施显著提升了最优收益分享激励系数，相较于无监督制度时有了明显的增加。这一制度有效地降低了企业信息隐藏的程度，因而军队能够更全面地了解企业的生产状况和储备情况，从而减少了企业的投机行为，进一步提升了企业的努力水平。同时，为了激励企业更加积极地参与生产能力储备工作，军队需要适当提高收益分享激励系数，让企业努力在提高生产能力水平的同时也能获得相应的经济回报。军事中期监督制度与激励措施的双重作用能够更好地推动应急医疗物资生产能力储备工作的顺利进行，为国家的安全和稳定提供有力保障。

二、企业最优努力水平

命题 10.5：军事监督制度下，阶段一的企业努力水平整体大于阶段二的企业努力水平。

证明：

将 $k_2^* = \dfrac{h\eta + \eta a_1 + 2h^2 + 2ha_1 + a_1^2}{\varphi r\sigma^2 + 2h^2 + 2ha_1 + a_1^2}$ 带入军事中期监督制度下最优努力水平，即将式（10－23）带入式（10－18）和式（10－19），由此可得军事中期监督制度下阶段一与阶段二承储企业最优努力水平公式（10－25）和式（10－26）：

$$e_1^* = \frac{(\eta h + \eta a_1 + 2h^2 + 2ha_1 + a_1^2)(h + a_1)}{\varphi(\varphi r\sigma^2 + 2h^2 + 2ha_1 + a_1^2)} \qquad (10-25)$$

$$e_2^* = \frac{(\eta h + \eta a_1 + 2h^2 + 2ha_1 + a_1^2)h}{\varphi(\varphi r\sigma^2 + 2h^2 + 2ha_1 + a_1^2)} \qquad (10-26)$$

对式（10－26）与式（10－25）作差，可得：

$$e_2^* - e_1^* = \frac{(\eta h + \eta a_1 + 2h^2 + 2ha_1 + a_1^2)h}{\varphi(\varphi r\sigma^2 + 2h^2 + 2ha_1 + a_1^2)} - \frac{(\eta h + \eta a_1 + 2h^2 + 2ha_1 + a_1^2)(h + a_1)}{\varphi(\varphi r\sigma^2 + 2h^2 + 2ha_1 + a_1^2)}$$

$$= \frac{(\eta h + \eta a_1 + 2h^2 + 2ha_1 + a_1^2)h - (\eta h + \eta a_1 + 2h^2 + 2ha_1 + a_1^2)(h + a_1)}{\varphi(\varphi r\sigma^2 + 2h^2 + 2ha_1 + a_1^2)}$$

$$= \frac{(\eta h^2 + \eta a_1 h + 2h^3 + 2h^2 a_1 + a_1^2 h) - [(\eta h^2 + \eta a_1 h + 2h^3 + 2h^2 a_1 + a_1^2 h) + (\eta a_1 h + \eta a_1^2 + 2a_1 h^2 + 2ha_1^2 + a_1^3)]}{\varphi(\varphi r\sigma^2 + 2h^2 + 2ha_1 + a_1^2)}$$

$$= \frac{-(\eta a_1 h + \eta a_1^2 + 2a_1 h^2 + 2ha_1^2 + a_1^3)}{\varphi(\varphi r\sigma^2 + 2h^2 + 2ha_1 + a_1^2)}$$

$$e_2^* - e_1^* = \frac{-(\eta a_1 h + \eta a_1^2 + 2a_1 h^2 + 2ha_1^2 + a_1^3)}{\varphi(\varphi r\sigma^2 + 2h^2 + 2ha_1 + a_1^2)} < 0$$

$$(10-27)$$

根据式（10-27），可得：

$$e_1^* > e_2^* \qquad (10-28)$$

证毕。

命题 10.5 表明，军事监督制度下，阶段一中企业努力水平优于阶段二中的努力水平，这是因为企业的努力水平与军队的收益分享激励系数呈正相关关系，企业会在储备的开始阶段就大幅度提高其努力水平以获得更高的储备收益，而在中期监督后企业容易产生一定程度的懈怠和偷懒行为，这是由于企业为实现利润最大化，降低其努力水平以控制其投入成本。因此出现监督制度下，阶段一企业努力水平高于阶段二。但这对于军队来说并不是最理想的结果，从军队角度来看，其希望企业在阶段二中展现出的努力水平与阶段一持平甚至更高，若想达到这个效果，军队可对生产能力储备合同激励费用结算施加一个约束条件，即要求企业在阶段二中展现出的努力水平不得低于阶段一，以此确保企业始终维持较高的努力水平，维护军事储备效益。

命题10.6：企业生产能力储备成本系数与企业最优努力水平呈负相关关系，军队的激励在企业储备努力成本系数较高时，无法产生足够的激励效果，此时每提升一点努力水平都会引起边际成本的上升。当边际成本高于边际收益时，企业的努力将呈现入不敷出状态，此时企业容易出现生产能力储备懈怠。基于此，应选择生产能力储备水平较高的企业进行合作，同时激励企业改进产能储备技术、提高企业管理水平以降低承储企业边际努力成本。

证明：

求 e^*、e_1^*、e_2^* 关于 φ 的一阶导，可得：$\frac{\partial e^*}{\partial \varphi} < 0$，$\frac{\partial e_1^*}{\partial \varphi} < 0$，$\frac{\partial e_2^*}{\partial \varphi} < 0$，证毕。

命题10.6表明，军队在选择生产能力储备合作企业时，应当优先挑选那些生产技术成熟、成本控制更好的企业作为合作伙伴，这样的选择有利于充分发挥激励机制的作用，推动企业提高努力水平，提高应急医疗物资生产能力储备效率。结果显示，企业的努力程度与监管边际收益之间存在着正相关关系。当监管力度上升时，企业感受到的压力和动力也随之增强，进而提高其努力水平，确保生产能力储备的质量和效率。相反，当监管力度下降时，企业可能会产生懈怠情绪，导致努力水平相应下降。因此，军队在加强监管的同时，也应注重激励措施的运用，合理的收益分享和奖惩机制能够激发企业的积极性和创造力，共同推动应急医疗物资生产能力储备工作的深入发展。

此外，在无军事中期监督制度的激励机制中，军事监督成本确实不会产生。然而，军事监督活动对于军事中期监督制度下不同阶段的努力水平都具有显著影响。具体来说，军事中期监督不仅关乎阶段一的努力水平，还深刻影响着阶段二的努力程度。若军事中期监督的边际成本趋近于零，这往往意味着监管力度过于宽松，形式化严重，此时企业的努力水平将几乎与监管力度无关，可能导致企业懈怠，影响生产能力储备的效果。相反，若军事中期监督的边际成本适当增加，这表明监管力度得到了实质性加强，监管活动更加细致和有效。在这种情况下，监管的成效将变得更为显著，企业的努力水平将与军队的监管政策紧密相关。企业会感受到来自军队的明确期望和压力，从而更加努力地提升生产能力，确保储备任务的顺利完成。因此，为了最大化激励效果，军队在制定中期监督制度时，应充分考虑监督成本与监管力度之间的平衡，既要避免监管成本过高造成的资源浪费，又要确保监管力度足够，以激发企业的积极性并保障生产能力储备工作的顺利进行。

三、产能储备的减灾价值

命题 10.7：无军事中期监督减灾价值 v_1 与军事中期监督制度下生产能力储备减灾价值 v_2 与各自情形下的激励系数 k_1 与 k_2 呈正相关。

证明：

分别对无军事中期监督减灾价值 v_1 与军事中期监督制度下生产能力储备减灾价值 v_2 求关于激励系数的一阶导，可得：$\dfrac{\partial v_1}{\partial k_1} = \dfrac{h^2}{\varphi} > 0$，

$\dfrac{\partial v_2}{\partial k_2} = \dfrac{2h^2 + 2ha_1 + a_1^2}{\varphi} > 0$。

证毕。

命题 10.7 表明，无论是否开展军事中期监督，激励系数在应急医疗物资生产能力储备的减灾价值中都发挥着重要的激励作用。随着激励系数的增加，企业的生产能力储备减灾价值也呈现出逐步增大的趋势。这一增长不仅体现了企业对应急医疗物资生产能力储备工作的积极投入和高效执行，更直接带来了军事效益的显著提升。具体来说，激励系数的增加意味着企业从参与产能储备中获得的收益份额将会更多，这极大地激发了企业的积极性和创造性。企业会加大投入，优化生产流程，提高生产效率，从而提高应急医疗物资生产能力储备的质量。这些增加的储备产能在应对突发事件时能够发挥更大的作用，有效减少公共卫生事件造成的损失，提升军队的应急响应能力和救灾效率。

因此，无论是从企业的角度还是从军队的角度，都应充分认识到激励系数在应急医疗物资生产能力储备中的重要作用。合理设置和调整激励系数可以充分发挥其激励效果，推动企业提高努力水平，实现应急医疗物资生产能力储备的减灾价值最大化，进而为军事效益的提升做出积极贡献。

命题 10.8：在不考虑监督成本时，$ROI_{2-1} = ROI_2 - ROI_1 > 0$；在考虑监督成本时，随着监督成本的增大到某一临界值时，存在 $ROI'_{2-1} = ROI'_2 - ROI_1 < 0$。

证明：

①在不考虑监督成本时，无军事中期监督激励制度下的应急医疗物资生产能力储备减灾价值为：

$$v_1 = he + a \qquad (10-29)$$

带入 $e^* = \dfrac{k_1 h}{\varphi}$ ，可得：

$$v_1^* = \frac{k_1 h^2}{\varphi} + a \qquad\qquad (10-30)$$

军事中期监督激励制度下的应急医疗物资生产能力储备减灾价值为：

$$v_2 = (a_1 + he_1) + (a_2 + he_2) \qquad\qquad (10-31)$$

将 $e_1^* = \dfrac{k_2(h + a_1)}{\varphi}$ ，$e_2^* = \dfrac{k_2 h}{\varphi}$ ，$a_2 = a_1 e_1$ ，带入式（10-31）可得：

$$v_2^* = h\Big[\frac{k_2(h + a_1)}{\varphi} + \frac{k_2 h}{\varphi} \Big] + \Big[a_1 + a_1 \frac{k_2(h + a_1)}{\varphi} \Big]$$

$$(10-32)$$

另外，无军事中期监督激励制度下军队生产能力储备投入为：

$$C_{M1} = k_1 \Big(\frac{k_1 h^2}{\varphi} + a \Big) + \omega_0 \qquad\qquad (10-33)$$

因为无军事中期监督和军事中期监督制度下企业初始生产能力一致，故 $a = a_1$ ，则有军事中期监督激励制度下，军队应急医疗物资生产能力储备投入为：

$$C_{M2} = k_2 \Big[\frac{k_2 h(h + a)}{\varphi} + \frac{k_2 h^2}{\varphi} + a + \frac{ak_2(h + a)}{\varphi} \Big] + \omega_0$$

$$(10-34)$$

无军事监督下的军队投入产出比为：

$$ROI_1 = \frac{v_1}{C_{M1}} \qquad\qquad (10-35)$$

带入式（10-30）和式（10-33）可得：

$$ROI_1 = \frac{k_1 h^2 + a\varphi}{(ak_1 + \omega_0)\varphi + h^2 k_1^2} \qquad (10-36)$$

军事中期监督激励制度下的军队投入产出比为：

$$ROI_2 = \frac{v_2}{C_{M2}} \qquad (10-37)$$

带入式（10-32）和式（10-34）可得：

$$ROI_2 = \frac{(a^2 + 2ah + 2h^2)k_2 + a\varphi}{(a^2 + 2ah + 2h^2)k_2^2 + ak_2\varphi + \varphi\omega_0} \qquad (10-38)$$

将式（10-38）与式（10-36）作差，即 $ROI_{2-1} = ROI_2 - ROI_1$，可得：

$$ROI_{2-1} = \frac{(a^2 + 2ah + 2h^2)k_2 + a\varphi}{(a^2 + 2ah + 2h^2)k_2^2 + ak_2\varphi + \varphi\omega_0} - \frac{k_1 h^2 + a\varphi}{(ak_1 + \omega_0)\varphi + h^2 k_1^2}$$

$$(10-39)$$

且根据公式（10-24）可知 $k_2^* - k_1^* > 0$，则有：

$$ROI_{2-1} = \frac{(a^2 + 2ah + 2h^2)k_2 + a\varphi}{(a^2 + 2ah + 2h^2)k_2^2 + ak_2\varphi + \varphi\omega_0} - \frac{k_1 h^2 + a\varphi}{(ak_1 + \omega_0)\varphi + h^2 k_1^2} >$$

$$\frac{(a^2 + 2ah + 2h^2)k_1 + a\varphi}{(a^2 + 2ah + 2h^2)k_1^2 + ak_1\varphi + \varphi\omega_0} - \frac{k_1 h^2 + a\varphi}{(ak_1 + \omega_0)\varphi + h^2 k_1^2}$$

$$(10-40)$$

根据式（10-40）可得：

$$ROI_{2-1} > \frac{k_1\varphi\omega_0 (h + a)^2}{[(a^2 k_1^2 + 2ahk_1^2 + 2h^2 k_1^2 + ak_1\varphi + \varphi\omega_0)(h^2 k_1^2 + ak_1\varphi + \varphi\omega_0)]} >$$

0，因此，在无监督成本时，军事中期监督制度下的投入产出比高于无军事中期监督情形。

②在考虑监督成本时，$M = b - \eta e_1$，则有：

$$C'_{M2} = k_2\left[\frac{k_2h(h+a)}{\varphi} + \frac{k_2h^2}{\varphi} + a + \frac{ak_2(h+a)}{\varphi}\right] + \omega_0 + M$$

$$(10-41)$$

$$ROI'_2 = \frac{(a^2 + 2ah + 2h^2)k_2 + a\varphi}{(a^2 + 2ah + 2h^2)k_2^2 + ak_2\varphi + \varphi(M + \omega_0)} \quad (10-42)$$

令 $ROI'_{2-1} = ROI'_2 - ROI_1$，则有：

当 $M = \dfrac{\varphi(h^2k_1 + a\varphi)}{}$ 时，$ROI'_{2-1} = ROI'_2 - ROI_1 = 0$。

令 $\psi = \dfrac{\varphi(h^2k_1 + a\varphi)}{}$，则有当 $0 \leqslant M < \psi$ 时，$ROI'_{2-1} = ROI'_2 - ROI_1 > 0$，表明当军事监督成本较小时，军事中期监督制度下军队投入产出比高于无军事中期监督制度下投入产出比；当 $M \geqslant \psi$ 时，$ROI'_{2-1} = ROI'_2 - ROI_1 < 0$，表明当军事监督成本较大时，军事中期监督制度下军队投入产出比低于无军事中期监督制度下投入产出比。

证毕。

命题10.8表明，从军队投入和生产能力储备产出比来看，当无军事监督成本时，军事中期监督制度下的军队投入产出高于无军事中期监督情形；当军事监督成本较小时，军事中期监督制度下军队投入产出比高于无军事中期监督制度下投入产出比；当军事监督成本较大时，军事中期监督制度下军队投入产出比低于无军事中期监督制度下投入产出比。该结论表明军事中期监督制度对企业生产能力储备效果有显著影响，但监督活动本身又受到监督成本的制约，军事中期监督制度优于无军事中期监督制度关键在于以下两点：一是将军队中期监督成本控制在较小范围。基于此，为控制军事监督成本，可尝试赋予驻厂军代表一项新的职能，即派遣其参与应急医疗物资生产能力储备监督工作，以此将监督成本控制在较低水平，以充分发挥军事中期监督制度优势。二是在现实中，基于军队职责使命的特殊性，其可能愿意花费较大的投入成本来实现军事效益的增加。因此，军队会为了达到更好的非战争军事行动效果，选择投入产出比更低的中期监督激励策略而不选择投入产出比更高的无军事监督策略，最终实现更大的应急医疗物资生产能力储备减灾价值和军事效益。

第四节　结果分析

本章分析了信息不对称条件下的军队与应急医疗物资生产能力储备企业间的利益博弈，构建了在相同合作周期内无军事中期监督和军事中期监督制度下激励模型，对军队最优激励系数、企业最优努力水平进行了求解，并将无军事中期监督激励模型作为参照系进行了对比分析。研究表明军事中期监督制度下，军队若能将监督成本控制在合理范围内，其开展应急医疗物资生产能力储备的投入与产出比无中期监督制度情形更优，能对承储企业产生更加显著的生产能力储备激励效果，减少承储企业不努力或懒惰行为。本章还通过数值模拟得出军事中期监督激励契约下最优合作策略，模型结果分析及数值模拟的结论能为军队开展医疗物资生产能力储备工作提供重要的参考建议。

（1）为从源头上提升应急医疗物资生产能力储备的减灾效益，军队在制定激励机制时，应充分参考企业的初始生产能力，即除了设计合理的激励机制外，还需深入考虑企业自身的实力。因此，在遴选生产能力储备企业时，军队应优先考虑那些管理水平高、生产工艺成熟，且具备一定风险承担意愿的医疗物资生产企业作为储备合作伙伴。这样的选择不仅有助于提高减灾效益的起点，还能促进激励机制发挥更大效用，实现更高层次的均衡。同时，生产能力储备过程中不可控因素的减少，将直接增强激励机制的有效性。对于承储企业来说，当市场不确定性因素越少，激励机制在激发企业提高生产能力储备努力水平方面的效果就越好。因此，军队应积极协助企业降低市场不确定风险，努力营造一个不确定性可控的生产制造环境。除此之外，提升军队的收益分享激励系数能够增强企业开展生产能力储备的信心和积极性，形成军队与企业之间的良性互动，共同推动应急医疗物资生产能力储备工作的高效进行。

（2）根据不对称信息下"军—企"协同应急医疗物资生产能力储备的军事中期监督激励模型和无军事中期监督激励模型的分析结果，我们发现监督实施后企业的努力水平可能会出现波动。这种波动表现为企业在监督后可能产生一定程度的懈怠和偷懒行为，从而降低努力水平，以追求利润最大化。这导致在军事中期监督制度下，阶段一中企业展现的努力水平可能高于阶段二，这显然不是军队所期望的结果。为了有效规避这种努力水平波动的情况，我们建议军队在合作期末对企业再次开展监督检查。这一举措的目的是确保企业在整个合作过程中都保持稳定的努力水平，避免出现懈怠和偷懒的现象。同时，军队还应要求承储企业在阶段二中展现出的努力水平不得低于阶段一。这项要求不仅是对企业的一般约束，更是对生产能力储备合同激励费用结算的一个重要依据。这一措施有利于军队维护应急医疗物资生产能力储备全过程的军事储备效益，确保企业在获得激励的同时，也能够履行其应有的责任和义务。

（3）在监督力度较小时，无军事中期监督的契约中企业可能展现出较高的最优努力水平，但这并不意味着其效果优于军事中期监督制度。事实上，随着军事中期监督力度的逐步加大，企业的努力水平也会相应提升。当监督力度超过某一关键阈值时，企业的努力水平、军队激励系数以及企业收益均会显著超越无军事中期监督的情形。因此，在实施军事中期监督制度时，监督力度的把控至关重要。若监督力度过小，不仅无法有效激发企业的努力水平，反而可能导致其降低努力水平。为了确保监督制度能够真正发挥作用，军队需要适当增加监督力度，使其超过关键阈值。总之，适度的军事中期监督力度是保证应急医疗物资生产能力储备工作顺利进行的关键因素。通过合理设置和调整监督力度，军队可以充分发挥监督制度的激励作用，推动承储企业提高努力水平，进而实现更高的军事效益和社会效益。

本章将军事中期监督制度引入军队生产能力储备活动中，构建了不对称信息下"军—企"协同应急医疗物资生产能力储备激励模型。研究结果为军队制定生产能力储备激励策略，提高企业产能储备努力水平、增大减灾效益、提高军事效益提供了思路，具有重要的实践价值。

第十一章 "军－政－企"协同应急医疗物资生产能力储备激励机制设计

　　历年来，军队疾控应急力量在非典疫情、西非埃博拉疫情、新冠疫情等国内外突发公共卫生事件的应对中发挥了先锋骨干作用，是国家卫生应急体系的重要组成部分。新冠疫情暴发初期，军队遂行非战争军事救援行动，迅速组织人员、物资驰援武汉。2020年1月26日，联勤保障部队筹集的首批防疫物资，1万套C级防护服和3760瓶医用酒精顺利抵达武汉。（中国青年报，2020）。与此同时，军队协调铁路部门，把集结在全国22个站点的1200余名医护人员、100多吨医疗物资通过18趟次高铁、动车投送至武汉；组建成立的驻鄂部队抗击疫情运力支援队，累计出动车辆2500多台次，运输群众生活必需品8500多吨，医疗防护物资近2.37万件（套）；出动直升机4架次，转运医疗物资6.5吨（国务院新闻网，2020）。以上各类突发公共卫生事件应急救援实践表明，在军队筹集物资驰援救灾和军地协同遂行应急物资保障已取得一定的成效，为救援行动起到了支援保障作用。但仍存在军地物资协同不足、战备物资调用难等保障效率不高的问题。因此，需要针对频发的公共卫生事件，结合当前军地储备实力，统筹构建军地联合应急医疗物资储备体系（胡雪军，2017）。

　　军民联防联控机制是应对公共卫生事件的有效措施，其能力的发挥需要强大的军民融合应急医疗物资储备体系来支撑。建立军民融合医疗物资保障体系是国家"军民融合"战略的必然要求。《军队参加抢险救灾条例》与《中华人民共和国突发事件应对法》中明确政府是公共卫生事件的责任主体，军队是应急救援队伍中的突击力量，执行国家赋予的抢险救灾任务是军队的重要使命。2022 年，国务院发布的《"十四五"国家应急体系规划》进一步指出，军队是应急救援的重要突击力量，应健全军地应急物资保障联动机制。因此，推进政府主导下的"军—政—企"协同生产能力储备体系建设既顺应国家政策，又符合储备发展规律，是提高应急储备效益的重要路径。现有的委托代理理论研究往往忽视了委托人不是单个的事实，比如"军—政—企"协同生产能力储备中存在两位不同的委托人，即政府与军队，两位委托人共同委托应急医疗物资生产能力储备企业对应急医疗物资进行生产能力储备，政府以救援减灾带来的社会效益最大化为目标，军队以遂行非战争军事行动带来的军事效益最大化为目标，由于目标差异，两位委托人间存在非合作关系。本章根据 Bernheim 等（1986）和 Chu 等（2020）的观点可知，不同目标委托人间合作可达到协调，本章据此考虑政府与军队两位独立委托人开展应急医疗物资生产能力储备的协同问题。

由于国家与军队在采购标准方面存在差异，国家与军队分别依据"国家通用标准"和"国家军用标准"与企业开展生产能力储备，两种应急医疗物资为差异化产品，因此承储企业面对政府和军队两位不同委托人的任务安排有不同的努力水平和"理性"程度。如何实现政府与军队两位委托人的有机协同，共同委托企业开展应急医疗物资生产能力储备，并激励企业达成多任务目标，是"军—政—企"协同下应急医疗物资生产能力储备激励机制设计面临的关键问题。

鉴于此，在对"政—企"和"军—企"应急医疗物资生产能力储备激励机制研究的基础上，本章探讨军队和政府之间的合作模式，并以共同委托代理理论为基础，研究信息不对称条件下，"军—政—

企"协同应急医疗物资生产能力储备下的共同委托代理激励机制,探寻研究政府与军队协同开展应急医疗物资生产能力储备中双委托人与代理人之间的关系与激励问题。通过构建共同委托代理激励模型,我们求解军队与政府的最优收益分享激励系数与企业最优努力水平,为军队和政府协同开展应急医疗物资生产能力储备提供重要的管理启示和决策依据。

第一节 问题描述与模型假设

一、"军—政—企"协同储备关系与模式

当前,政府与军队主要是各自独立开展生产能力储备,如图 11 – 1 所示。政府根据应急医疗物资储备有关文件,独立开展应急医疗物资储备;军队根据作战需求围绕战备物资储备有关政策规定,开展药材物资的战备储备。于是,政府、军队各自独立向市场医疗物资生产企业开展生产能力储备活动。在储备目的方面,政府储备主要目的是应急救援;军队则根据物资储备相关规定实施医疗物资储备,其主要目的是对作战行动和应急救援、抢险救灾等非战争军事行动进行物资保障。当前,基于任务需求,政府和军队都进行了医疗物资储备,但两者缺乏沟通合作,目前仍以独立储备为主。

随着军民融合的深入发展,应急物资协同储备成为了可能,这对整合军地资源,完善军地协同应急物资储备体系,提高储备物资动用速度,提升政府和军队的应急保障能力,满足军队应急任务的物资保

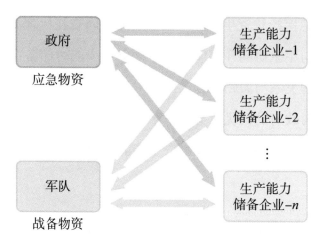

图 11 -1　政府与军队独立开展生产能力储备模式

障需求具有重要意义（吴磊明等，2020；黄彬，2021；李帅锋，2016）。
为了更好地进行政府与军队生产能力储备协同问题研究，本章梳理出
以下两种"军—政—企"协同应急医疗物资生产能力储备模式（陈涛
等，2013；曹继霞等，2018；高晓宁等，2019）：

1."军—政—企"协同下政府主导委托代理生产能力储备模式

为减少灾害损失，搞好军队非战争军事行动救援物资保障工作，
政府作为应急储备的主导者，按照军队救援物资需求进行一部分通用
物资的储备，政府将自身应急医疗物资储备需求和非战争军事救援行
动储备需求进行汇总后，与企业签订应急医疗物资生产能力储备协
议，如图 11 -2 所示。一旦灾害发生时，企业向政府和军队提供医疗
物资。该模式下，军队与企业无直接合作，不需要参与应急物资采购
和储备工作，便于军队后勤可以专注于军事作战后勤保障任务而不用
分心开展应急医疗物资储备和市场采购活动。并且应急医疗物资的储
备可以使军队在参与应急救援中不必动用战储物资，这对确保军队战
备储备物资的独立性起着重要的支撑作用。

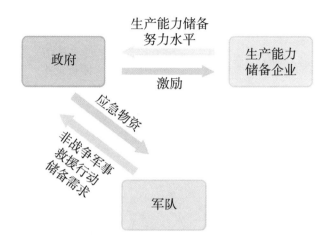

图 11-2 "军—政—企"协同下政府主导委托代理生产能力储备模式

2. "军—政—企" 协同下共同委托生产能力储备模式

为了军队集中精力备战，妥善处理应急储备与战备储备的兼容性矛盾，军队将其他非作战相关事务尽可能地交给地方，以利于更好地开展应急医疗物资生产能力储备。因此，军队委托政府进行非战争军事救援行动应急医疗物资产能储备。此时政府作为突发事件救援的主责人，按一定比例承担非战争军事救援行动的应急医疗物资储备，政府需统筹军队和自身的应急储备需求与企业签订应急医疗物资生产能力储备协议。一旦公共卫生事件发生，企业将生产应急医疗物资供给政府和军队。在整个储备过程中，为了提高企业储备努力水平，政府和军队分别对企业实施激励策略，企业可以通过提高通用标准下应急医疗物资和军用标准下应急医疗物资生产能力努力水平，获得相应的激励收益，如图 11-3 所示。

若由军队主导开展"军—政—企"协同生产能力储备将存在两大问题：一是，根据当前的有关法律法规以及政府和军队的职能定位，由军队主导应急储备工作存在职责与工作不匹配的情况，且政府

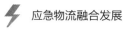

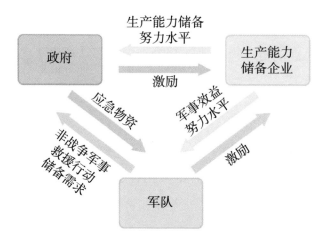

图 11-3 "军—政—企"协同下共同委托生产能力储备模式

无法直接掌握应急医疗储备信息；二是，军队的核心任务是作战，若其分担大量的军事战备训练的精力进行应急准备，显然与军队的首要任务不匹配。因此，就政府和军队的责任定位，职能与目标来看，应急医疗物资生产能力储备由政府主导比军队主导更加符合我国的国情。

综上，政府拥有层级化的组织体系，掌握大量的专业救援队伍、装备、物资、资金等资源，是应急管理工作的统筹者和主力军，占据主导地位；军队是应急救援的重要突击力量，在应急救援中起着重要聚力攻关作用；企业是生产经营活动的主体，是各类物资的主要生产和提供者。基于"军—政—企"三方的职能定位，本章围绕政府主导委托和共同委托两种生产能力储备模式进行建模分析。

二、问题描述与符号说明

"军—政—企"协同储备模式由政府和军队两名差异化委托人组成，二者通过市场遴选生产能力储备企业，该企业作为代理人实施应急医疗物资生产能力储备。政府作为储备的主导者是应急医疗物资生产能力储备的直接委托人，军队则为间接委托人，承储企业是生产能力储备的代理人。生产能力储备物资分为"国家通用标准"下的通用标准应急医疗物资和"国家军用标准"下的军用标准应急医疗物资，而政府又受全民委托，其储备产出为社会效益。军队与政府两个委托人追求不同任务目标，政府主要承担社会责任，追求社会效益最大化，军队则追求军事效益最大化。

两名差异化委托人分别依据"国家通用标准"和"国家军用标准"对代理人实施不同的任务激励，代理人为实现自身效用最大化，会依据委托人的激励策略以及自身能力选择努力水平，且努力水平是私人信息，不能被委托人观测到。政府和军队这两名委托人可以共享各自的激励策略，并且委托人可以根据一定比例分享承储企业带来的产出效益。基于此，构建军队不参与激励的政府主导委托代理模型和军队参与激励的共同委托代理模型，并对模型进行求解分析。

本章中所涉及的参数符号见表 11 - 1。

表 11 - 1　　　　　　　　　　　　符号表

符号	含义
e_1	通用标准下医疗物资生产能力储备努力水平
e_2	军用标准下医疗物资生产能力储备努力水平
π_G	由政府开展应急医疗物资生产能力储备带来的社会福利
π_M	由军队开展应急医疗物资生产能力储备带来的军事效益
β_1	社会减灾效益努力水平转换系数
β_2	辖区外部经济效益转化系数
β_3	非战争军事救援行动减灾效益转换系数

符号	含义
τ	应急医疗物资生产能力储备合作中确定的政府储备比例
ε_1	通用标准下医疗物资生产能力储备产出的随机变量，$\varepsilon_1 \sim N(0,\sigma_1^2)$
ε_2	军用标准下医疗物资生产能力储备产出的随机变量，$\varepsilon_2 \sim N(0,\sigma_2^2)$
ω_0	政府给予承储企业的一次性补贴，$\omega_0 > 0$
γ	政府对承储企业的激励系数，其中 $\gamma > 0$
ω_{02}	军队与储备企业合同中的一次性补贴，$\omega_{02} > 0$
k	军队对承储企业的激励系数，其中 $k > 0$
m	通用标准下医疗物资生产能力储备努力成本系数，$m > 0$
n	军用标准下医疗物资生产能力储备努力成本系数，$n > 0$
r	企业风险规避系数，$r > 0$

为便于定量分析，不失一般性地作出如下假设。

假设 11.1：政府和军队作为应急医疗物资生产能力储备的委托人是风险中性、理性的（Van，1993），承储企业作为生产能力储备的代理人是风险规避性的、理性的（Eisenhardt，1989）。假设承储企业效用函数可用 Pratt - Arrow 效用函数表示为：$u(x) = -e^{-rx}$，其中 x 为企业收入，r 为企业风险规避系数，（Holmstrom et al.，1987）。

假设 11.2：在"军—政—企"协同生产能力储备中三个参者追求的目标不一致，企业的目标是谋求自身利益最大化，且期望收益高于自身保留效用；政府的目标是实现社会效益最大化；军队的目标是实现产能储备带来的非战争军事行动减灾效益最大化。

假设 11.3：企业生产能力储备努力程度属于企业拥有的私人信息，政府和军队两位委托人与企业之间存在信息不对称。

假设 11.4：研究储备对象为非耐用型应急医疗物资，主要是医疗试剂、医用防护服、医用护目镜、医用隔离衣、医用防护面罩、防护口罩等，该类物资具有需求量大、生产周期短、储存周期短的特点，比较适合生产能力储备。

第二节 "军—政—企" 应急医疗物资生产能力储备激励模型构建

一、"军—政—企" 协同下军队与政府效用函数分析

军队和政府共同委托企业进行生产能力储备，二者属于不同的救灾主体，两名委托人通过市场选择医疗物资制造企业进行生产能力储备。军队作为委托人希望在遂行非战争军事救援行动中获得医疗物资支持，从而确保其非战争军事救援行动中的军事效益。政府作为委托人希望在公共卫生事件发生时有医疗物资能支持救援行动，从而确保其社会效益。大规模突发公共卫生事件面临高度的复杂性，其应急医疗物资需求远超一般救援，因此政府对应急医疗物资储备高度关注。许多省份城市也给出了医疗物资储备政策制度。除了加大监管力度外，政府还可以通过签订激励合同的方式，促进承储企业提高储备水平。"军—政—企" 协同下的应急医疗物资分为两类：一是政府使用的通用标准下医疗物资，二是军队使用的军用标准下医疗物资，两种差异化的医疗物资构成了承储企业多任务生产能力储备系统。因此，同时考虑政府和军队作为委托主体情形下，设计有效的激励合同，为应急医疗物资生产能力储备激励问题提供决策依据，是"军－政－

企"协同储备要解决的关键问题。从军队的角度来看，参与非战争军事救援医疗物资生产能力储备并不是第一要务，而且偏离了备战打仗的主要任务。对于小规模公共卫生事件，并不需要军队参与救援，但大规模公共卫生事件中，军队遂行非战争军事行动对突击救援起着重要作用，在这种情况下，根据医疗物资的特点，开展专门用于军队应急救援行动的应急医疗物资储备已成为军队的迫切选择。

在模型中，基于委托代理理论的多任务共同委托代理模型，并假设承储企业的努力分为通用标准下医疗物资生产能力储备努力水平和军用标准下医疗物资生产能力储备努力水平。因此，需考虑两委托代理模型，一是政府主导委托代理模型，即政府作为自己和军方代表委托人为承储企业设计多任务激励机制，且军队不直接参与激励，如图11-2所示。二是共同委托代理模型，即同时考虑政府和军队均作为委托人，为承储企业设计多任务激励机制，如图11-3所示。激励机制的实施可以从图11-4所示的时间轴上看到，其中实线的事件属于政府主导委托代理模型，而共同委托代理模型包括实线框内和虚线的事件。首先，军队是否参与生产能力储备激励，然后政府和军队通过激励系数的选择提供一份激励合同。承储企业再选择接受或不接受合同，如果企业接受合同则根据自身利益最大化，选择通用应急医疗物资生产能力储备和军用标准下应急医疗物资生产能力储备的努力程度。然后，在受到外界不确定因素干扰下确定生产能力储备的最终效益。最后，政府和军队按照比例与企业分享减灾效益。

接下来，首先分别求解"军—政—企"协同下共同委托代理模型和政府主导委托代理模型中政府和军队的激励策略，以及承储企业的多任务努力策略。最后对比分析两种模型下政府、军队和承储企业的策略变化，进而分析政府的效用变化。最后，通过数值模拟对上述分析结果进行验证。

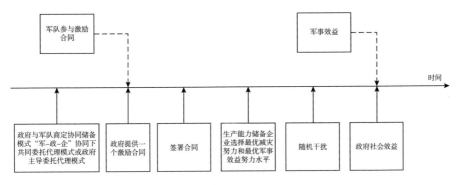

图 11-4 激励机制的决策过程

二、"军—政—企" 协同下共同委托代理模型

政府开展生产能力储备带来的社会效益为 π_G，由政府减灾效益、非战争军事行动储备外部经济收益（开展军地联储带来的地方经济收益）和非战争军事行动减灾效益三部分组成（Qiao，2019）。企业生产能力储备创造的政府减灾效益由应急医疗物资生产能力储备企业努力水平 e_1 决定，非战争军事行动储备外部经济效益和非战争军事救援行动减灾效益由企业努力水平 e_2 决定。承储企业为非战争军事救援行动进行的医疗物资生产能力储备，不仅为军队遂行非战争军事应急救援行动带来物资支持，而且提高了军队应急救援能力，该救援能力也是一种社会福利，是政府社会效益的一部分。此外，为确保应急物资的及时供应，一般会选取当地医疗物资生产企业进行储备，这有利于提升应急医疗物资供应的及时性。从社会面来看，大量应急医疗物资储备也是一种经济活动，为政府辖区带来了一定外部经济效益，即辖区外部经济效益（高琳等，2018）。因此，政府社会收益表示为：

$$\pi_G = \beta_1 e_1 + \beta_2 e_2 + \tau\beta_3 e_2 + \varepsilon_1 \qquad (11-1)$$

其中，β_1 为社会减灾效益努力水平转换系数；β_2 为辖区外部经济效益转化系数；β_3 为非战争军事救援行动减灾效益转换系数。此外，政府和军队在非战争军事救援行动中，应急医疗物资生产能力储备合作中确定的政府储备比例为 τ，军队储备比例为 $1-\tau$ 其中 $\tau \in [0, 1]$；同时，令 ε_1 是均值为 0，方差为 σ_1^2 的随机变量，即 $\varepsilon_1 \sim N(0, \sigma_1^2)$。

此外，应急医疗物资生产能力储备企业为军队遂行非战争军事救援行动带来的总产出为：

$$\pi_M = (1-\tau)\beta_3 e_2 + \varepsilon_2 \qquad (11-2)$$

由于军队承担的军事行动不仅包括抢险救灾，还承担其他军事活动，其军事救援行动效益由 β_3 决定，这会受到不确定性的影响。ε_2 是一个均值为 0，方差为 σ_2^2 的随机变量，即 $\varepsilon_2 \sim N(0, \sigma_2^2)$。

政府和军队各自与应急医疗物资生产能力储备企业签订激励合同，并分别制定激励策略。其中政府的激励合同包括固定费用和生产能力储备企业分享社会收益的激励费用。军队与生产能力储备企业之间的合同是类似的，同样分为一次性固定补贴 ω_{02} 和军事应急救援分享军事收益的激励费用。基于此，政府与企业签订的激励合同可以表示为：

$$\pi_{H1} = \omega_0 + \gamma\pi_G \qquad (11-3)$$

式（11-3）中 ω_0 为政府鼓励储备企业开展应急医疗物资生产能力储备的一次性固定费用，γ 为政府的社会效益分享激励系数，其中 $\gamma > 0$。同理，军队与企业签订的激励合同可以表示为：

$$\pi_{H2} = \omega_{02} + k\pi_M \qquad (11-4)$$

ω_{02} 为军队与储备企业合同中的固定费用部分；而激励系数 k 由

军队决定，其中 $k > 0$ 。需要注意的是，政府与生产能力储备企业之间的合同保证了企业愿意接受激励合同。因此，军队不再重复支付固定费用，由此可知 $\omega_{02} = 0$ 。

应急医疗物资生产能力储备企业的成本 c 由两部分组成：一是承储企业通用标准下医疗物资生产能力储备努力成本系数 m ，二是军用标准下医疗物资生产能力储备努力成本系数 n 。军用标准下医疗物资涉及到保密、军用标准、军事规范等军队约束。为了反映实际生产能力储备过程中边际效用递减的影响，储备企业成本函数可以表示为（Taylor，2002）：

$$c = \frac{1}{2}me_1^2 + \frac{1}{2}ne_2^2 \tag{11-5}$$

政府和军队的收益是基于生产能力储备企业开展的应急医疗物资生产能力储备所带来的效益。假设政府和军队是风险中性的。因此，政府的效用函数为 $\Pi_G = -\omega_0 + (1-\gamma)\pi_G$ ，军队的效用函数为 $\Pi_M = (1-k)\pi_M$ 。企业的利润来源于政府和军队的奖励费减去应急医疗物资生产能力储备成本。在这里，假设生产能力储备企业作为代理人是风险厌恶的（Hall，1978）。应急医疗物资生产能力储备企业从政府处获得的确定性等价收入可以表示为：

$$\Pi_{H1} = \omega_0 + \gamma(\beta_1 e_1 + \beta_2 e_2 + \tau\beta_3 e_2) - \frac{1}{2}me_1^2 - \frac{1}{2}r\gamma^2\sigma_1^2$$

$$\tag{11-6}$$

生产能力储备企业从军队获得的确定性等价收入可以表示为：

$$\Pi_{H2} = k(1-\tau)\beta_3 e_2 - \frac{1}{2}ne_2^2 - \frac{1}{2}rk^2\sigma_2^2 \tag{11-7}$$

在这种情况下，政府和军队都是委托人，应急医疗物资生产能力

储备企业是代理人。共同委托代理模型如下:

$$\max_{\omega_0, \gamma} \Pi_G = -\omega_0 + (1-\gamma)\pi_G \qquad (11-8)$$

$$\max_k \Pi_M = (1-k)(1-\tau)\beta_3 e_2 \qquad (11-9)$$

$$\text{s. t. } \Pi_H \geqslant \pi'_h \qquad (11-10)$$

$$\max_{e_1, e_2} \Pi_H(\Pi_{H1} + \Pi_{H2}) \qquad (11-11)$$

在上述共同委托代理模型中,政府作为主要委托人,必须保证企业参与生产能力储备,这就需要确保企业收益不低于其自身保留效用,因此生产能力储备企业从政府处获得的预期效用,应满足参与约束 $\Pi_H \geqslant \pi'_h$。同时,生产能力储备企业为实现效用最大化,需要依据生产能力储备工作带来的收益和成本来决定投入努力水平。即生产能力储备企业的决策受激励相容约束 $\max_{e_1, e_2} \Pi_H(\Pi_{H1} + \Pi_{H2})$ 的约束。在此基础上,政府和军队根据各自效用最大化的原则,计算出对应急医疗物资生产能力储备企业的最优收益分享激励激励系数,为激励机制设计提供依据。将上述约束条件引入委托代理模型,可以得到:

$$\max_{\omega_0, \gamma} \Pi_G = -\omega_0 + (1-\gamma)(\beta_1 e_1 + \beta_2 e_2 + \tau\beta_3 e_2) \quad (11-12)$$

$$\max_k \Pi_M = (1-k)(1-\tau)\beta_3 e_2 \qquad (11-13)$$

$$\text{s. t. } \omega_0 + \gamma(\beta_1 e_1 + \beta_2 e_2 + \tau\beta_3 e_2) - \frac{1}{2}m e_1^2 - \frac{1}{2}r\gamma^2\sigma_1^2 \geqslant \pi'_h$$

$$(11-14)$$

$$\max_{e_1, e_2} \Pi_H = \omega_0 + \gamma(\beta_1 e_1 + \beta_2 e_2 + \tau\beta_3 e_2) + k(1-\tau)\beta_3 e_2 -$$

$$\frac{1}{2}m e_1^2 - \frac{1}{2}n e_2^2 - \frac{1}{2}r\gamma^2\sigma_1^2 - \frac{1}{2}r k^2\sigma_2^2 \qquad (11-15)$$

对政府与军队共同委托代理模型进行求解,企业根据自身收益最大化选择生产能力储备努力水平,企业生产能力储备激励相容约束为:

（IR）$\max\limits_{e_1,e_2}\Pi_H = \omega_0 + \gamma(\beta_1 e_1 + \beta_2 e_2 + \tau\beta_3 e_2) + k(1-\tau)\beta_3 e_2 - \frac{1}{2}m e_1^2 -$

$\frac{1}{2}n e_2^2 - \frac{1}{2}r\gamma^2\sigma_1^2 - \frac{1}{2}r k^2\sigma_2^2$，分别对该模型中通用标准下医疗物资生产能力储备努力水平和军用标准医疗物资生产能力储备努力水平 e_1、e_2 进行求解。

根据公式（11-22）可知 $\dfrac{\partial^2\Pi_H}{\partial e_1^2} = -m$，$\dfrac{\partial^2\Pi_H}{\partial e_2^2} = -n$，$\dfrac{\partial^2\Pi_G}{\partial e_1\partial e_2} = 0$，

$\dfrac{\partial^2\Pi_G}{\partial e_2\partial e_1} = 0$。因 e_1 和 e_2 的海塞矩阵为 $\begin{pmatrix} \dfrac{\partial^2\Pi_H}{\partial e_1^2} & \dfrac{\partial^2\Pi_H}{\partial e_1\partial e_2} \\ \dfrac{\partial^2\Pi_H}{\partial e_2\partial e_1} & \dfrac{\partial^2\Pi_H}{\partial e_2^2} \end{pmatrix}$，其中 $\dfrac{\partial^2\Pi_H}{\partial e_1^2} =$

$-m < 0$，$\begin{vmatrix} \dfrac{\partial^2\Pi_H}{\partial e_1^2} & \dfrac{\partial^2\Pi_H}{\partial e_1\partial e_2} \\ \dfrac{\partial^2\Pi_H}{\partial e_2\partial e_1} & \dfrac{\partial^2\Pi_H}{\partial e_2^2} \end{vmatrix} = mn - 0 > 0$，所以此矩阵为负定，$e_1$ 和 e_2

在 Π_H 中可得到最优结果。令 $\dfrac{\partial\Pi_H}{\partial e_1} = 0$，$\dfrac{\partial\Pi_H}{\partial e_2} = 0$，并联立求解可以得出政府与军队共同委托代理模型中通用标准下医疗物资生产能力储备努力水平和军用标准下医疗物资生产能力储备最优努力水平为：

$$e_1^* = \frac{\beta_1\gamma}{m} \qquad (11-16)$$

$$e_2^* = \frac{\gamma\beta_2 + \tau\gamma\beta_3 + k\beta_3 - \tau k\beta_3}{n} \qquad (11-17)$$

现构建政府与军队共同委托代理政府激励契约下的拉格朗日函数 L_G，求解政府最优收益分享激励系数表达式。

$$L_G = -\omega_0 + (1-\gamma)(\beta_1 e_1 + \beta_2 e_2 + \tau\beta_3 e_2) + \lambda\{\omega_0 +$$
$$\gamma(\beta_1 e_1 + \beta_2 e_2 + \tau\beta_3 e_2) - \frac{1}{2}me_1^2 - \frac{1}{2}r\gamma^2\sigma_1^2 - \pi'_h\} \tag{11-18}$$

由 $\dfrac{\partial L_G}{\partial \gamma} = 0$，得 $\lambda = 1$，根据库恩 – 塔克条件可知政府与军队共同

委托代理模型中约束为紧约束，即有 $\omega_0 + \gamma(\beta_1 e_1 + \beta_2 e_2 + \tau\beta_3 e_2) - \dfrac{1}{2}me_1^2 -$

$\dfrac{1}{2}ne_2^2 - \dfrac{1}{2}r\gamma^2\sigma_1^2 - \pi'_h = 0$。将式（11-16）、式（11-17）带入拉格朗

日函数 L_G，得 $\dfrac{\partial^2 L_G}{\partial\gamma^2} = -\dfrac{\beta_1^2}{m} - \dfrac{(\tau\beta_3 + \beta_2)^2}{n} - r\sigma_1^2 < 0$，拉格朗日函数 L_G 是

关于政府激励系数 γ 的凹函数，因此求得政府最优激励系数为：

$$\gamma^* = \frac{n\beta_1^2 + m(\beta_2 + \tau\beta_3)^2}{mnr\sigma_1^2 + n\beta_1^2} \tag{11-19}$$

将式（11-17）带入式（11-13），可得：$\underset{k}{\mathrm{Max}}\Pi_M = (1-k)(1-\tau)\beta_3(\dfrac{\gamma\beta_2 + \tau\gamma\beta_3 + k\beta_3 - \tau k\beta_3}{n})$，求解关于军队收益分享激励系数 k

的一阶与二阶条件，得：

$$\frac{\partial\Pi_M}{\partial k} = \frac{[(\tau\gamma - 2k\tau + \tau + 2k - 1)\beta_3 + \beta_2\gamma](\tau - 1)\beta_3}{n}, \quad \frac{\partial^2\Pi_M}{\partial e^2} =$$

$-\dfrac{2(1-\tau)^2\beta_3^2}{n}$，由于 $-\dfrac{2(1-\tau)^2\beta_3^2}{n} < 0$。故判定 Π_M 为凹函数，存在

军队最优收益分享激励系数 k。

将式（11-19）带入 $\dfrac{\partial\Pi_M}{\partial k} = \dfrac{[(\tau\gamma - 2k\tau + \tau + 2k - 1)\beta_3 + \beta_2\gamma](\tau - 1)\beta_3}{n}$，

且令 $\dfrac{\partial\Pi_M}{\partial k} = 0$，可得军队的最优激励系数为：

$$k^* = \frac{1}{2} - \frac{(\beta_2 + \tau\beta_3)}{2(1 - \tau)\beta_3} \cdot \frac{n\beta_1^2 + m(\beta_2 + \tau\beta_3)^2}{mnr\sigma_1^2 + n\beta_1^2} \quad (11-20)$$

将式（11-19）、式（11-20）带入式（11-16）可得应急医疗物资生产能力储备企业最优通用标准下物资产能储备努力水平为：

$$e_1^* = \frac{\beta_1}{m} \cdot \frac{n\beta_1^2 + m(\beta_2 + \tau\beta_3)^2}{mnr\sigma_1^2 + n\beta_1^2} \quad (11-21)$$

将式（11-19）、式（11-20）带入式（11-17）可得应急医疗物资生产能力储备企业最优军用标准下医疗物资生产能力储备努力水平为：

$$e_2^* = \frac{(1 - \tau)\beta_3}{2n} + \frac{\beta_2 + \tau\beta_3}{2} \cdot \frac{n\beta_1^2 + m(\beta_2 + \tau\beta_3)^2}{mn^2r\sigma_1^2 + n^2\beta_1^2} \quad (11-22)$$

三、"军—政—企"协同下政府主导委托代理模型

为减少灾害损失，搞好军队非战争军事行动救援物资保障工作，政府作为"军—政—企"协同下应急医疗物资生产能力储备的主导者，按照军队救援物资需求进行一部分军用标准下物资的储备，政府将自身应急医疗物资储备需求和军队非战争军事救援行动储备需求进行汇总后，与企业签订应急医疗物资生产能力储备协议。一旦灾害发生时，企业向政府和军队提供医疗物资。该模式下，政府代替军队与生产能力储备企业签订激励合同，军队不需要直接参与应急医疗物资采购和储备工作，因此军队后勤可以专注于军事作战后勤保障任务而不用分心开展应急医疗物资储备和市场采购活动。该模型可用于比较研究"军—政—企"协同下共同委托代理模型中承储企业绩效的变化。与共同委托代理模型类似，政府主导委托代理模型中生产能力储备激励合同包括固定费用和收益分享激励费用。考虑社会减灾效益、

辖区外部经济效益和非战争军事行动救灾效益，"军—政—企"协同下政府主导委托代理激励模型为：

$$\max_{\gamma} \Pi_G = -\omega_0 + (1-\gamma)(\beta_1 e_1 + \beta_2 e_2 + \tau\beta_3 e_2) \quad (11-23)$$

$$\text{s.t. } \omega_0 + \gamma(\beta_1 e_1 + \beta_2 e_2 + \tau\beta_3 e_2) - \frac{1}{2}me_1^2 - \frac{1}{2}ne_2^2 - \frac{1}{2}r\gamma^2\sigma_1^2 \geqslant \pi_h'$$

$$(11-24)$$

$$\max_{e_1,e_2} \Pi_H = \omega_0 + \gamma(\beta_1 e_1 + \beta_2 e_2 + \tau\beta_3 e_2) - \frac{1}{2}me_1^2 - \frac{1}{2}ne_2^2 - \frac{1}{2}r\gamma^2\sigma_1^2$$

$$(11-25)$$

对政府主导委托代理模型进行求解，企业根据自身收益最大化选择生产能力储备努力水平，对于企业储备激励相容约束为：

$$(\text{IR}) \max_{e_1,e_2} \Pi_H = \omega_0 + \gamma(\beta_1 e_1 + \beta_2 e_2 + \tau\beta_3 e_2) - \frac{1}{2}me_1^2 - \frac{1}{2}ne_2^2 -$$

$\frac{1}{2}r\gamma^2\sigma_1^2$，分别对通用标准下医疗物资生产能力储备努力水平和军用标准下医疗物资生产能力储备努力水平 e_1、e_2 进行求解。

根据公式（11-25）可知 $\dfrac{\partial^2 \Pi_G}{\partial e_1^2} = -m$，$\dfrac{\partial^2 \Pi_G}{\partial e_2^2} = -n$，$\dfrac{\partial^2 \Pi_G}{\partial e_1 \partial e_2} = 0$，

$\dfrac{\partial^2 \Pi_G}{\partial e_2 \partial e_1} = 0$。因 e_1 和 e_2 的海塞矩阵为 $\begin{pmatrix} \dfrac{\partial^2 \Pi_G}{\partial e_1^2} & \dfrac{\partial^2 \Pi_G}{\partial e_1 \partial e_2} \\ \dfrac{\partial^2 \Pi_G}{\partial e_2 \partial e_1} & \dfrac{\partial^2 \Pi_G}{\partial e_2^2} \end{pmatrix}$，其中 $\dfrac{\partial^2 \Pi_G}{\partial e_1^2} =$

$-m < 0$，$\begin{vmatrix} \dfrac{\partial^2 \Pi_G}{\partial e_1^2} & \dfrac{\partial^2 \Pi_G}{\partial e_1 \partial e_2} \\ \dfrac{\partial^2 \Pi_G}{\partial e_2 \partial e_1} & \dfrac{\partial^2 \Pi_G}{\partial e_2^2} \end{vmatrix} = mn - 0 > 0$，所以此矩阵为负定，$e_1$ 和 e_2

在 Π_G 中可得到最优结果。令 $\dfrac{\partial \Pi_G}{\partial e_1} = 0$，$\dfrac{\partial \Pi_G}{\partial e_2} = 0$，并联立求解可以得出政府主导委托代理模型中通用标准下医疗物资生产能力储备努力水平和军用标准下医疗物资生产能力储备最优努力水平为：

$$e_1^{**} = \frac{\beta_1 \gamma}{m} \qquad (11-26)$$

$$e_2^{**} = \frac{\gamma(\beta_2 + \tau\beta_3)}{n} \qquad (11-27)$$

现构建政府主导委托代理激励契约下的拉格朗日函数 L_d，求解最优收益分享激励系数表达式。

$$L_d = -\omega_0 + (1-\gamma)(\beta_1 e_1 + \beta_2 e_2 + \tau\beta_3 e_2) + \lambda\{\omega_0 +$$
$$\gamma(\beta_1 e_1 + \beta_2 e_2 + \tau\beta_3 e_2) - \frac{1}{2}me_1^2 - \frac{1}{2}ne_2^2 - \frac{1}{2}r\gamma^2\sigma_1^2 - \pi_h'\} \qquad (11-28)$$

由 $\dfrac{\partial L_d}{\partial \gamma} = 0$，得 $\lambda = 1$，根据库恩－塔克条件可知政府主导委托代理模型中约束为紧约束，即有 $\omega_0 + \gamma(\beta_1 e_1 + \beta_2 e_2 + \tau\beta_3 e_2) - \frac{1}{2}me_1^2 - \frac{1}{2}ne_2^2 - \frac{1}{2}r\gamma^2\sigma_1^2 - \pi_h' = 0$。将式 (11-26)、式 (11-27) 带入拉格朗日函数 L_d，得 $\dfrac{\partial^2 L_d}{\partial \gamma^2} = -\dfrac{\beta_1^2}{m} - \dfrac{(\tau\beta_3 + \beta_2)^2}{n} - r\sigma_1^2 < 0$，拉格朗日函数 L_d 是关于政府激励系数 γ 的凹函数，可得政府最优激励系数为：

$$\gamma^{**} = \frac{n\beta_1^2 + m(\beta_2 + \tau\beta_3)^2}{mnr\sigma_1^2 + n\beta_1^2 + m(\beta_2 + \tau\beta_3)^2} \qquad (11-29)$$

储备企业最优社会应急医疗物资产能储备努力水平 e_1^{**} 和最优军用标准下应急医疗物资产能储备努力水平 e_2^{**} 为：

$$e_1^{**} = \frac{\beta_1}{m} \cdot \frac{n\beta_1^2 + m(\beta_2 + \tau\beta_3)^2}{mnr\sigma_1^2 + n\beta_1^2 + m(\beta_2 + \tau\beta_3)^2} \qquad (11-30)$$

$$e_2^{**} = \frac{\beta_2 + \tau\beta_3}{n} \cdot \frac{n\beta_1^2 + m(\beta_2 + \tau\beta_3)^2}{mnr\sigma_1^2 + n\beta_1^2 + m(\beta_2 + \tau\beta_3)^2} \qquad (11-31)$$

第三节 "军—政—企"协同下应急医疗物资生产能力储备激励模型分析

在本节中,分别建立了"军—政—企"协同下共同委托代理和"军—政—企"协同下政府主导委托代理两个模型,并求解了政府、军队和应急医疗物资生产能力储备企业在这两种情况下的最优策略。军队参与激励机制实现了军事效益管理的目的,改变了仅由政府激励策略决定军事效益的被动局面,对政府和生产能力储备企业的策略都产生了重大影响。因此,需要对共同委托代理与政府主导委托代理模式的差异进行比较分析并探讨。

一、政府最优激励系数

在政府主导委托代理和共同委托代理模式下,政府是激励机制的关键参与者。在常见的代理模型中,政府对生产能力储备企业采用最优激励系数 γ,政府的最优激励系数受承储企业通用标准下医疗物资生产能力储备努力成本系数 m,军用标准下医疗物资生产能力储备努力成本系数 n、政府减灾效益转换系数 β_1、辖区外部经济效益转换系数 β_2 和非战争军事救援行动减灾效益转换系数 β_3、应急医疗物资生产能力储备合作中确定的政府储备比例 α 和不确定性的影响。

命题11.1：辖区外部经济效益转换系数，非战争军事救援行动减灾效益转换系数和政府储备比例对政府激励系数的影响为正，不确定性对激励系数的影响为负。

证明：

（1）在政府与军队共同委托代理模型中：

求解政府最优激励系数 $\gamma^* = \dfrac{n\beta_1^2 + m(\beta_2 + \tau\beta_3)^2}{mnr\sigma_1^2 + n\beta_1^2}$ 关于 β_2，β_3，σ_1^2，τ 的一阶条件。可得：

$$\frac{\partial \gamma^*}{\partial \beta_2} = \frac{2m(\tau\beta_3 + \beta_2)}{mnr\sigma_1^2 + n\beta_1^2} > 0 , \quad \frac{\partial \gamma^*}{\partial \beta_3} = \frac{2m\alpha(\tau\beta_3 + \beta_2)}{mnr\sigma_1^2 + n\beta_1^2} > 0 , \quad \frac{\partial \gamma^*}{\partial \tau} =$$

$$\frac{2m(\tau\beta_3 + \beta_2)\beta_3}{mnr\sigma_1^2 + n\beta_1^2} > 0 , \quad \frac{\partial \gamma^{**}}{\partial \sigma_1^2} = -\frac{[n\beta_1^2 + m(\tau\beta_3 + \beta_2)^2]mnr}{[(mnr\sigma_1^2 + n\beta_1^2 + m(\tau\beta_3 + \beta_2)^2]^2} < 0 。$$

（2）在政府主导委托代理模型中：

求解政府最优激励系数 $\gamma^{**} = \dfrac{n\beta_1^2 + m(\beta_2 + \tau\beta_3)^2}{mnr\sigma_1^2 + n\beta_1^2 + m(\beta_2 + \tau\beta_3)^2}$ 关于

β_2，β_3，σ_1^2，τ 的一阶条件，可得：

$$\frac{\partial \gamma^{**}}{\partial \beta_2} = \frac{2m^2(\tau\beta_3 + \beta_2)n\rho\sigma_1^2}{[(\tau^2\beta_3^2 + nr\sigma_1^2 + 2\tau\beta_2\beta_3 + \beta_2^2)m + n\beta_1^2]^2} > 0 , \quad \frac{\partial \gamma^{**}}{\partial \beta_3} =$$

$$\frac{2m^2(\tau\beta_3 + \beta_2)\tau nr\sigma_1^2}{[(\tau^2\beta_3^2 + nr\sigma_1^2 + 2\tau\beta_2\beta_3 + \beta_2^2)m + n\beta_1^2]^2} > 0 , \quad \frac{\partial \gamma^{**}}{\partial \tau} =$$

$$\frac{2m^2(\tau\beta_3 + \beta_2)\beta_3 nr\sigma_1^2}{[(\tau^2\beta_3^2 + nr\sigma_1^2 + 2\tau\beta_2\beta_3 + \beta_2^2)m + n\beta_1^2]^2} > 0 , \quad \frac{\partial \gamma^{**}}{\partial \sigma_1^2} =$$

$$-\frac{[n\beta_1^2 + m(\tau\beta_3 + \beta_2)^2]mnr}{[(mnr\sigma_1^2 + n\beta_1^2 + m(\tau\beta_3 + \beta_2)^2]^2} < 0 。$$

证毕。

命题 11.1 表明了以下几点，一是两个模型中政府最优激励系数随政府外部经济效益的增加而增加，表明政府经济运行越好，应急储备带来的社会福利越多，因此政府会尝试通过鼓励企业开展应急储备来增加社会效益；二是政府最优激励系数随非战争军事救援行动减灾效益转换系数的增加而增加，表明军事行动对应急救援行动的支持力度越大，政府通过军队参与救援获得的社会效益越大，那么政府会随之提升企业激励系数，以提高军事救援能力；三是政府最优激励系数随政府储备比例的增加而增大，这是因为政府在财政允许下，提前预储军队非战争军事行动救援物资能更好地支持军队救援行动，从而创造了社会效益，因此政府会主动提高最优激励系数来刺激企业提高产能储备努力水平；四是政府最优激励系数随不确定性风险的增加而降低，表明不确定性越大，政府社会效益难以保证，由此企业应采取行动提高生产管理水平以控制不确定性带来的消极影响，并将不确定性控制在一定范围内。

命题 11.2：在政府与军队共同委托代理模型中，政府减灾效益转换系数受到企业风险规避系数的影响，当企业风险规避系数较小时，政府激励系数随政府减灾效益转换系数的增加而减小；当企业风险规避系数较大时，政府激励系数随政府减灾效益转换系数的增加而增加。在政府主导委托代理模型中，政府激励系数随政府减灾效益转换系数的增加而增加。

证明：

（1）在政府与军队共同委托代理模型中：

求解政府最优激励系数 $\gamma^* = \dfrac{n\beta_1^2 + m(\beta_2 + \tau\beta_3)^2}{mnr\sigma_1^2 + n\beta_1^2}$ 关于 β_1 的一阶条

件。可得：当 $0 < r < \dfrac{(\tau\beta_3 + \beta_2)^2}{n\sigma_1^2}$ 时，$\dfrac{\partial \gamma^*}{\partial \beta_1} = \dfrac{2\beta_1 [nr\sigma_1^2 - (\tau\beta_3 + \beta_2)^2] m}{n(mr\sigma_1^2 + \beta_1^2)^2} <$

0 ；当 $r > \dfrac{(\tau\beta_3 + \beta_2)^2}{n\sigma_1^2}$ 时，$\dfrac{\partial \gamma^*}{\partial \beta_1} = \dfrac{2\beta_1 [nr\sigma_1^2 - (\tau\beta_3 + \beta_2)^2] m}{n(mr\sigma_1^2 + \beta_1^2)^2} > 0$ 。

（2）在政府主导委托代理模型中：

求解政府最优激励系数 $\gamma^{**} = \dfrac{n\beta_1^2 + m(\beta_2 + \tau\beta_3)^2}{mnr\sigma_1^2 + n\beta_1^2 + m(\beta_2 + \tau\beta_3)^2}$ 关于

β_1 的一阶条件，可得：$\dfrac{\partial \gamma^{**}}{\partial \beta_1} = \dfrac{2mn^2 r\sigma_1^2 \beta_1}{[(mnr\sigma_1^2 + m(\tau\beta_3 + \beta_2)^2 + n\beta_1^2]^2} > 0$ ，

证毕。

命题 11.2 表明，在政府与军队共同委托代理模型下，企业风险规避系数对政府激励系数与减灾效益转换系数之间的关系造成影响，当企业风险规避系数较小时，政府激励系数随政府减灾效益转换系数的增加而减小；当企业风险规避系数超过一定临界值时，政府激励系数随政府减灾效益转换系数的增加而增大。上述结论表明当企业具备一定风险承载能力时，政府可以通过更新城市应急设施、加强应急防控宣传等方法提高减灾效益转换能力，由此政府可以一定程度降低储备激励强度而实现同样的减灾效果。因此，选择具备一定风险承担能力的企业更有利于政府开展多样化的社会应急治理手段；而承储企业风险承担能力较弱时，政府只能通过提高激励系数来促进企业提升储备水平。在政府主导委托代理模型下，政府激励系数则随社会减灾效益转换系数的增加而增加。

命题 11.3：政府与军队共同委托代理模型中的政府最优激励系数大于政府主导委托代理模型中的政府最优激励系数。且随 β_2 、β_3 的上升会加大政府最优激励系数的差距，σ_1^2 和 n 则会降低这种差距。

证明：将式（11 - 19）比式（11 - 29），可得：

$$\frac{\gamma^*}{\gamma^{**}} = 1 + \frac{m(\beta_2 + \tau\beta_3)^2}{mnr\sigma_1^2 + n\beta_1^2} \qquad (11 - 32)$$

因 $\dfrac{m(\beta_2 + \tau\beta_3)^2}{mnr\sigma_1^2 + n\beta_1^2} > 0$，那么 $\gamma^* = \gamma^{**} + \gamma^{**} \cdot \dfrac{m(\beta_2 + \tau\beta_3)^2}{mnr\sigma_1^2 + n\beta_1^2}$，因此 $\gamma^* > \gamma^{**}$；

令 $\gamma' = \dfrac{\gamma^*}{\gamma^{**}}$，求解 γ' 关于 β_2、β_3、σ_1^2、n 的一阶偏导，可得：$\dfrac{\partial\gamma'}{\partial\beta_2}$

$= \dfrac{2m(\beta_2 + \tau\beta_3)}{mnr\sigma_1^2 + n\beta_1^2} > 0$，$\dfrac{\partial\gamma'}{\partial\beta_3} = \dfrac{2\alpha m(\beta_2 + \tau\beta_3)}{mnr\sigma_1^2 + n\beta_1^2} > 0$，$\dfrac{\partial\gamma'}{\partial\sigma_1^2} =$

$-\dfrac{m^2 nr(\beta_2 + \tau\beta_3)^2}{(mnr\sigma_1^2 + n\beta_1^2)^2} < 0$，$\dfrac{\partial\gamma'}{\partial n} = -\dfrac{m(\beta_2 + \tau\beta_3)^2}{(mr\sigma_1^2 + \beta_1^2)n^2} < 0$，证毕。

命题 11.3 表明，在政府与军队共同委托代理模型下，政府的最优激励系数大于政府主导委托代理模型下的最优激励系数。通过比较两种模型下政府最优激励系数的变化，我们可以得出；在共同委托代理模型下，政府与军队之间存在良好的协同效应，政府能通过生产能力储备企业分享更多收益，来实现政府减灾效益和非战争军事行动减灾效益更大的目标。与两种激励策略相比，政府外部经济效益转换能力和非战争军事救援行动减灾效益转换能力的提高都会加大了两个模型中政府最优激励系数之间的差异。不确定性的增加和生产能力储备企业应急物资储备能力管理水平的提高将缩小这种差异。

二、企业最优军用标准下应急医疗物资生产能力储备努力水平

在共同委托代理模式下，由于军队对应急医疗物资生产能力储备

企业军用标准下应急医疗物资生产能力储备的激励策略，激励机制产生了额外的资金支持。生产能力储备企业在政府和军队的双重激励下，企业会调整其努力水平，以达到其利润最大化。通过比较政府与军队共同委托代理模式和政府主导委托代理模式下企业军用标准下应急医疗物资生产能力储备的努力程度，我们可以得出一些重要的结论。

命题 11.4：企业投入在共同委托代理模式下军用标准医疗物资生产能力储备努力水平比政府主导委托代理模型下更大。且随 k、β_3 的上升会加大企业军用标准物资生产能力储备努力水平的差距，γ、β_2、τ 则会降低这种差距。

证明：将式（11-22）比上式（11-31），可得：

$$\frac{e_2^*}{e_2^{**}} = 1 + \frac{k(1-\tau)\beta_3}{\gamma(\beta_2 + \tau\beta_3)} \qquad (11-33)$$

因 $\dfrac{k(1-\tau)\beta_3}{\gamma(\beta_2 + \tau\beta_3)} > 0$ ，那么 $e_2^* = e_2^{**} + e_2^{**} \cdot \dfrac{k(1-\tau)\beta_3}{\gamma(\beta_2 + \tau\beta_3)}$ ，因此

$e_2^* > e_2^{**}$ ；

令 $e_2{}' = \dfrac{e_2^*}{e_2^{**}}$ ，求解 $e_2{}'$ 关于 k、β_3、γ、β_2 的一阶偏导，可得：$\dfrac{\partial e_2{}'}{\partial k} = \dfrac{(1-\tau)\beta_3}{\gamma(\tau\beta_3 + \beta_2)}$ ，由于 $0 < \tau < 1$ ，则有：

$$\frac{\partial e_2{}'}{\partial k} = \frac{(1-\tau)\beta_3}{\gamma(\tau\beta_3 + \beta_2)} > 0, \quad \frac{\partial e_2{}'}{\partial \beta_3} = \frac{k(1-\tau)\beta_2}{\gamma(\tau\beta_3 + \beta_2)^2} > 0, \quad \frac{\partial e_2{}'}{\partial \gamma} =$$

$$-\frac{k(1-\tau)\beta_3}{\gamma^2(\tau\beta_3 + \beta_2)} < 0, \quad \frac{\partial e_2{}'}{\partial \beta_2} = -\frac{k(1-\tau)\beta_3}{\gamma(\tau\beta_3 + \beta_2)^2} < 0, \quad \frac{\partial e_2{}'}{\partial \tau} = -\frac{k\beta_3(\beta_3 + \beta_2)}{\gamma(\tau\beta_3 + \beta_2)^2}$$

< 0 ，证毕。

命题11.4表明，在共同委托代理模式下，生产能力储备企业因能从政府和军队双方获得激励费用，其在非战争军事行动应急医疗物资生产能力储备方面的努力水平显著增强。军队的激励系数和非战争军事救援行动减灾效益放大了不同模式下企业努力水平的差异，而政府的激励系数和外部经济效益转化系数则通过优化市场环境、降低运营成本等方式，进一步激发企业提升军用标准生产能力储备的动力。此外，政府激励系数、政府外部经济效益系数和非战争军事行动的政府储备部分将缩小企业军用标准生产能储备努力水平的差异。这种多方协同的激励机制，不仅提升了企业的生产能力和市场竞争力，也为国家的安全和稳定提供了坚实保障。

三、企业最优减灾效益努力水平

与政府主导委托代理模式相比，政府与军队共同委托代理模式中军队参与激励机制。军队通过政府为非战争军事救援行动进行的应急医疗物资生产能力储备，而更加有效地参与了应急救灾活动，这将为相应地区带来更多的应急保障，这将激励政府在军用标准下应急医疗物资生产能力储备方面投入更多，企业也将投入更高的努力水平。企业的应急医疗物资生产能力储备工作并不能直接提高军事效益，政府的激励策略只适用于非战争军事救灾行动。然而，值得提出的是军队对军用标准下应急医疗物资生产能力储备的激励策略是否会间接影响政府应急医疗物资生产能力储备工作。基于此考虑，比较这两种模型下承储企业的应急医疗物资生产能力储备努力情况，并得如下结果。

命题11.5：企业投入在共同委托代理模式下通用标准下医疗物资生产能力储备努力水平比政府主导委托代理模型下更大。

证明：将公式（11 - 21）比公式（11 - 30），可得：

$$\frac{e_1^*}{e_1^{**}} = 1 + \frac{m(\beta_2 + \tau\beta_3)^2}{mnr\sigma_1^2 + n\beta_1^2} \qquad (11 - 34)$$

因 $\frac{m(\beta_2 + \tau\beta_3)^2}{mnr\sigma_1^2 + n\beta_1^2} > 0$，那么 $e_1^* = e_1^{**} + e_1^{**} \cdot \frac{m(\beta_2 + \tau\beta_3)^2}{mnr\sigma_1^2 + n\beta_1^2}$，因此 $e_1^* > e_1^{**}$，证毕。

命题 11.5 表明，在共同委托代理模型中，政府采取了更为积极的激励策略，这促使应急医疗物资生产能力储备企业加大在通用标准下应急医疗物资生产能力储备的努力程度，从而为企业带来更为可观的收益。军队的参与使得应急医疗物资生产能力储备相较于政府主导委托代理模式产生了显著的溢出效应。尽管军队并未直接刺激企业在应急医疗物资生产能力储备上的努力，但其增加了军用标准下应急医疗物资生产能力储备的激励系数，进而激励企业在应急医疗物资生产能力储备上投入更多的努力。这种多方协同的激励机制不仅提升了企业的生产能力储备水平和应急响应速度，也为国家的应急保障能力提供了有力支撑。

命题 11.6：随 β_2、β_3、τ、m 的上升会加大共同委托和政府主导委托代理模型中企业通用标准下医疗物资生产能力储备努力水平的差距，β_1、σ_1^2、r、n 则会降低这种差距。

证明：令 $e_1' = \frac{e_1^*}{e_1^{**}}$，求解 e_1' 关于 β_2、β_3、τ、m、β_1、σ_1^2、r、n 的一阶偏导，可得：$\frac{\partial e_1'}{\partial \beta_2} = \frac{2m(\tau\beta_3 + \beta_2)}{mnr\sigma_1^2 + n\beta_1^2} > 0$，$\frac{\partial e_1'}{\partial \beta_3} = \frac{2\tau m(\tau\beta_3 + \beta_2)}{mnr\sigma_1^2 + n\beta_1^2} >$

0，$\frac{\partial e_1'}{\partial \tau} = \frac{2m\beta_3(\tau\beta_3 + \beta_2)}{mnr\sigma_1^2 + n\beta_1^2} > 0$，$\frac{\partial e_1'}{\partial m} = \frac{\beta_1^2(\tau\beta_3 + \beta_2)^2}{n(mr\sigma_1^2 + \beta_1^2)^2} > 0$，$\frac{\partial e_1'}{\partial \beta_1} =$

$$-\frac{2mn\beta_1\left(\tau\beta_3+\beta_2\right)^2}{\left(mnr\sigma_1^2+n\beta_1^2\right)}<0 \ , \ \frac{\partial e_1{}'}{\partial\sigma_1^2}=-\frac{m^2nr\left(\tau\beta_3+\beta_2\right)^2}{\left(mnr\sigma_1^2+n\beta_1^2\right)^2}<0 \ , \ \frac{\partial e_1{}'}{\partial r}=$$

$$-\frac{m^2n\sigma_1^2\left(\tau\beta_3+\beta_2\right)^2}{\left(mnr\sigma_1^2+n\beta_1^2\right)^2}<0 \ , \ \frac{\partial e_1{}'}{\partial n}=-\frac{m\left(\tau\beta_3+\beta_2\right)^2}{\left(mr\sigma_1^2+\beta_1^2\right)n^2}<0 \ , \ 证毕。$$

命题 11.6 表明，通用标准下应急医疗物资生产能力储备努力的成本系数、辖区经济福利以及非战争军事行动生产能力储备转化系数会放大两种模型中承储企业应急医疗物资生产能力储备努力水平的差异。这意味着，当企业在面对这些变量时，其投入的努力程度会有更明显的区别。然而，随着一些关键因素的变动，这种差异可能会逐渐缩小。例如，当政府应急医疗物资生产能力储备减灾效益转换系数上升时，意味着政府对应急物资储备的效益更加重视，这可能会促使企业在两种模式下都增加努力水平。同样，军用标准下应急物资生产能力储备成本系数的变化、承储企业的风险规避系数的调整，以及不确定性的增大，都可能影响企业在不同模式下的努力程度，进而缩小两者之间的差异。因此，在制定和调整相关政策时，应充分考虑这些因素的影响，以促进承储企业在不同模式下都能保持较高的努力水平，从而确保应急医疗物资生产能力储备的稳定性和有效性。

第四节 "军—政—企"协同下应急医疗物资生产能力储备激励模型算例分析

前一节建立了"军—政—企"协同下共同委托代理模型和"军—政—企"协同下政府主导委托代理模型，并讨论了参与者的策略和效用。为了更好地理解各种参数对决策策略的影响，本节通过数值仿真进一步分析两个模型的差异。在本节中，选择社会减灾效益感知系数和非战争军事救援行动减灾效益系数，考察两参数对政府和军队的最优收益分享激励系数，以及企业在通用标准下和军用标准下生产能力储备的最优努力水平的影响。在对有关政府、医疗企业、有关部队进行调研的基础上，结合生产能力储备实践并参照以往研究和专家意见，对仿真数据进行相应调整，具体数值表示各参数之间的相对大小，对以上各因子取以下参考值设置。假设承储企业的风险规避 $r = 0.7$ ，辖区军工产业经济福利 $\beta_2 = 0.28$ ，政府非战争军事行动应急医疗物资生产能力储备占比 $\tau = 0.15$ ，通用标准下应急医疗物资生产能力储备边际成本 $m = 0.42$ ，通用标准下应急医疗物资生产能力储备成本 $n = 0.63$ ，生产能力储备企业的参与约束为 $f_h = 0.02$ ，随机影响因子 $\sigma_1^2 = 0.8$ ，基于以上参数设置进行算例分析。

一、最优激励策略随激励系数的变化

图 11-5 显示了在共同委托代理模型下，政府与军队的最优激励策略随社会救灾效益感知系数 β_1 和非战争军事行动减灾效益感知系数 β_3 的变化情况。与军工产业经济效应系数不同，非战争军事行动减灾效益代表了军队开展应急医疗救援时军用标准下应急医疗物资对降低灾害损失的能力。非战争军事行动减灾效益感知系数对委托人的策略和效用有重要的影响。虽然非战争军事救援行动减灾效益感知系数与军事效益没有直接关系，但通过观察其对结果的影响，我们能更好地理解军队参与带来的军工产业外部效应。

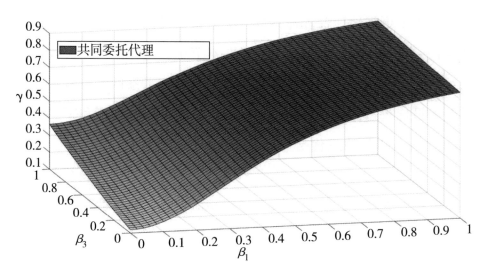

图 11 - 5　政府最优激励策略趋势图

对于政府而言，如图 11 - 6 所示，当非战争军事救援行动减灾效益转换系数 β_3 固定时，政府的最优收益分享激励系数 γ 与社会减灾效益努力水平转换系数 β_1 呈正相关关系。当 β_1 固定时，政府最优激励系数 γ 同样与非战争军事救援行动减灾效益转换系数 β_3 呈正相关关系。这表明，社会救灾效益感知系数和非战争军事行动减灾效益感知系数都增加了政府开展应急医疗物资储备激励策略的有效性，政府对企业的激励可以有效地刺激承储企业投入更多的努力。对于军队而言，如图 11 - 6 所示，当 β_3 一定时，军队的最优激励策略 k 与社会减灾效益努力水平转换系数 β_1 呈负相关关系。当 β_1 一定时，军队的最优激励策略 k 与非战争军事救援行动减灾效益转换系数 β_3 呈正相关关系。因此，军队的激励策略与政府对社会救灾效益感知系数是一致的，但在非战争军事行动减灾效益感知系数方面则相反。

此外，社会救灾效益感知系数和非战争军事行动减灾效益感知系数的增加会导致军队激励策略有效性的增加。因此，随着这两个系数

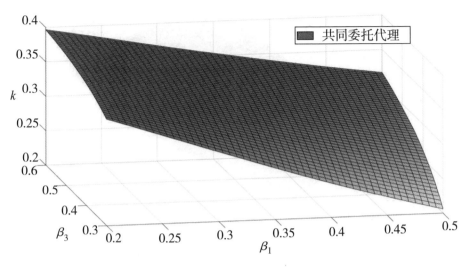

图 11-6　军队最优激励策略趋势图

的增加，政府也愿意增加激励系数，鼓励应急医疗物资生产能力储备企业投入更多的努力。对于军队来说，非战争军事行动减灾效益产出系数的增加，能促使其提供更高的激励系数，这与政府是一致的。然而，社会救灾效益感知系数的增加会对军队激励系数产生负面影响。这主要是因为社会救灾效益产出系数的增加促使政府增加激励系数，这会使军队在开展应急救援保障时产生搭便车效应，即军队不需要增加激励系数，以较低的激励系数也可以增加其军事效益。

二、最优激励策略随努力水平变化的变化

图 11-7 显示了在军队和政府共同委托代理模型和政府主导委托代理模型中，通用标准下下应急医疗物资储备和军用标准下应急医疗物资储备的企业努力程度随参数变化的情况。我们可以得到一个明显的结论，这已经在承储企业最优努力水平决策分析中讨论过。在军政共同委托代理模型中，承储企业的努力水平大于政府主导委托代理模型中的企业努力水平。

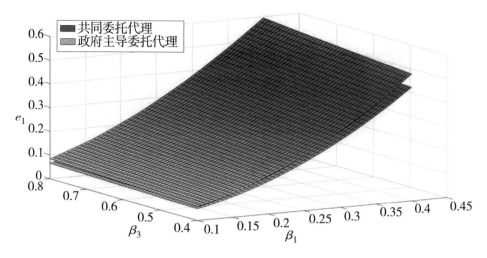

图 11 - 7   普通医疗物资生产能力储备努力程度走势图

如图 11 - 7 所示，当 β_3 固定时，承储企业普通和军用标准下应急医疗物资储备企业努力水平随着 β_1 的增加而增加。当 β_1 固定时，承储企业普通和军用标准下应急医疗物资储备企业努力水平随着 β_3 的增加而增加。β_3 和 β_1 的变化对生产能力储备企业普通和军事产能储备努力水平的影响较为相似，但影响程度不同，如图 11 - 8 所示。显然，β_1 为通用标准下应急医疗物资产能储备努力的产出系数能够直接影响普通物资的产能储备努力；β_3 为军事产能储备努力的转换系数，对非战争军事救援行动效果影响较大。此外，从图 11 - 8 中可以看出，随着 β_3 的变化，储备企业的军事产能储备努力发生了显著变化，而 β_3 对承储企业产能储备努力变化的影响不显著。在参数设置下，军队作为非战争军事行动的军事效益受益者，在共同委托代理模型中参与了激励合同，成为激励策略的有力补充。随着 β_1 的增大，两个模型中承储企业普通医疗物资产能储备努力水平的差异相对较小，因为这些差异主要来自军队参与激励合同的溢出效应。

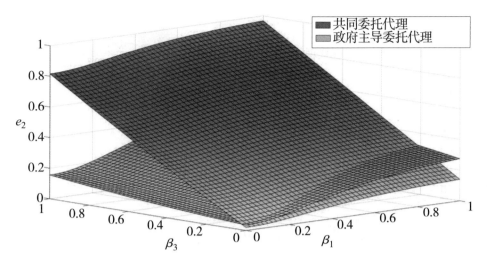

图 11 - 8　军用标准下应急医疗物资生产能力储备努力程度走势图

三、应急医疗物资生产能力储备社会福利随感知系数的变化

由于政府和军队的策略对彼此都具有一定的外部性，在共同委托代理模型下，政府和军队的效用一直高于政府主导委托代理模型，如图 11 - 9 和图 11 - 10 所示。在图 11 - 9 中，β_3 值较小时，两款模型中政府的社会效益接近。随着 β_3 的增大，出现差距，共同委托代理模型的优越性逐渐体现出来，这与图 11 - 7 中军事效用的变化是一致的。如图 11 - 9 所示，当 β_3 一定时，政府的效用随着 β_1 增大而增大。当 β_1 为固定值时，政府效用随着 β_3 的增加而增加。因此，结合图 11 - 9 所示的结论，增加企业通用标准下和军用标准下生产能力储备的救灾能力转换系数可以提高激励的效果，使应急医疗物资生产能力储备企业更愿意付出努力，同时增加社会应急救灾能力。

图 11 - 10 中军队的效用与政府的效用相似，只是改变了 β_3 和 β_1 参数。结果表明，军队的军事效益变化对 β_3 更为敏感，因为军队对非

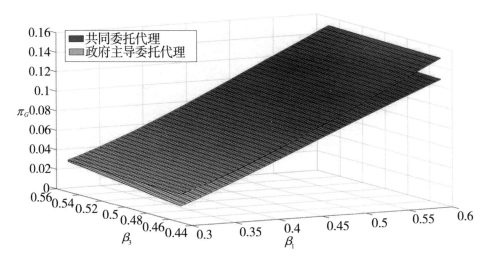

图 11 - 9　激励水平与社会福利关系图

战争军事行动的承担比例大于政府的承担比例。相比之下，军队对 β_1 不敏感，这是因为 β_1 的主要受益者是政府，军队可以享受 β_1 增加所产生的搭便车效应，但这种效应相对较弱。

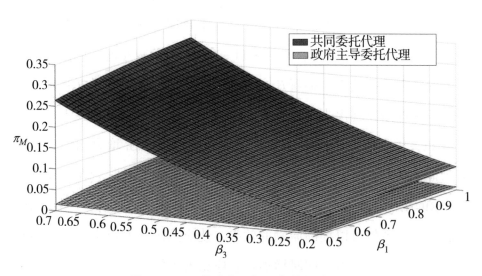

图 11 - 10　激励水平与军事效益关系图

对政府和军队的激励策略和减灾效用的模拟结果表明，社会救灾效益感知系数和非战争军事行动减灾效益感知系数对其策略有显著影响。在这两个模型中，较高的非战争军事行动减灾效益感知系数可以提高政府对应急医疗物资生产能力储备企业的有效性，因而政府愿意通过提高激励系数以提高救灾效用。这与社会救灾效益感知系数的影响一致。对于军队而言，社会救灾效益感知系数对其激励策略的影响与政府的影响相同，而社会救灾效益感知系数由于搭便车效应的存在，其影响正好相反。此外，在共同委托代理模型中，应急医疗物资生产能力储备企业的普通和军用标准下应急医疗物资生产能力储备努力水平都大于政府主导委托代理模型。在共同委托代理模型中，军队参与激励合同，合理使用激励机制对承储企业进行补贴，与政府的激励机制产生良好的协同效应，提高了军事效益。因此，在共同委托代理模型下，政府和军队的效用要大于政府主导委托代理模型，如图 11 - 9 和图 11 - 10 所示。

第五节　结果分析

公共卫生事件的应急救援参与离不开应急医疗物资生产能力储备，如何有效发挥军队在非战争军事行动中的救援能力与应急储备息息相关。军民融合应急医疗物资储备面临许多不确定性，军队动用战备物资参与救援是否影响战斗保障也值得深思。政府与军队开展联合应急医疗物资生产能力储备已成为军民融合应急储备体系的重要方式。但是，由于突发公共卫生事件具有其特殊性，无法对军队参与进行统计分析计算。尝试开展军地协同应急医疗物资生产能力储备已成为军队的可行选择。本章以政府和军队为委托人，分别建立了政府与军队共同委托代理模型和政府主导委托代理模型，并分析了政府、军队和应急医疗物资生产能力储备企业在这两种模型中的策略。研究结果表明，与政府主导委托代理模式相比，在共同委托代理模式下，军队和政府都实现了效用的提高。这说明军队的非战争军事行动应急医疗物资生产能力储备激励策略对政府应急储备产生了良好的外部效应。实践表明，在《军队参加抢险救灾条例》颁布后，军队一直试图采取动用战备物资、市场采购、临时筹措等多种方式筹集物资参与应急救援。本章基于双方应急救援共性，提出的委托代理模式是一种较为可行的方式，拓展了应急医疗物资生产能力储备激励机制。研究表明军队的参与不仅不会对政府的应急储备产生负面影响，反而会鼓励政府增加激励系数，同时也避免了搭便车行为，在军队仅对生产能力储备企业的军用标准下应急医疗物资生产能力储备努力水平进行激励时，承储企业的应急医疗物资生产能力储备努力水平由于显著的溢出效应而有所提高。

具体来说，许多参数对激励系数和效用都有很大的影响。军用标准下应急医疗物资产能储备产出系数和自我保留的非战争军事救援储备产出系数对激励系数的影响为正，而不确定性和社会应急医疗物资生产能力产出系数对激励系数的影响为负。在军队与政府共同委托代理模式下，就承储企业的军事生产能力储备努力水平而言，通用标准下应急医疗物资生产能力储备努力水平只受政府的影响，因此该系数的影响与政府的激励系数一致。通过比较两种模型军用标准下应急医疗物资生产能力储备努力水平的差异，军队的激励系数和转移给军队的应急医疗物资生产能力储备放大了军用标准下应急医疗物资生产能力储备努力水平的差异。政府激励系数、军工产业外部性和非战争军事救援应急储备感知系数缩小了军用标准下应急医疗物资生产能力储备努力水平的差异。数值模拟结果验证了研究结果。研究结果表明，社会应急医疗物资生产能力储备感知系数和军用标准下应急医疗物资生产能力的增加均提高了政府激励的有效性。这两个因素对军队和政府的激励系数有正向影响，对军用标准下应急医疗物资生产能力储备感知系数有正向影响，对社会应急医疗物资生产能力储备有负向影响。在共同委托代理模型中，储备企业的普通和军事生产能力储备努力程度都大于政府主导委托代理模型。共同委托代理模型下政府和军队的效用均显著大于政府主导委托代理模型，且普通和军事生产能力储备感知系数对政府和军队的效用均有正向影响。

根据上述分析，提出以下建议。第一，产出更高者主导对军用标准下应急医疗物资生产能力储备的转换效果有正向影响，那么当军队参与非战争军事行动应急医疗物资生产能力储备的意愿较强时，应鼓励军队作为应急医疗物资生产能力储备的主体来主导生产能力储备，并制定激励策略。第二，虽然军队只是激励军用标准下应急医疗物资生产能力储备努力水平，但它产生了正向的溢出效应，不仅不会拉低企业社会应急医疗物资生产能力储备的努力水平，反而可以促进其努力水平的增长。第三，军用标准下应急医疗物资生产能力储备产出的不确定性缩小了本研究中两种模型的差异，激励机制不能取得很好的效果，激励机制更有可能在不确定性较小的环境中发挥作用。

本章围绕军队与政府应急医疗物资生产能力储备共同委托代理激励机制进行了研究并构建了政府和军队都作为主体的激励模型，使双方能够设计对储备企业的激励机制，改变了军队在参与公共卫生事件救援过程中缺乏应急医疗物资保障的状况。本研究有助于军队、政府和生产能力储备企业更好地了解如何通过激励机制参与非战争军用标准下应急医疗物资储备的工作，从而更好地实现"军—政—企"协同下应急医疗物资生产能力储备。

第十二章　融合型应急物流运用实例

第一节　唐山抗震救灾应急物流案例分析

1976 年 7 月 28 日凌晨 3 时 43 分，河北省唐山、丰南一带发生强烈地震（以下简称唐山地震）。地震震级为 7.8 级，震中烈度为 11 度，波及北京、天津、辽宁等省市，长轴约 2100 千米，陆地面积约 217 万平方千米。唐山大地震 24 万多人死亡，16 万多人重伤。拥有百余万人口的唐山市区毁于一旦，房屋建筑夷为废墟，幸免于难的数十万人民处于万分危急之中。中共中央、国务院和中央军委于地震当日成立了中央抗震救灾指挥部，立即开启救援行动，我军后勤官兵为抗震救援组织了大规模的物资保障活动。

唐山救灾所需各种物资，包括饮用水都需要从外面运去，既急需，又量大。因此，救灾部队各级后勤部门以食、穿、住、用为重点，紧张地展开了物资的调运和供应工作。

对灾区的物资供应，最迫切的是解决饮食保障。地震后的头几天，群众既无粮食，又缺炊具，供水设施遭破坏，水源受污染，无法自行起炊；部队和地方医疗队又急于救治受伤群众，也顾不上做饭。各级后勤部门把为救灾部队准备的口粮拿出来，分给地方干部和群众吃。在这种情况下，军队后勤组织有关仓库和兵站，供应了大量压缩干粮和罐头等熟食品，解了燃眉之急。部队开进时所携带的口粮，基本上是部队、地方工作人员和群众共用，许多部队和后勤人员常常是忍饥挨饿，把煮熟的第一锅饭让给群众先吃。某部炊事班，到唐山的当天煮了 3 锅稀饭，都让给群众吃。

随着救灾工作的深入开展，全国各省市、军队将各种食物源源不断地送到灾区，使唐山受灾群众和救灾部队的给养供应问题得到了较好解决。据原北京军区后勤部统计，共向灾区运送压缩干粮 58.5 万千克，鱼、肉、糖、黄豆、土豆、大蒜和罐头等副食品 173 万千克；药品 140 多种，折款 193 万元。原沈阳军区后勤部先后运往灾区的各类食品达 1429 吨之多。为解决军民饮水供应问题，军队后勤向灾区调运 10 立方米以下新油罐 65 个，用作盛水、运水的工具，并开设了若干供水点，组织了运水供水，解决了吃水问题。

地震后脱险出来的许多人衣不蔽体，加上天雨降温，迫切需要衣服。军队后勤部门立即组织供应了 25 万套单衣、20 万双解放鞋和 2 万条棉毯等被装。救灾部队在开进中，有的战士当即脱下军衣送给缺少衣着的群众。根据居住的需要，军队后勤部门组织供应了帐篷 5417 顶，以及铺板、草垫、油毡、木杆等物资。还筹措了大量铁锹、洋镐、钢钎及吊车、发电机组、氧气切割机等抢救器材。

救灾初期，军队和地方的车辆用油，都归军队油料部门统一供应，用车最多时达到近 9000 辆，用油量很大。军队油料部门突击抢修好唐山驻军油库，迅速组建起一批野战油库和运油分队，并在通往灾区的主要公路干线上建立加油网点，共为军队和地方供应油料 5333 吨，保证了救灾的用油需要。

抗震救灾中的物资筹措和调运都是与救治伤员同步进行的。由于这次地震震级高、烈度大，特别是唐山市，所有建筑、市政设施几乎全部损坏，各种物资，包括饮用水都需要从外地运进，数量大，要求急。军队担负抗震救灾的各级后勤，以保证灾民和救灾部队吃、穿、住、用为重点，紧张地开展了物资的调运和供应工作，对灾区提出需要的物资，千方百计筹措；灾区没有提出但可能需要的物资，也主动安排前送，如主动前送的大量的净水剂、大蒜、口罩等物品都派上了大用场，对及时保障灾民和救灾部队开展防疫、防病工作发挥了很好的作用。据统计，在整个救灾过程中，军队后勤先后共前送主食87.85万千克、副食45万千克、给养器材2140件、被装23.2万多件、帐篷5000顶、油料1153吨、车材210吨、抢救药品5.6万人份、消炎药品7.5万人份、常用药品6.5万人份。

第二节　大兴安岭扑火行动应急物流案例分析

1987年5月6日，大兴安岭北部地区突发特大森林火灾，过火面积1.01万平方千米，其中有林面积0.7万平方千米。火灾中，61万平方米的房屋、4处半储木场、9处林场、85万余立方米存材、2488台设备、325万千克粮食、67座桥涵被烧毁；烧毁林区专用铁路线9.2千米、车站5处，嫩林线塔河至古莲段铁路中断，受灾群众达5万余人，死伤多人。

为了扑灭林火，军队广大指战员在扑火前线总指挥部的统一指挥下，与武装森林警察、公安消防干警及林区职工、群众密切配合，发扬英勇顽强、边疆作战、不怕牺牲、不怕疲劳的战斗作风，连续奋战，扑灭火点1700余处，开辟防火隔离带891公里，抢救疏散群众1万多人，成为扑火救灾的主力军，胜利地完成国家赋予的任务，受到国务院、黑龙江省政府和广大人民群众的高度赞扬。

此次大兴安岭森林火灾，过火面积达 1.01 万平方千米，其中有林面积为 70 万公顷。部队与地方警、民一起扑火，火点多，战线长。往往一个师担负的扑火任务区，就有正面 200 千米、纵深 60 千米的较大范围。师以下部队以团或连为单位，分点扑火，往往几天几夜连续战斗，食宿在丛林中。在这种情况下，各级后勤要将食物分送到团以下部队和基层单位，困难很大。

当时面临的主要困难有：丛林中没有路，往往容易迷失方向；向扑火点运送物资，大火蔓延迅速，几小时内可推进上百千米，火焰常常高达二三十米，烟尘直冲公路高空，后勤人员行进困难；有时部队将明火扑灭后向前推进，但后面过火的林地又死灰复燃，使后勤队伍难以行进。面对险恶的环境，后勤分队官兵采取了一系列新的措施：将篷布在水里泡湿后盖在车上，再向篷布顶上糊一层稀泥；为防止油箱起火，他们又把自己的背包解开，将棉被用水浸透，加盖在油箱上，然后加足马力，全速猛冲，终于闯过火区，及时将物资送到扑火部队手中。

面对扑火部队的需要，各级后勤总是想方设法予以保障。救灾初期，为防止引起火灾，前线总指挥部下令在扑火区不准生火做饭，后勤部门就及时为部队官兵供应干粮和罐头，保证部队吃得上、不挨饿。后来随着扑火进程的加快，前线总指挥部开始允许在过火区和有安全保障的地方生火做饭。为此，各级后勤部门及时供应面粉、大米、新鲜蔬菜和肉类等，使部队官兵都能吃上热食。在端午节临近之际，后勤还特供了 1 万千克糯米和 20 万个鸡蛋，使每个指战员和地方参加扑火的人员，都能在节日吃上粽子和鸡蛋。为解决饮水困难，后勤部门还运送了大批塑料水桶、军用水壶和净水片，有的部队还调去了水车、炊事车等，较好地满足了部队需要。

扑火期间，军队各级后勤部门对地方扑火人员同样予以保障。5月20日下午4时，某师后勤部接到黑龙江省委领导从扑火现场打来的电话，要求在当日6点30分前，将给养送抵绿林林场800名已经断粮的地方扑火队员之中。当时驻地距离绿林有85千米之遥，为救援地方扑火人员，该师军需科长亲率两台装满粮食的运输车，紧急向火灾地区开进，最终于当日6时25分将粮食送达，解决了地方扑火人员的急需。地方领导连声赞叹：还是军人执行命令过得硬！

大兴安岭扑火救灾行动，由于部队各级后勤充分发挥了积极性和主动性，较好地完成了物资保障任务，得到了军地领导同志、救灾部队和广大人民群众的高度评价。

第三节　汶川抗震救灾应急物流案例分析

2008年5月12日14时28分，四川省汶川县发生里氏8.0级特大地震，波及甘肃、陕西、重庆等10个省（区、市），受灾人口4525万人。其中四川省灾区面积达28万平方千米，重灾区达13万平方千米，极重灾区达1.1万平方千米，受灾人口2961万人。这次地震，无论是强度还是烈度都超过了唐山大地震，是新中国成立以来破坏性最大、影响范围最广的一次特大地震。大地震后的灾区满目疮痍，房屋垮塌，人员被埋，公路大部分中断，铁路部分中断，通信、电力中断，供水、水利等基础设施严重损毁，给人民生命财产和地区经济社会发展造成了重大损失。地震发生后，成都军区成立抗震救灾联合指挥部，在中央军委和解放军四总部的领导下，具体指挥协调军队抗震救灾行动，全军13万官兵和5万预备役人员投入了抗震救灾。

汶川抗震救灾中，物资保障存在四大矛盾：一是物资需求规模巨大，与当地有限资源量之间的数量差矛盾；二是物资支援保障时间与刻不容缓的需求急迫性之间的时间差矛盾；三是物资需求种类与存量物资种类不完全对应之间的结构差矛盾；四是物资运送条件要求与灾区环境及路况中断之间的条件差矛盾。为解决这些矛盾，国家和军队从全局出发，统筹规划，对国家、地方、军队、企业物资资源，储备、市场、产出物资资源，乃至外援资源等进行全面整合，形成前后方衔接、存量资源与产出资源相衔接，规模巨大、结构合理的物资资源体系。在国家抗震救灾指挥部和军队抗震救灾联合指挥部的统一指挥、统一配置、统一调控下，组织实施了国家、军队、地方政府、企业等多方一体的物资供应保障，既满足了十三万大军抗震救灾行动的需求又保障了灾区人民。主要做法如下。

1. 调拨储备物资

为应对需求的急迫性，国家和军队迅速调用储备物资支援救灾。国家粮食部门迅速紧急动用国家储备库的特种储备稻谷4.8万吨，紧急加工生产为成品粮，保证军粮和灾区群众用粮。军队动用战略储备物资1.36亿元，并发放野战用品、战救药材、军用帐篷物资7万套件；调用储备的20辆洗消车、12万把土木工具、300余吨消毒剂等救援急需物资；调运储备的电话2000多部、对讲机4000多部、手摇发电机3000多部、手机2000多部，有效地提供了急、特、专用物资资源。

2. 市场采购物资

为应对需求的多样性，军队物资采购部门组织完成了 8 批次被装、给养、油料装备、卫生器材、野战装备、军交装备等 6 大类，价值 8.6 亿多元的救灾和回补物资的应急采购任务。为一线救灾部队筹措了 2200 多吨、价值千万元的食品、劳保、办公和救灾救护等物资；采购了 120 套、价值 800 多万元的便携式多功能钳、液压顶杆、破拆工具、内燃切割锯等器材配发一线部队。

3. 组织企业应急生产物资

为应对持续性需求，积极主动联系企业，组织急需物资的生产供应。例如，从 8000 多家供应商中选取 347 家应急生产能力强、诚信度高的企业承担抗震救灾被装、给养、器材、军用食品、油料装备的应急生产任务。签订了 3.6 亿元的供应合同，组织了 576 万套（件）的应急采购生产任务；紧急组织了 30 多家军工企业全力生产了 70244 套（件）工程装备，82 辆修理、喷洒、淋浴车辆，16 万副防面具、手套、口罩等；组织了数十家地方企业，实行物资生产、供应与伴随保障。

4. 征用物资

为应对救灾巨大规模需求和我军物资保障力有限的情况，国家和军队运用征用方式从地方单位筹措了大量物资。我军首次大规模征用民航运输物资和地方企业通信资源；国家发改委启动应急装备保障预案，迅速从全国各地为部队征集了 280 台价值 2 亿多元的大型工程机械；四川省国动委为部队征集了一批工程机械和技术力量，有力地保证了救灾专用大型装备物资的需求。

利用多元、多渠道的物资筹措方式，建立救生急需物资、生活生存通用物资、救助专用物资、工程排险大型装备物资等组成的物资结构，形成存量物资与产出物资相衔接的物资资源链，为抗震救灾提供了结构合理、规模巨大、可持续保障的物资资源。

第四节　新冠疫情防控应急物流案例分析

新冠疫情是新中国成立以来在我国发生的传播速度快、感染范围广、防控难度大的一次重大突发公共卫生事件。疫情防控是对我国治理体系和治理能力的一次大考，是对军队应急应战能力的一次大考，是一次任务很急、范围很广、动用力量很大的非战争军事行动，是对新体制下军队指挥体系、应急响应机制、疾病防控体系的全面检验。在党中央和中央军委领导下，军队各级迅即行动、有效应对，密切配合、通力协作，采取了一系列行动，经受住了这场大考。

我军担负的一项重要使命就是参与地方应对突发事件，此次疫情我军分批次投入 1 万余名医疗人员，通过直升机、运输机运送 8500 吨群众生活物资助力地方疫情防控，动用了大批战救药材、医疗设备、卫生装备、药品等战储物资，紧急调拨军队储备医疗物资支援武汉，从此次应对新冠肺炎疫情物资保障实践看，库存战储卫生物资一定程度上缓解了疫情暴发初期防疫物资应急性短缺难题。

一、主要做法

应对重大突发公共卫生事件，适时适地适量快速运输投送至关重要。在疫情防控中，军地协力打造疫区运输"生命线"。疫情发生后，联勤保障部队接到紧急任务，为驰援武汉的 3 支共 450 人的解放军医疗队提供后勤服务保障。结合武汉疫情和军地整体需求，联勤保障部队紧急从桂林、郑州联勤保障中心抽调医用防护口罩 20 万个、防护眼镜 5000 副、男女医生工作服各 5000 套、医用防护服和医用隔离衣各 2000 套，共计 6 个品种 21.9 万套防疫急需的卫生防护被装。此后，联勤保障部队迅速从沈阳联勤保障中心紧急调拨 1 万套 C 级防护服和从山东枣庄代储企业调拨 3760 瓶医用酒精，经铁路运输顺利抵达汉口火车站。为保障物资及时收发，联勤保障部队所属驻汉某综合仓库立即组织官兵进行物资装卸载，并在站台与湖北省、武汉市完成物资交接工作，并协助运往市内指定地点，解决了疫情初期防疫物资急需难题。

武汉"封城"后，为解决生活物资供给不畅引发的民众恐慌情绪，联勤保障部队就近抽调 260 多名官兵、130 辆军用卡车组成运力支援队，根据地方配送中心每日需求，将生活物资从武汉市各配送中心调运至武汉三镇，供应各大超市保障市民生活。

面对突如其来的疫情，地方在物资保障筹划、捐赠物资管理、物资分配供应等方面出现了一些问题，军队后勤部门会同地方运输管理部门向地方政府提出确保应急运输车辆畅通无阻的措施建议，完善应急物资通行证发放审验机制、开辟"绿色通道"，确保医疗、生活物资能够及时运达配送点，实现以需求为导向的物流供给。

此次疫情是对我国治理体系和能力的一次大考。在这场近似实战的疫情防控人民战争、总体战、阻击战中，军委管总、战区主战、军种主建的军队改革成果经受了实战检验，同时让我们充分认识到军队后勤在应对国家重大安全突发事件中的先锋作用，必须从总体国家安全观视角进一步找准军队后勤位置，加强国家应急动员力量建设，切实增强国家安全能力。

二、对策措施

武汉暴发新冠疫情后，武汉医院出现了医用口罩、护目镜、医用帽、橡胶手套等医疗物资紧缺问题，这给我国应急物流建设提出一些新的思考。面对新冠疫情，我国应急物流系统应如何应对挑战，如何发挥军民融合应急物流优势，提高物资保障能力，尤其是疫情初期的应急保障能力，值得认真探讨。

（一）建立军地协同的应急物资生产能力储备

目前，军地应急应战物资均以实物储备为主，实物储备不仅占用大量经费，而且在储备过程中，由于产品升级换代、新产品推出或物资质量下降等原因，会造成储备物资的有形损失和无形损失，且损失较大。因此，在原有实物储备的基础上，寻求一种新的储备方式来提高储备效益、满足应急应战需要至关重要。生产能力储备是一种新型的应急物资储备方式，是指储备管理部门为了应对急战时产生的突发需求，与企业签订合同，储备先进的生产技术、可及时投入生产的生产线、用于生产的机械设备、原材料、人员等，企业可在最短时间内转产或扩产，生产相应物资。应急或战时，生产能力储备可以通过动员企业的剩余生产能力和企业生产线转产来实现向实物储备的转换。采用储备生产能力这种方式来储备应急物资，既可以在战时提高长期持续性保障，还能有效降低实物储备的成本，提高应急物资储备军事效益和经济效益。

生产能力储备可以弥补实物储备数量、种类少的缺陷，或者储备过多的成本问题，是实物储备的有效补充。然而生产能力储备进行扩产和转产，需要一定的响应时间，对物资供应具有一定的延迟性。对于在应急应战时具有至关重要作用的物资，若大规模采用生产能力储备，可能会导致物资的供应短缺。因此，对于储备管理部门来说，并不是所有物资都适合以生产能力储备作为主要的储备方式。

进行生产能力储备时，需要选择恰当的企业签订合同。在进行企业的评估与选择时，必须要对企业的生产能力有充分的了解，才能做出正确的判断。当前，储备部门应加强应急物资生产能力储备研究，分专业进行调查，建立生产能力企业数据库，制定激励措施，出台相应的管理法规，提高应急和应战持续、大批量的应急物资保障需求。

（二）充分考虑国外干预对应急物资储备的影响

全球化深化了国际分工，促进了全球经济增长和贸易扩张，推动了全球范围的人员、商品、资源、资金、信息、数据、知识和技术的流动，促进了各国间交通运输、物流、信息通信、互联网、金融、文化、制度等方面的连接。应急应战装备的部分关键零部件来源于国际市场采购，石油等重要战略物资对国际市场和国际运输通道的依赖性大。急战时，敌对国家可能加大技术封锁，中断重要零部件的供应，控制重要战略资源的出口及其运输通道，这些敌对行为必将导致供应链中断，影响应急应战物资保障。如中兴事件，2018年4月16日晚，美国商务部发布公告称，美国政府在未来7年内禁止中兴通讯向美国企业购买敏感产品，切断核心技术和材料的供应；2018年6月7日，美国政府与中兴通讯达成协议，中兴再次缴纳 10 亿美元罚金，并改组董事会，随后美方解除相关禁令，中兴公司恢复运营；2018 年以来，特朗普政府不顾中方劝阻，执意发动贸易战，掀起了中美贸易争端，颁布了一系列政策限制华为公司的发展，企图切断芯片供应和软件服务等，恶意围剿华为公司，企图打压华为的发展。2020 年 2 月，在中国新冠防疫战进入最重要的攻坚战之际，DHL 和 Deutsche Post，这两家全球综合物流巨头，却突然通过其官网发布公告：停运去往中国方向的包裹。因此，防患于未然，科学测算应急应战保障需求，加强重要战略物资、原材料和关键零部件的应急储备或者采取其他替代方案尤其重要。

（三）充分释放大型物流企业的应急保障能力

此次疫情给应急物资的保障工作提出了前所未有的挑战，不仅需求种类多，而且需求规模庞大。面对爆发性的物资需求，顺丰、京东物流等大型物流企业承担起了应有的社会责任，肩负了重要的应急保障任务。如，2020 年 1 月 24 日至 2 月 19 日期间，顺丰为驰援武汉执行的防疫物资运输航班总数达到了 107 个，累计货量 2682 吨。京东物流自疫情发生后，就医疗应急物资向武汉累计承运了 3000 万件、近万吨。大型物流企业在此次疫情应急保障中所发挥出来的重要作用，让我们深刻认识到，面对多样性、大规模的应急物资需求，需要充分发挥大型物流企业的应急保障能力。实践证明，在大灾大难面前，充分发挥大型物流企业的应急保障能力不仅切实可行，而且是现实所需。一方面，我国民间物流资源丰富，具有一大批诸如顺丰、京东物流等大型物流企业，而且这些大型物流企业经过多年的商业运营和积累，在物流节点布局、信息平台交互、物流装备使用等方面已形成了比较成熟的运行模式，有能力实现全国范围内物资资源的跨域时空转移，为人们提供稳定可靠的应急保障；另一方面，武汉"封城"以来，城内大约 900 万人既需要大批量的日常生活用物资，更需要数量惊人的医疗防护物资。规模庞大的物资需求，仅仅依靠政府自身力量是很难满足需求的。这种情况下，直接借力顺丰、京东物流等大型物流企业，可以借助其专业的保障力量实现高效的应急保障。值得一提的是，诸如顺丰、京东物流等物流企业在每年的"双 11"中经受住了爆发性物资保障任务的考验，具有丰富的应急保障经验。这些实践经验可以直接作用于突发事件后的应急保障，提高应急保障效率。

（四）统筹国家应急物资和军队战备物资储备

在此次疫情中，武汉江汉区因开设"方舱医院"需要，紧急向联勤保障部队申请调拨了 1000 张行军床；联勤保障部队为驰援武汉的 3 支解放军医疗队提供后勤保障，调拨防护口罩 20 万个、防护眼镜 5000 副、男女医生工作服各 5000 套等。这些事例表明，现行的国家应急物资储备与军队战备物资储备依然自成体系，自我建设、各自使用、互不关联的储备格局还没有得到改变。事实上，应急物资与战备物资在储备品种上，具有较强的通用性。将两者统筹起来进行协同储备既是完善国家应急物资储备网络的现实需要，也是提升战备物资储备效益的重要手段，可以有效实现军地双赢。一方面，开展应急物资与战备物资协同储备有助于完善国家应急物资储备体系，增强应急物资保障能力。当前，国家非常重视应急物资储备体系建设。《国家综合防灾减灾规划 2016—2020 年》明确提出"通过协议储备、依托企业代储、生产能力储备和家庭储备等多种方式，构建多元救灾物资储备体系"。2019 年，应急管理部把"完善应急物资储备体系的措施与政策建议"列入"十四五"应急管理规划重点课题研究内容。值此国家应急物资储备体系推进完善之际，开展应急物资与战备物资协同储备，可以有效利用军队战备物资储备仓库数量多、分布广、功能全的优势，横向拓展应急物资储备网络，充实和完善国家应急物资储备体系。更为重要的是，这种横向融合的物资储备体系可以有效打破以往独立保障的限制，实现应急物资的就近调用，大大提高保障的时效性，增强应急物资保障能力。另一方面，推进应急物资与战备物资协同储备可以有效控制战备物资储备规模，提高战备物资储备效益。由于受传统观念的束缚，战备物资储备长期以来更多地追求立足自身"大而全"的储备格局，因此战备物资储备普遍存在规模大、投入高、种类杂以及轮换难的问题。推进应急物资与战备物资协同储备，能有效避免应急物资与战备物资的重复储备，可以适量减少通用物资的储备规模，节约军费开支。不仅如此，应急物资与战备物资协同储备还能切实打通应急物资与战备物资的流通壁垒，实现物资的双向流通，通过"双渠道、双市场"，军地双方均能够提高物资的使用效益和轮换效率。

（五）重视新技术新装备在应急物流中的应用

在新冠疫情防控中，无人机、智能机器人等新技术新装备无疑发挥了重要作用。如 2020 年 2 月 12 日上午，顺丰使用无人机将 3.3kg 的医疗和防疫物资送到了武汉金银潭医院医护人员手中；京东物流智能机器人在武汉实现了常态化运营。虽然这些新技术新装备在此次抗击疫情过程中实现了最后一公里的无接触配送，但我们也要看到存在的问题。与平时物流不同，应急物流的末端需求规模庞大，现有的无人机、机器人等技术装备多是根据平时的物流需求研制的，其技术性能和使用效益还存诸多问题，如顺丰的方舟无人机最大载荷只有10kg，京东智能配送机器人只有30个箱格，容量都非常有限。未来我们还可能面对各种各样的突发事件，为了提高应急物流的运作效率，我们应当以此次疫情为契机，寻找新技术新装备在应急物流中的可能应用场景，根据可能的应用场景和需求，重视新技术新装备在应急物流领域中的应用。

（六）加强应急物资保障预案编制及演练

从新冠疫情的应急物资保障工作来看，虽然全国各地调拨或捐赠的物资源源不断地运抵武汉，但由于缺乏必需的应急物资保障预案，应急物资保障组织协调工作一度陷入了混乱状态，物资的分发、运输、配送等工作缺乏明确的分工，临时指派、应急组建等情况比较常见，常常可以看到"后方"物资堆积，医院、社区等"前线"物资依旧匮乏的局面。抗击疫情期间，湖北红十字会成为舆论焦点就是最好的例证。如何做好突发事件中的应急物资保障工作，确保应急物资收发有序、信息顺畅、及时可达，这是摆在应急管理者面前的一个现实课题。从应急管理的实践来看，灾前编制必要的应急物资保障预案，并根据预案进行演练是有效破解这一现实问题的有效方式，俗话说"凡事预则立，不预则废"就是这个道理。尽管应急物资保障工作存在较强的不确定性，但在灾前在组织体系、力量编成、人员分工等方面预有准备，并进行演练增进各部门、各组织之间的联系，可以有效提高应急物资保障的组织能力和协调效率。

（七）扩大应急物资供应链网络

疫情爆发后，全国各地应急物资短缺，曾一度出现疯抢口罩、酒精、消毒液、护目镜、防护服等抗击疫情急需物资的局面，为快速高效地实施应急物流保障，维护社会稳定，应急物资的及时快速保障就成为首要的问题。应急物资的快速提供取决于应急物资供应链网络的构建。

应急物资供应链网络是为保障由突发公共事件引起的应急物资的生产与供给，由政府提供技术支持平台，并以政府为指挥控制中心而组建的动态供应链网络。应急物资供应链网络以应急物资的管理为中心，涵盖应急物资的需求预测、应急物资的筹措（包括动用储备、直接征用、市场采购、社会捐助和组织生产）、应急物资的储存和运输、应急物资的发放和回收等环节，环节之间的无缝衔接是实现应急物流快速高效运作的关键。

"一方有难，八方支援"，疫情发生后，必须借助所有的力量，动用一切能动用的资源，才能打赢战斗。当然，这需要在现有的应急物资供应商管理基础上拓展构建完善的应急物资供应链网络，包含国际国内应急物资的生产商、物资提供商及相关服务者等。此外，作为供应链条上的实体，应保持长期、有效的合作关系，一旦应急需要，可以紧急组织扩大生产或多方采购进口以满足对应急物资的需求。应急物资供应链运作实时全过程管理需要消除职能部门障碍，要求供应链中的所有单位或部门、企业都能自觉融入流程之中，相互支持，信息共享，高效协同，顺畅完成应急物资保障任务。

应急物资供应链网络管理中必须重视提高应急物资供应链的弹性和敏捷性。应急物资供应链弹性是应急物资供应链对应急需求变化的能力。随着灾情（疫情）的变化，应急物资保障需求也在发生变化，应急物资供应链应在最短的时间内调整结构以应对物资需求的急剧变化。应急物资保障的敏捷性体现为能够迅速捕捉灾区（疫区）需求的即时信息，并针对灾区（疫区）的某种需求，以最快的速度满足灾区（疫区）需求的变化，保障应急物资的高效及时供应。

（八）依托国家物流枢纽体系建设，构建快速的应急物流网络体系

疫情面前，人民群众的生命财产安全高于一切。新冠疫情中，武汉采取了"封城"措施，因此异地物资运输暴露出很多问题。物流信息混乱，不少物资不能及时送达，给救援工作带来了极大的困难。在应急物流保障中要实现快速响应，得依赖高效的应急物流网络体系。

目前，应急物资的运输主要依托地方铁路、水路、公路、航空以及各军种部队运输部门、运输投送系统各部门，这些部门的功能要素处于各自为政，条块分割的状态，缺乏有效的优化整合和统筹配置，这就造成了应急物流效率低、成本高、效益差等问题。此外，我国现有的物流运输基础设施还较为落后，特别是边防、偏远山区运输网络的密度相对较低，物流运输设施规模小、等级低，结构不合理，无论是铁路运输网络，还是公路运输网，其覆盖率具有严重的方向性差异，航空物流货运体系建设还处于起步阶段，应用程度低。

2018 年 12 月，国家发展改革委和交通运输部颁布了《国家物流枢纽布局和建设规划》，明确了有关枢纽设施服务军事物流的建设内

容和标准，支持军队后勤保障社会化，促进国家物流枢纽网络军民融合发展。为此，应急物流网络体系建设应在国家物流枢纽体系建设的大背景下，充分考虑应急和应战需求，形成"干线运输＋支线输送＋末端配送"一体有效衔接的高效应急物流网络体系，形成多层次、立体化、广覆盖的物流枢纽设施体系。

应急物流网络体系建设应充分发挥国家物流枢纽网络功能和干线转运能力优势，构建应对突发情况能力强、保障效率和可靠性高的应急物流服务网络；优化应急物资储备设施布局，完善国家枢纽网络综合信息平台应急功能，提升统一调度、信息共享和运行协调能力。同时，还应制定国家枢纽网络应急物流预案，建立制度化的响应机制和协同机制，确保应急物流高效顺畅运行。

（九）建立全国或区域统一的应急物流信息平台

新冠疫情暴露出应急物流系统不能实时快速获取信息以及信息不能实时快速共享和交换等问题，这就给医疗和救助工作带来了压力、困惑，甚至很多患者因此贻误了最好的救治时机。为实现快速响应，最大限度上保证人民生命安全和降低财产损失，亟需建设全国或区域统一的突发公共卫生事件应急物流信息平台，实现应急物流信息快速共享与交换，增强应急物流能力，提高应急物流效率。

突发公共卫生事件应急物流信息平台应担负传染性疫情、重大食物中毒和职业中毒等突发性公共卫生事件应急物流的信息采集、汇总和报告，为掌握突发性公共卫生事件应急物资的供应、生产、运输、配送等提供准确可靠的信息资料，为保障应急物流的高效、顺畅运行提供服务。

突发公共卫生事件应急物流信息平台应包括突发公共卫生事件监测预警、信息采集发布、辅助应急决策、应急物流信息可视化、平时与应急转换等主要功能。

监测预警功能。要做好监测预警工作，应当依托国家卫健委、民政部、交通运输部等部门，利用政府内网，联通各部门灾害预警信息系统，采集灾情预警所需信息，对重大突发公共卫生事件发生地进行重点监测，基于海量数据和统计分析，实现灾情预警功能。预警能够使应急物流指挥机构提早启动应急预案，采取相应应急措施，保障应急通道，并将应急物资筹措、人力运输及物资与设备调度等过程前移，变被动应急保障为主动防灾减灾。

信息采集发布功能。信息平台与国家卫健委、民政部、交通运输部等部门的数据接口与相关系统进行数据交互，或从数据采集终端直接采集数据，将各类应急物流信息传递至数据库；并应建立实时更新、信息充分的信息发布渠道，向应急物资供应、筹集、运输、分发等各单位公布其所需信息，打破信息不对称的局面。同时，实时对社会发布灾情及应急动态信息，维护社会稳定。

辅助应急决策功能。突发公共卫生事件应急物流信息平台应具备辅助应急决策功能，平台将所收集的国内重大突发公共卫生事件应急物流保障信息，如非典、禽流感等公共卫生事件相关信息存入数据仓库，根据决策需求进行数据挖掘、统筹规划，运用大数据、人工智能、云计算等数字技术对包括口罩、消毒液、防护服等应急物资的筹措、储存、运输、配送等诸多半结构化或非结构化的问题进行决策，提供高效的解决方案，供决策人员参考。

应急物流信息可视化。平台应利用物联网等技术对突发公共卫生事件应急物流过程中大量、动态的数据进行实时、精确采集并进行分析处理，对应急物资的生产、库存、调拨、分配进行全程可视追踪、高效集中管控，为应急指挥机构实时掌握应急物流动态、管控应急物流全局，提供基础支撑。

平时与应急转换功能。应确保突发公共卫生事件应急物流信息平台在平时与急时的融合。平时应加强对应急物资储备、应急保障力量等应急物流相关信息的收集和维护，加强利用信息平台对相关物资的指挥调度，并按照应急预案进行演习，以对平台辅助决策、信息发布等功能进行检验。只有这样，才能高效便捷转换为应急状态，并发挥平台应有的作用。

参考文献

[1] 王丰，姜玉宏，王进．应急物流［M］．北京：中国物资出版社，2007.

[2] 谢如鹤，宗岩．论我国应急物流体系的建立［J］．广州大学学报（社会科学版），2005（11）：55－58.

[3] 赵秋红，郗蒙浩．非常规突发事件应急管理体系的组织设计［M］．北京：科学出版社，2017.

[4] 杨锋．我国自然灾害应急物流体系构建研究［D］．北京：北京交通大学，2008.

[5] 王坚红，王京．国外救灾物流的运作方式及启示［J］．中国物流与采购，2006（6）：56－58.

[6] 姜玉宏，颜华，王丰．应急物流保障与军地物流一体化研究［J］．后勤工程学院学报，2007（1）：88－91.

[7] 肖骅，王丰，蒋宁，等．军民融合应急物流体系构建研究［J］．中国物流与采购，2015（5）：72－73.

[8] 张裕华，潘郁．基于蚁群算法的应急物流配送车辆调度研究［J］．物流科技，2009，32（5）：47－50.

[9] 赵林度．城市重大危险源应急物流网络建设研究［J］．东南大学学报（哲学社会科学版）：2007（1）：27－29，123.

[10] 方静，陈建校．我国应急物流系统构建探析［J］．交通企

业管理，2008（8）：1－3.

［11］余朵苟，何世伟. 应急物流体系构建研究［J］. 物流科技，2008（11）：1－5.

［12］邓聚龙. 灰色系统理论教程［M］. 武汉：华中理工大学出版社. 1990：40－48.

［13］王丰，甘明，李文辉. 军民融合式应急物流保障能力评估［J］. 训练与科技，2011（5）：53－57.

［14］袁渊. 应急物流指挥体系及网络构建研究［D］. 重庆：后勤工程学院，2009.

［15］张纪海，王成敏. 动员型物流中心承建企业评价指标体系研究［J］. 北京理工大学学报（社会科学版），2009，11（2）：3－5.

［16］王丰，李守耕，赵吉敏. 新时期战备物资储备研究［M］. 北京：中国财富出版社，2019.

［17］薛澜，钟开斌. 突发公共事件分类、分级与分期：应急体制的管理基础［J］. 中国行政管理，2005（2）：102－107.

［18］霍达，吴耀华. 基于地区特性的应急物资分类研究［J］. 物流技术，2010，29（16）：11－12，24.

［19］刘德元，朱昌锋，丁伟. 基于相似案例推理的应急物资需求预测方法研究［J］. 兰州交通大学学报，2013，32（4）：119－123.

［20］王兰英，郭子雪，张玉芬，等. 基于直觉模糊案例推理的应急物资需求预测模型［J］. 中国矿业大学学报，2015，44（4）：775－780.

［21］蒋宁，张军. 应急物流系列讲座之九 国外应急物流发展现状与特点［J］. 物流技术与应用，2009，14（3）：112－114.

［22］靖鲲鹏，宋之杰．中国灾害应急物流体系建设——汶川地震反思［J］．科技管理研究，2009，29（8）：59－62.

［23］陈丽君．地震灾害中的应急物流管理决策问题研究［D］．武汉：武汉科技大学，2008.

［24］王丽芝．广州市突发公共卫生事件应急医疗物资储备机制探讨［J］．中国卫生事业管理，2010，27（3）：117，182.

［25］魏际刚，张瑗．加快应急物流体系建设增强应急物资保障能力［J］．中国流通经济，2009，23（5）：15－17

［26］陈学军，王丰，张连武，等．战储管理学［M］．北京：中国财富出版社，2013.

［27］慕艳平．从汶川大地震看应急物流体系建设［J］．当代经济，2008（8）：94－95.

［28］姜玉宏，颜华，欧忠文，等．应急物流中应急物资的管理研究［J］．物流技术，2007（6）：17－19.

［29］潘淑清．从汶川地震谈我国应急物流管理体系建设［J］．中国储运，2008（12）：78－79.

［30］章竞，刘宗熹．从汶川地震看我国地震灾害应急物流系统的建设［J］．物流技术，2008（10）：33－36.

［31］陈晓楠，胡建敏，张威．军队处置重大突发事件后勤应急管理问题研究［J］．理论观察，2020（5）：85－87.

［32］陈俐颖，王丰，徐莱．战备物资生产能力储备激励机制构建［J］．军事交通学院学报，2020，22（9）：52－57.

［33］陈俐颖，王丰，李绍斌，等．基于 SPSS 的生产能力储备企业意愿调查分析［J］．兵器装备工程学报，2017，38（3）：111－116.

［34］陈俐颖，王丰，李耀庭，等．基于生产能力储备的战备物资生产企业选择［J］．军事交通学院学报，2017，19（4）：57-62.

［35］陈涛，黄钧，张玲．协议企业实物储备、生成能力储备模式的协调性研究［J］．中国管理科学，2013，21（5）：149-156.

［36］邓群，王丰．战备物资储备能力生成模式［J］．装甲兵工程学院学报，2017，31（2）：35-39.

［37］冯海川，李卓，赵建平．军用物资军地联合储备的动因分析［J］．军事经济研究，2012，33（8）：35-37.

［38］冯晖，黄承锋，张立，等．不对称信息下应急物资储备与合同设计研究［J］．中国管理科学，2023，31（12）：117-127.

［39］高琳，高伟华．竞争效应抑或规模效应——辖区细碎对城市长期经济增长的影响［J］．管理世界，2018，34（12）：67-80.

［40］高晓宁，田军，臧国全，等．应急物资委托代储系统跨期激励的契约设计与管理策略研究［J］．管理工程学报，2021，35（1）：220-230.

［41］高晓宁，田军，冯耕中．政府委托下应急物资代储系统激励契约设计［J］．运筹与管理，2017，26（11）：7-14，25.

［42］高晓宁，田军，冯耕中．政府委托下应急物资生产能力代储系统激励契约设计［J］．管理工程学报，2019（1）：182-188.

［43］韩莹，陈国宏．政府监管与隐形契约共同作用下集群企业创新合作的演化博弈研究［J］．中国管理科学，2019，27（11）：88-95.

［44］胡少龙，韩传峰，孟令鹏，等．考虑企业生产能力储备的应急物资配置随机规划模型［J］．系统工程理论与实践，2018，38（6）：1536-1544.

［45］扈衷权，田军，沈奥，等．生产能力储备模式下应急物资储备与采购定价模型［J］．管理工程学报，2021，35（2）：200－210.

［46］扈衷权，田军，王鹏，等．政企联合储备模式下应急物资储备及采购定价研究［J］．系统工程理论与实践，2020，40（12）：3181－3193.

［47］扈衷权，田军，冯耕中，等．协议企业代储模式下应急物资储备策略及采购定价研究［J］．系统工程理论与实践，2020，40（3）：605－616.

［48］扈衷权，田军，冯耕中．基于看跌期权契约的应急物资采购储备模型［J］．中国管理科学，2020，28（2）：69－79.

［49］扈衷权，田军，冯耕中．基于供应方生产能力的应急物资生产模型［J］．运筹与管理，2019，28（4）：100－108.

［50］扈衷权，田军，冯耕中．基于数量柔性契约的双源应急物资采购定价模型［J］．中国管理科学，2019，27（12）：100－112.

［51］扈衷权，田军，冯耕中．基于期权采购的政企联合储备应急物资模型［J］．系统工程理论与实践，2018，38（8）：2032－2044.

［52］姜丽宁，崔文田，林军．不同风险态度下供应链最优生产能力的协调设计［J］．预测，2013，32（6）：56－60.

［53］姜丽宁，崔文田，林军．供应链应对生产能力突发事件的激励策略选择分析［J］．系统工程，2011，29（12）：40－45.

［54］雷洋，黄承锋．基于期权契约的救灾物资供应链协调机制研究［J］．数学的实践与认识，2018，48（6）：37－42.

［55］李安楠，邓修权，赵秋红．分形视角下的非常规突发事件应急协同组织［J］．系统工程理论与实践，2017，37（4）：937－948.

［56］李芳，单大亚，洪佳，等．不对称信息为连续类型的逆向供应链激励契约设计［J］．计算机集成制造系统，2016，22（7）：1726－1732．

［57］李宁．新型冠状病毒肺炎疫情应急供应链协同管理研究［J］．卫生经济研究，2020，37（4）：7－9．

［58］李绍斌，杨西龙，王丰，等．基于主成分聚类分析的战备物资生产能力储备企业选择［J］．军事交通学院学报，2017，19（3）：61－65．

［59］李新军，王建军，达庆利．供应中断情况下基于备份供应商的应急决策分析［J］．中国管理科学，2016，24（7）：63－71．

［60］李璎珂，刘振翼，李舒泓，等．基于 Stackelberg 博弈的应急物资政企协同储备决策模型［J］．中国安全生产科学技术，2023，19（6）：33－39．

［61］李忠飞．政府与企业应急物资生产能力储备的演化博弈研究［D］．燕山大学．2017．

［62］梁雁茹，刘亦晴．COVID－19 疫情下医疗防护用品市场监管演化博弈与稳定性分析［J］．中国管理科学，2022，30（10）：85－95．

［63］刘纪达，安实，王健，等．一体化应急应战协作网络结构与演进——以自然灾害和事故灾难事件为例［J］．北京理工大学学报（社会科学版），2020，22（6）：96－106．

［64］刘阳，田军，冯耕中，等．考虑声誉效应的应急物资储备系统动态激励模型［J］．系统管理学报，2022，31（1）：1－15．

［65］刘阳，田军，冯耕中，等．考虑突发事件状态转移的政府应急物资采购定价模型［J］．运筹与管理，2020，29（4）：1－11．

［66］刘阳，田军，冯耕中．基于数量柔性契约与 Markov 链的应急物资采购模型［J］．系统工程理论与实践，2020，40（1）：119－133．

［67］刘阳，田军，冯耕中，等．基于政企委托代理关系的应急设备储备系统激励模型［J］．系统管理学报，2020，29（5）：833－846．

［68］刘阳，田军，冯耕中，等．基于期权契约的政企联合储备应急物资模型与利润分配机制研究［J］．中国管理科学，2020，28（8）：162－171．

［69］刘阳，田军，冯耕中，等．供应商风险规避下基于期权契约的政企联合储备应急物资模型［J］．运筹与管理，2020，29（11）：102－111．

［70］刘阳，田军，冯耕中，等．考虑补贴约束的应急设备储备系统激励模型［J］．系统工程理论与实践，2019，39（9）：2330－2344．

［71］龙绵伟，荀烨，陈新民．基于合同储备的军地物资联储经济分析［J］．军事交通学院学报，2014，16（6）：55－58．

［72］罗静，李从东．基于演化博弈的应急物资生产能力储备策略［J］．工业工程，2015，18（2）：15－19．

［73］庞海云，叶永．基于实物期权契约的应急物资政企联合储备模型［J］．系统管理学报，2020，29（4）：733－741．

［74］蒲宇，冯晨鹏，丁晶晶，等．应急物资储备综合评价指标体系构建研究［J］．科技促进发展，2018，14（5）：417－425．

［75］沈兵，尤健，李晶慧，等．大型城市应急医疗物资保障体系建设的问题与对策［J］．中国医院管理，2020，40（4）：1－4．

［76］双海军．武器装备采购中的监督和激励机制研究［D］．重

庆：重庆大学．2010.

[77] 邵舒羽，刘艳，王晴，等．非常规突发事件下应急物资储备政企协同演化博弈［J］.中国安全科学学报，2023，33（4）：210－220.

[78] 宋劲松．强化公共卫生事件应急产品生产能力储备［J］.人民周刊，2020（4）：74－75.

[79] 田厚平，刘长贤，吴萍．非对称信息下参与人不同风险偏好组合的委托代理问题［J］.管理工程学报，2007，21（3）：24－28.

[80] 田军，张海青，汪应洛．基于能力期权契约的双源应急物资采购模型［J］.系统工程理论与实践，2013，33（9）：2212－2219.

[81] 杨曼，刘德海，李德龙．政企实物－生产能力应急物资储备与采购定价的微分博弈模型［J］.管理评论，2023，35（9）：274－286.

[82] 杨洋．军地协同处置突发事件应急管理研究——以自然灾害应急救援管理为例［D］.昆明：云南大学．2013.

[83] 王海兰，赵道致．战备物资合同储备合谋防范策略研究［J］.北京理工大学学报（社会科学版），2015，17（4）：118－122.

[84] 王海兰，赵道致．基于期权合约的战备物资储备激励机制研究［J］.工业工程与管理，2015，20（1）：154－158.

[85] 王海兰，赵道致．战备物资合同储备模式研究［J］.北京理工大学学报（社会科学版），2014，16（4）：105－108.

[86] 王海兰，赵道致．救灾维稳通用战备物资军地联储结构数量研究［J］.西北工业大学学报（社会科学版），2014，34（1）：44－47.

[87] 王海兰，陈联，龙绵伟．国家应急物资军地联储问题研究［J］.军事交通学院学报，2014，16（4）：51－55.

[88] 王晶，刘昊天．考虑期权采购的应急物资多种供应方式协

调优化模型 [J]. 中国安全生产科学技术, 2019, 15 (7): 13 – 19.

[89] 王熹徽, 梁樑. 救灾供应链采购策略及契约协调机制研究 [J]. 中国管理科学, 2013, 21 (4): 62 – 73.

[90] 王新平, 王海燕. 多疫区多周期应急物资协同优化调度 [J]. 系统工程理论与实践, 2012, 32 (2): 283 – 291.

[91] 王旭. 军警民融合型应急物资储备体系建设研究 [J]. 经济研究导刊, 2014 (30): 267 – 268.

[92] 吴佳欢, 张钊. 考虑储备生产能力约束的保兑仓模式下供应链协调研究 [J]. 全国流通经济, 2019 (26): 10 – 11.

[93] 吴磊明, 张文斌, 龙绵伟, 等. 从疫情防控看强化应急物流体系建设的战略路径 [J]. 军事交通学院学报, 2020, 22 (5): 52 – 56.

[94] 吴磊明, 张文斌, 龙绵伟, 等. 着眼疫情防控物流短板, 加快构建现代应急物流体系 [J]. 中国物流与采购, 2020 (17): 39 – 40.

[95] 吴晓涛, 张永领, 吴丽萍. 基于改进熵权 TOPSIS 的应急物资生产能力储备企业选择 [J]. 安全与环境学报, 2011, 11 (3): 213 – 217.

[96] 夏青, 徐庆, 戴锡. 应急物资生产能力储备激励模型 [J]. 吉林大学学报 (信息科学版), 2013, 31 (3): 284 – 289.

[97] 邢蕊蕊. 重大传染病疫情下的应急医疗物资调度模型研究 [D]. 北京: 北京交通大学. 2021.

[98] 熊振伟, 王丰. 新形势下加强战备物资储备法规建设的思考 [J]. 军事交通学院学报, 2017, 19 (7): 47 – 50.

[99] 徐庆, 朱道立, 李善良. 不对称信息下供应链最优激励契约的设计 [J]. 系统工程理论与实践, 2007, 27 (4): 27 – 33.

［100］杨志伟. 国家应急救灾物资军地联储研究［J］. 国防，2012（5）：9－12.

［101］张欢，刘洋. 双边信息不对称下供应链契约研究［J］. 计算机集成制造系统，2016，22（6）：1570－1580.

［102］张琳，田军，冯耕中. 基于柔性契约的政府应急物资采购模型研究［J］. 运筹与管理，2017，26（5）：53－61.

［103］张琳，田军，杨瑞娜，等. 数量柔性契约中的应急物资采购定价策略研究［J］. 系统工程理论与实践，2016，36（10）：2590－2600.

［104］张聆晔，吕靖. 风险不确定的海上应急物资储备库选址［J］. 中国安全科学学报，2019，29（9）：173－180.

［105］张乃平，张钰林. 基于演化博弈的政企联合应急储备决策研究［J］. 武汉理工大学学报（信息与管理工程版），2020，42（2）：98－102.

［106］张文科. 佛山市自然灾害应急管理中的军地协同机制研究［D］. 广州：华南理工大学，2017.

［107］张自立. 面向非常规突发事件的生产能力储备模型研究［D］. 哈尔滨：哈尔滨工业大学. 2010.

［108］张自立，李向阳，张紫琼. 基于生产能力共同储备的政府和企业应急经费规划模型［J］. 管理工程学报，2011，25（1）：56－61.

［109］张自立，李向阳，王桂森. 基于生产能力储备的应急物资协议企业选择研究［J］. 运筹与管理，2009，18（1）：146－150，162.

［110］赵嘉祥. 国家应急物资储备布局及协议企业储备模式研究

［D］. 成都: 西南交通大学, 2015.

［111］周京京, 刘士通, 王开勇. 战备储备物资轮换期限测算方法［J］. 军事交通学院学报, 2015, 17（3）: 68－72.

［112］朱佳翔, 蔡建飞, 邓淑芬, 等. 基于区间二型梯形模糊集的应急物资储备动态协同决策模型［J］. 运筹与管理, 2018, 27（7）: 84－92.

［113］AI F, ZHANG L. Incentive mechanism system of the management of IC design enterprises ［J］. Journal of Ambient Intelligence and Humanized Computing, 2021（14）: 1311－1322.

［114］ALEXANDER D E. Resilience and Disaster Risk Reduction: An Etymological Journey ［J］. Natural Hazards and Earth System Sciences, 2013, 13（11）: 2707－2716.

［115］ANDERSON E, COUGHLAN A T. International market entry and expansion via indepandent or integrated channels of distribution ［J］. Journal of Marketing, 1987（51）: 71－82.

［116］BASU A K, LAL R, SRINIVASAN V, et al. Salesforce compensation plans: An agency theoretic perspective ［J］. Marketing Science, 1985, 4（4）: 267－291.

［117］BERKES F, FOLKE C. Linking social and ecological systems for resilience and sustainability ［M］. Cambridge: Cambridge University Press, 1998.

［118］BERNHEIM B D, WHINSTON M D. Common Agency ［J］. Econometrica, 1986, 54（4）: 923－942.

［119］BI H, LU F, DUAN S, et al. Two－level principal－agent

model for schedule risk control of IT outsourcing project based on genetic algorithm [J]. Engineering Applications of Artificial Intelligence, 2020 (91): 103584.

[120] BOHONEK M, SEGHATCHIAN J. Emergency supply policy of cryopreserved RBC and PLT: the Czech Republic Concept [J]. Transfusion and Apheresis Science, 2020, 59 (3): 102788.

[121] BOONMEE C, ARIMURA M, ASADA T. Facility location optimization model for emergency humanitarian logistics [J]. International Journal of Disaster Risk Reduction, 2017 (24): 485 – 498.

[122] CAI W, SINGHAM D. A principal – agent problem with heterogeneous demand distributions for a carbon capture and storage system [J]. European Journal of Operational Research, 2018, 264 (1): 239 – 256.

[123] CHAO G H, IRAVANI S M R, SAVASKAN R C. Quality improvement incentives and product recall cost sharing contracts [J]. Management Science, 2009, 55 (7): 1122 – 1138.

[124] CHEN Y, ZHAO Q, HUANG K, et al. A Bi – objective optimization model for contract design of humanitarian relief goods procurement considering extreme disasters [J]. Socio – Economic Planning Sciences, 2022 (81): 101214.

[125] CHIEN C F, DOU R, Fu W. Strategic capacity planning for smart production: Decision modeling under demand uncertainty [J]. Applied Soft Computing, 2018 (68): 900 – 909.

[126] CHU L Y, SAPPINGTON D E M. Procurement contracts: Theory vs. practice [J]. International Journal of Industrial Organization,

2009, 27 (1): 51 – 59.

[127] CHU X, LIU J, REN L, et al. Optimal contract design with a common agency in last – mile logistics [J]. Transportation Research Part E: Logistics and Transportation Review, 2020 (139): 101956.

[128] DAWANDE M, JANAKIRAMAN G, QI A, et al. Optimal incentive contracts in project management [J]. Production and Operations Management, 2019, 28 (6): 1431 – 1445.

[129] HE D, JIANG D, WANG Y, et al. Research on incentive and constraint mechanism of government entrust to enterprise agent reserve emergency material [J]. The Open Cybernetics & Systemics Journal, 2014, 8 (1): 695 – 701.

[130] DONG Y, XU K, EVERS P T. Transshipment incentive contracts in a multi – level supply chain [J]. European Journal of Operational Research, 2012, 223 (2): 430 – 440.

[131] DONG Y, XU K. A supply chain model of vendor managed inventory [J]. Transportation Research Part E: Logistics and Transportation Review, 2002, 38 (2): 75 – 95.

[132] DU L, QIAN L. The government's mobilization strategy following a disaster in the Chinese context: An evolutionary game theory analysis [J]. Natural Hazards, 2016, 80 (3): 1411 – 1424.

[133] EISENHARDT K M. Agency theory: An assessment and review [J]. Academy of Management Review, 1989, 14 (1): 57 – 74.

[134] FRIEDMAN D. Evolutionary games in economics [J]. Econometrica: Journal of the Econometric Society, 1991, 59 (3): 637 – 666.

[135] EUCH O E, MASTROLIA T, ROSENBAUM M, et al. Optimal make – take fees for market making regulation [J]. Mathematical Finance, 2021, 31 (1): 109 – 148.

[136] FUDENBERG D, WEIBULL J W. Evolutionary Game Theory [J]. Scandinavian Journal of Economics, 1996, 98 (3): 461.

[137] GAO X, TIAN J. Multi – period incentive contract design in the agent emergency supplies reservation strategy with asymmetric information [J]. Computers & Industrial Engineering, 2018 (120): 94 – 102.

[138] HALL R E. Stochastic implications of the life cycle – permanent income hypothesis: theory and evidence [J]. Journal of Political Economy, 1978, 86 (6): 971 – 987.

[139] HEASLIP G, SHARIF A M, ALTHONAYAN A. Employing a systems – based perspective to the identification of inter – relationships within humanitarian logistics [J]. International Journal of Production Economics, 2012, 139 (2): 377 – 392.

[140] HOLLING C S. Resilience and stability of ecological systems [J]. Annual Review of Ecology and Systematics, 1973, 4 (1): 1 – 23.

[141] HOLMSTROM B, MILGROM P. Aggregation and linearity in the provision of intertemporal incentives [J]. Econometrica, 1987, 55 (2): 303 – 328.

[142] HU S, DONG Z S. Supplier selection and pre – positioning strategy in humanitarian relief [J]. Omega, 2019 (83): 287 – 298.

[143] HUA M, LAI I K W, TANG H. Analysis of advertising and a points – exchange incentive in a reverse supply chain for unwanted medica-

tions in households based on Game Theory [J]. International Journal of Production Economics, 2019 (217): 259 – 268.

[144] ONUMA H, SHIN K J, MANAGI S. Household preparedness for natural disasters: Impact of disaster experience and implications for future disaster risks in Japan [J]. International Journal of Disaster Risk Reduction, 2017 (21): 148 – 158.

[145] JOHN L, GURUMURTHY A, MATEEN A, et al. Improving the coordination in the humanitarian supply chain: Exploring the role of options contract [J]. Annals of Operations Research, 2022, 319 (1): 15 – 40.

[146] KERKHOVE L P, VANHOUCKE M. Incentive contract design for projects: The owner's perspective [J]. Omega, 2016 (62): 93 – 114.

[147] KHORRAM – MANESH A, MORTELMANS L J, ROBINSON Y, et al. Civilian – military collaboration before and during Covid – 19 pandemic—A systematic review and a pilot survey among practitioners [J]. Sustainability, 2022, 14 (2): 624.

[148] LIANG L, ATKINS D. Rewarding suppliers' performance via allocation of business [J]. Manufacturing & Service Operations Management, 2021, 23 (2): 331 – 345.

[149] LIANG X, JIN X, HAN B, et al. China's food security situation and key questions in the new era: A perspective of farmland protection [J]. Journal of Geographical Sciences, 2022, 32 (6): 1001 – 1019.

[150] LIN A, WU H, LIANG G, et al. A big data – driven dynamic estimation model of relief supplies demand in urban flood disaster [J]. International Journal of Disaster Risk Reduction, 2020 (49): 101682.

［151］LIU F, SONG J S, TONG J D. Building supply chain resilience through virtual stockpile pooling ［J］. Production and Operations Management, 2016, 25 (10): 1745 – 1762.

［152］LIU J, MA G. Study on incentive and supervision mechanisms of technological innovation in megaprojects based on the principal – agent theory ［J］. Engineering, Construction and Architectural Management, 2021, 28 (6): 1593 – 1614.

［153］LIU J, WANG X. A penalty function method for the principal – agent problem with an infinite number of incentive – compatibility constraints under moral hazard ［J］. Acta Mathematica Scientia, 2021, 41 (5): 1749 – 1763.

［154］LÜCKER F, SEIFERT R W, BIÇER I. Roles of inventory and reserve capacity in mitigating supply chain disruption risk ［J］. International Journal of Production Research, 2019, 57 (4): 1238 – 1249.

［155］MAHMOUDI R, RASTI – BARZOKI M. Sustainable supply chains under government intervention with a real – world case study: An evolutionary game theoretic approach ［J］. Computers & Industrial Engineering, 2017, 116 (2): 130 – 143.

［156］MOHAMADI A, YAGHOUBI S. A bi – objective stochastic model for emergency medical services network design with backup services for disasters under disruptions: An earthquake case study ［J］. International Journal of Disaster Risk Reduction, 2017 (23): 204 – 217.

［157］MONDAL T, BORAL N, BHATTACHARYA I, et al. Distribution of deficient resources in disaster response situation using particle swarm optimization [J]. International Journal of Disaster Risk Reduction, 2019 (41): 101308.

[158] NIU B, DONG J, LIU Y. Incentive alignment for blockchain adoption in medicine supply chains [J]. Transportation Research Part E: Logistics and Transportation Review, 2021 (152): 102276.

[159] QI X, BARD J F, YU G. Supply chain coordination with demand disruptions [J]. Omega, 2004, 32 (4): 301 – 312.

[160] QIAO Y K, PENG F L, WANG Y. Valuing external benefits of underground rail transit in monetary terms: A practical method applied to Changzhou City [J]. Tunnelling and Underground Space Technology, 2019 (83): 91 – 98.

[161] SCHIFFELS S, VOIGT G. Capacity reservation and wholesale price contracts under forecast sharing: A behavioral assessment [J]. Production and Operations Management, 2021, 30 (10): 3579 – 3598.

[162] SUN P, TIAN F. Optimal contract to induce continued effort [J]. Management Science, 2018, 64 (9): 4193 – 4217.

[163] TANNER A, DOBERSTEIN B. Emergency preparedness amongst university students [J]. International Journal of Disaster Risk Reduction, 2015 (13): 409 – 413.

[164] TAYLOR T A. Supply chain coordination under channel rebatese with sales effort effects [J]. Management Science, 2002, 48 (8): 992 – 1007.

[165] TORABI S A, SHOKR I, TOFIGHI S, et al. Integrated relief pre – positioning and procurement planning in humanitarian supply chains

[J]. Transportation Research Part E: Logistics and Transportation Review, 2018 (113): 123 – 146.

[166] VILLENA V H, DHANORKAR S. How institutional pressures and managerial incentives elicit carbon transparency in global supply chains [J]. Journal of Operations Management, 2020, 66 (6): 697 – 734.

[167] WALKER B, HOLLING C S, CARPENTER S R, et al. Resilience, adaptability and transformability in social – ecological systems [J]. Ecology and Society, 2004, 9 (2): 5.

[168] WANG W, SUN X, ZHANG M. Does the central environmental inspection effectively improve air pollution? —An empirical study of 290 prefecture – level cities in China [J]. Journal of Environmental Management, 2021 (286): 112274.

[169] WANG C H, BLACKMORE J M. Resilience Concepts for Water Resource Systems [J]. Journal of Water Resources Planning and Management, 2009, 135 (6): 528 – 536.

[170] WANG X, WU W, SONG P, et al. An international comparison analysis of reserve and supply system for emergency medical supplies between China, the United States, Australia, and Canada [J]. Bioscience Trends, 2020, 14 (4): 231 – 240.

[171] WANG X, ZHANG X, HE J. Challenges to the system of reserve medical supplies for public health emergencies: reflections on the outbreak of the severe acute respiratory syndrome coronavirus 2 (SARS – CoV – 2) epidemic in China [J]. Bioscience Trends, 2020b, 14 (1): 3 – 8.

[172] WENG Z K. Channel coordination and quantity discounts [J].

Management Science, 1995, 41 (9): 1509 – 1522.

[173] YAO M, WANG F, CHEN Z, et al. Optimal incentive contract with asymmetric cost information [J]. Journal of Construction Engineering and Management, 2020, 146 (6): 4020054. 1 – 4020054. 13.

[174] YUSTE P, CAMPBELL J, CANYON D, et al. Synchronized humanitarian, military and commercial logistics: An evolving synergistic partnership [J]. Safety, 2019 (5): 67.

[175] ZHANG H, LI J. An optimal water resource allocation mechanism based on ex – post verification and reward in Huangbai river [J]. Water, 2021, 13 (11): 1588.

[176] ZHANG H, YU L, ZHANG W. Dynamic performance incentive model with supervision mechanism for PPP projects [J]. Engineering Construction and Architectural Management, 2020, 27 (9): 2643 – 2659.

[177] ZHANG L, TIAN J, FUNG R Y K, et al. Materials procurement and reserves policies for humanitarian logistics with recycling and replenishment mechanisms [J]. Computers & Industrial Engineering, 2019 (127): 709 – 721.

[178] ZHAO L, CHEN Y. Optimal subsidies for green products: A maximal policy benefit perspective [J]. Symmetry, 2019, 11 (1): 63.

[179] ZHAO N, CHEN Y, LIU R, et al. Monitoring strategy for relay incentive mechanism in cooperative communication networks [J]. Computers & Electrical Engineering, 2017 (60): 14 – 29.

[180] ZHAO N, LIANG Y C, PEI Y. Dynamic contract incentive mechanism for cooperative wireless networks [J]. IEEE Transactions on Ve-

hicular Technology, 2018, 67 (11): 10970 – 10982.

[181] ZHAO X. Research on the construction of emergency logistics system in Dalian [J]. American Journal of Industrial and Business Management, 2021, 11 (12): 1129 – 1139.

[182] ZHOU C, PENG J, LIU Z, et al. Optimal incentive contracts under loss aversion and inequity aversion [J]. Fuzzy Optimization and Decision Making, 2019, 18 (1): 85 – 102.

[183] ZHUANG L, HE J, DENG X, et al. The influence of professionals on the general public in the choice of earthquake disaster preparedness: Based on the perspective of peer effects [J]. International Journal of Disaster Risk Reduction, 2021, 66 (7): 102593.